冯契文集

第三卷

增订版

人的自由和真善美

冯 契 著

华东师范大学出版社

·上海·

在书房（1987年）

1　在"儒家思想与未来社会"会议上（上海，1989年）
2　会见美国比较哲学协会主席 Roger T. Ames（1991年3月2日）

1　在香港中文大学讲学期间（1992年）
2　与苏渊雷、肖萐父、王元化（自左至右）在一起（1994年）

1　冯契为朱义禄《儒家理想人格与中国文化》所作的序言（1990年）
2　写作中（1994年）

1 《人的自由和真善美》打印本
2 冯契手稿

提　要

本书系《智慧说三篇》的第三篇，主旨在于讨论化理论为德性，所涉及的主要是价值论问题。统贯全书上下的基本观点是：人类的自由，就在于达到真、善、美的统一。认识的辩证法贯彻于价值论领域，便表现为在创造真、善、美等价值的活动中，培养自由人格的德性。全书分为两部分：前四章从社会实践的观点出发来阐明人要求自由的本质，以及它如何通过评价和创作而展现于价值领域；后六章分别考察文化各领域（神话、哲学、科学、道德、艺术等）的价值理想，再综合起来讨论真、善、美统一的自由境界和人类走向这一境界的道路。真、善、美以及功利等价值构成了统一的价值体系，认识的辩证法贯串于其中，最主要的是两条：理想与现实的统一，天与人、性与天道的统一；而劳动则是这两个统一的桥梁。合理的价值体系的原则包括：自然原则与人道原则在自由劳动基础上达到辩证统一；人的本质力量，亦即理性与非理性（情、意）的全面发展；自由个性和集体精神互相促进，以达到个性解放和大同团结相统一的理想目标。人类在创造文化的同时培养自己，提高了自身的价值，并形成自由的人格。

Summary

This is the third volume of the author's *Three Discourses on Wisdom*. Focusing on turning the theory (of wisdom) into virtues (of the free personality), this book mainly deals with axiological questions or questions concerning the realm of values. In the realm of values, the cognitive dialectics discussed in the first volume displays itself in the fact that the virtues of the free personality are cultivated through activities creating values of truth, goodness, beauty and the like.

The book is divided into two parts: the first four chapters illustrate the human essence characterized by seeking freedom, and how it develops itself in the realm of values through valuation and creation. The remaining six chapters first explore one by one the ideals and values in various cultural realms, such as mytholoy, philosophy, science, morality and arts, and then discuss the sphere of freedom in general in which the values of truth, goodness and beauty converge with each other, and the road by which the mankind reaches this sphere.

Consisting of values of truth, goodness, beauty, utility and so on, the integrated system of values is penetrated by the cognitive dialectics. The latter displays itself here mainly in two aspects: the unity between the ideal and the reality, and the unity between Heaven (*tian*) and Man (*ren*), or that between Human Nature (*xing*) and Heavenly Way (*dao*), with labor as the unifying force in both cases. A reasonable system of values contains the following principles: naturalism and humanism dialectically united with each other on the basis of free labor; the all-round development of man's essential power, which includes both rational and irrational sides (feeling and volition); the mutual promotion of free personality and collective spirit aiming at the ideal goal both of the emancipation of the individual and the great harmony of socity. The process of creating culture is also the one in which human beings cultivate themselves, heighten their values, and develop free personalities.

目 录

第一章
自由作为哲学范畴 ………………………………………… 1

　第一节　现实、理想和人格 ……………………………… 1
　　一、人生(人类的社会生活) ……………………………… 2
　　二、理想 …………………………………………………… 3
　　三、人格 …………………………………………………… 4
　第二节　自在和自为 ……………………………………… 5
　第三节　中国传统哲学的自由概念和"力命"之争 …… 9
　第四节　自由和必然的辩证法 …………………………… 15
　　一、必然、偶然和现实的可能性的关系 ………………… 16
　　二、自由在不同领域的不同意义 ………………………… 19
　　三、自由是历史的产物 …………………………………… 21

第二章
人的本质 …………………………………………………… 25

第一节　中国哲学史上的性习之争 ………………………………… 25
第二节　人的本质力量 ……………………………………………… 31
第三节　劳动的异化及其克服 ……………………………………… 38
第四节　个性与共性 ………………………………………………… 41
　　　　一、个体与社会的联系 …………………………………… 42
　　　　二、个体意识与群体意识 ………………………………… 43

第三章
评价和价值 ……………………………………………………… 48

第一节　认识与评价 ………………………………………………… 48
　　　　一、认识包含评价 ………………………………………… 48
　　　　二、认知与评价的区分 …………………………………… 50
　　　　三、评价在认识运动中的作用 …………………………… 53
第二节　评价的机制 ………………………………………………… 54
　　　　一、利害和苦乐 …………………………………………… 54
　　　　二、权衡和选择 …………………………………………… 56
　　　　三、评价的标准 …………………………………………… 57
第三节　评价的发展 ………………………………………………… 58
　　　　一、"手段价值"(Instrumental Value)与"内在
　　　　　　价值"(Intrinsic Value) ……………………………… 59
　　　　二、精神价值和功利的关系 ……………………………… 61
　　　　三、评价主体——良心、良知 …………………………… 64
第四节　意蕴、创作与价值界 ……………………………………… 65
　　　　一、语言的意义 …………………………………………… 65

二、创造活动和价值领域（价值界） …………………… 67
　　三、精神境界 ……………………………………………… 71

第四章
价值体系 …………………………………………………………… 73

第一节　文化与价值 ………………………………………………… 73
　　一、文化哲学的核心问题是价值问题 …………………… 73
　　二、文化释义 ……………………………………………… 74
　　三、自由的劳动——合理的价值体系的基石 …………… 77
第二节　从社会历史演变来看价值体系 …………………………… 78
第三节　中国传统哲学的价值学说和价值原则 …………………… 84
　　一、天人之辩以及人道原则和自然原则 ………………… 84
　　二、理欲之辩以及人的全面发展原则 …………………… 88
　　三、群己之辩以及个性原则和群体原则 ………………… 92
第四节　中国近代价值观的革命 …………………………………… 95

第五章
神话与智慧 ………………………………………………………… 103

第一节　神话与具体思维 …………………………………………… 103
　　一、原始人的神话与原始思维 …………………………… 103
　　二、由"术"进入"道" …………………………………… 106
　　三、神话在认识发展中的作用 …………………………… 109
第二节　基督教和儒学的权威主义 ………………………………… 112

　　　　　一、基督教的权威主义 ……………………………………… 113
　　　　　二、儒学的权威主义 …………………………………………… 114
　　　　　三、权威主义为什么能复活？ ……………………………… 116
　　第三节　理性和非理性、意识和无意识 ……………………………… 118
　　　　　一、关于主体的精神力量 …………………………………… 118
　　　　　二、中国传统哲学的理性主义 ……………………………… 120
　　　　　三、中国近代哲学中理性与非理性的矛盾 ………………… 122
　　第四节　知识和智慧 …………………………………………………… 125

第六章
真与人生理想 …………………………………………………… 130

　　第一节　作为价值范畴的"真" ……………………………………… 130
　　　　　一、"真"的涵义 ……………………………………………… 130
　　　　　二、利和理、性与理的关系 ………………………………… 133
　　　　　三、真与人生理想 …………………………………………… 136
　　第二节　关于社会理想 ………………………………………………… 138
　　　　　一、历史之"势"与古代的社会理想 ……………………… 138
　　　　　二、中国近代的大同理想 …………………………………… 141
　　　　　三、理想展现为过程 ………………………………………… 144
　　第三节　关于个人理想 ………………………………………………… 145
　　　　　一、群与己、自我的存在与本质 …………………………… 145
　　　　　二、由中国传统哲学来考察 ………………………………… 148
　　　　　三、中国近代的个人理想 …………………………………… 150
　　第四节　改变世界和发展自我 ………………………………………… 153

一、实践标准 ……………………………………… 153
　　二、中西哲学的不同传统 ………………………… 155
　　三、智慧的具体性 ………………………………… 157

第七章
善与道德理想 ……………………………………… 161

第一节　道德意义的善 ………………………………… 161
　　一、善和利 ………………………………………… 161
　　二、善与真 ………………………………………… 165
　　三、善与恶以及道德规范的相对性 ……………… 168
第二节　道德理想和自由 ……………………………… 170
　　一、道德理想与规范 ……………………………… 171
　　二、道德行为的自由 ……………………………… 172
　　三、实践精神或善良意志 ………………………… 176
第三节　社会伦理关系 ………………………………… 177
　　一、社会伦理的凝聚力 …………………………… 178
　　二、文明的交际方式 ……………………………… 179
　　三、礼和法、伦理和法制的关系 ………………… 181
　　四、中国近代的伦理变革 ………………………… 183
第四节　道德品质 ……………………………………… 186
　　一、品德和实践精神 ……………………………… 187
　　二、异化的品质 …………………………………… 189
　　三、道德境界和智慧 ……………………………… 191

第八章
美与审美理想 …… 193

第一节 美和美感的自由 …… 193
  一、美感 …… 193
  二、美和真、善的关系 …… 196
  三、美和丑以及美的多样性 …… 200

第二节 审美理想和艺术想象 …… 202
  一、审美理想 …… 202
  二、艺术想象的特点 …… 205
  三、形象结合的方式 …… 209

第三节 艺术意境和典型性格 …… 212
  一、言志说和意境理论 …… 212
  二、模仿说和典型性格 …… 218
  三、近代的艺术革命 …… 221

第四节 现实的美化和美的个性 …… 223
  一、感性形象的个性化 …… 223
  二、美的个性 …… 225
  三、艺与道 …… 227

第九章
理想人格的培养 …… 230

第一节 中国传统哲学中的"成人之道" …… 230
  一、先秦：儒家论成人之道以及儒道的对立 …… 230

二、汉至唐:圣是否可学以及明志之辩 …………… 233
　　　三、宋明:儒者论"为学之方"——学与养、知与行 …… 236
　　　四、明清之际:黄宗羲与王夫之的见解 …………… 239
　第二节　中国近代关于培养新人的学说 ……………… 241
　第三节　培养平民化的自由人格的途径 ……………… 245
　　　一、实践和教育相结合 …………………………… 246
　　　二、世界观的培养和智育、德育、美育的统一 …… 248
　　　三、集体帮助和个人主观努力相结合 …………… 251
　第四节　化理论为德性 ………………………………… 252
　　　一、自由个性的本体论意义 ……………………… 253
　　　二、理想、信念和德性 …………………………… 255
　　　三、个性的全面发展 ……………………………… 258

第十章
人类走向自由之路 …………………………………… 260

　第一节　自由王国及其实现过程 ……………………… 260
　第二节　中国的发展前景 ……………………………… 271

本卷征引文献要目 ………………………………………… 279
索引 ………………………………………………………… 286
初版整理后记 ……………………………………………… 299
增订版整理后记 …………………………………………… 301

HUMAN FREEDOM AND TRUTH, GOODNESS, AND BEAUTY

Contents

Chapter I
Freedom as a Philosophical Category / 1

1. Actuality, Ideal, and Personality / 1
   (1) Human Life (Social Life of Human Beings) / 2
   (2) Ideal / 3
   (3) Personality / 4
2. In-Itself and For-Itself / 5
3. The Concept of Freedom in the Traditional Chinese Philosophy and the Debate on Effort and Fate / 9
4. Dialectics of Freedom and Necessity / 15
   (1) Relations among Necessity, Contingency, and Actual Possibility / 16
   (2) Different Meanings of Freedom in Different Realms / 19
   (3) Freedom As a Product of History / 21

Chapter II
Human Essence / 25

1. The Debate on Human Nature and Practice in the History of Chinese Philosophy / 25
2. Man's Essential Power / 31
3. Alienation in Labour and Its Overcome / 38
4. Specific and General Characters / 41
   (1) The Connection between Individual and Society / 42
   (2) Individual Consciousness and Group Consciousness / 43

Chapter III
Valuation and Value / 48

1. Knowledge and Valuation / 48
   (1) Knowledge Contains Valuation / 48
   (2) The Distinction between Cognition and Valuation / 50
   (3) The Role of Valuation in the Movement of Knowing / 53
2. Operations of Valuation / 54
   (1) Advantage and Disadvantage, and Suffering and Happiness / 54
   (2) Weighing and Choosing / 56
   (3) Standards of Valuation / 57
3. Development of Valuation / 58
   (1) Instrumental Value and Intrinsic Value / 59
   (2) Relation between Spiritual Value and Utility / 61
   (3) The Subject of Valuation: Conscience and Cognitive Power / 64
4. Significance, Creation, and the Realm of Values / 65
   (1) The Meaning of Language / 65
   (2) Cretaive Activity and the Realm of Values / 67
   (3) Spiritual Spheres / 71

Chapter IV
The System of Values / 73

1. Culture and Value / 73
   (1) Value as the Key Point of Philosophy of Culture / 73
   (2) Interpretation of Culture / 74
   (3) Free Labour — the Foundation of a Rational System of Value / 77
2. The System of Values Viewed from the Socio-Historical Evolution / 78
3. Doctrines of Value and Principles of Value in Traditional Chinese Philosophy / 84
   (1) The Debate on Heaven and Man and the Principle of Humanity and

the Principle of Nature / 84
(2) The Debate on Principle and Desire and the Principle of Man's All-round Development / 88
(3) The Debate on the Collective and Self and the Principle of the Collective and the Principle of the Individual / 92
4. The Revolution of Values in Modern China / 95

Chapter V
Myth and Wisdom / 103

1. Myth and Concrete Thinking / 103
   (1) Myth of Primitives Peoples and Primitive Thinking / 103
   (2) From Arts to Tao (the Way) / 106
   (3) The Role of Myth in the Development of Knowledge / 109
2. Christian and Confucian Authoritarianism / 112
   (1) Christian Authoritarianism / 113
   (2) Confucian Authoritarianism / 114
   (3) Why Authoritarianism Can Revive in Our Times? / 116
3. Rationality and Non-Rationality, and Consciousness and Unconsciousness / 118
   (1) Spiritual Forces of Subject / 118
   (2) Rationalism in Traditional Chinese Philosophy / 120
   (3) The Contradiction between Rationality and Non-Rationality in Modern Chinese Philosophy / 122
4. Knowledge and Wisdom / 125

Chapter VI
Truth and the Ideal of Life / 130

1. Truth as a Category of Value / 130
   (1) The Meaning of Truth / 130
   (2) The Relation between Benefit and Principle, and the Relation

between Human Nature and Principle / 133
   (3) Truth and the Ideal of Life / 136
2. Social Ideal / 138
   (1) Historical Tendency and The Social Ideal for Ancients / 138
   (2) The Ideal of Great Harmony in Modern China / 141
   (3) Ideal Unfolds Itself As a Process / 144
3. Personal Ideal / 145
   (1) Group and Individual, and Existence and Essence of the Self / 145
   (2) The Personal Ideal Viewed from Traditional Chinese Philosophy / 148
   (3) The Personal Ideal in Modern China / 150
4. Changing the World and Developing the Self / 153
   (1) The Standard of Practice / 153
   (2) Different Traditions in Chinese and Western Philosophies / 155
   (3) The Concreteness of Wisdom / 157

Chapter VII
Goodness and Moral Ideal / 161

1. Goodness in the Moral Sense / 161
   (1) Goodness and Benefit / 161
   (2) Goodness and Truth / 165
   (3) Goodness and Evilness and Relativity of Moral Norms / 168
2. Moral Ideal and Freedom / 170
   (1) Moral Ideal and Norms / 171
   (2) Freedom of Moral Behavior / 172
   (3) Practical Spirit or Good Will / 176
3. Ethical Relations in Society / 177
   (1) The Cohesive Force of Social Ethic / 178
   (2) The Civilized Way of Communication / 179
   (3) The Relation between Propriety and Law, and the Relation between Ethic and Legality / 181
   (4) Changes and Revolutions in Ethic in Modern China / 183

4. Moral Character / 186
   (1) Moral Character and Practical Spirit / 187
   (2) The Alienated Character / 189
   (3) Moral Sphere and Wisdom / 191

Chapter VIII
Beauty and Aesthetic Ideal / 193

1. Beauty and Freedom in Aesthetic Sense / 193
   (1) Aesthetic Sense / 193
   (2) The Relation between Beauty and Truth and Goodness / 196
   (3) Beauty and Ugliness and Diversification of Beauty / 200
2. Aesthetic Ideal and Artistic Imagination / 202
   (1) Aesthetic Ideal / 202
   (2) Characteristics of Artistic Imagination / 205
   (3) Forms of Association of Images / 209
3. The Artistic Sphere of Ideas and Typical Character / 212
   (1) The Theory of Expression and the Theory of Artistic Sphere of Ideas / 212
   (2) The Theory of Imitation and Typical Character / 218
   (3) The Revolution in the Realm of Art in Modern China / 221
4. Beautification of Actuality and the Individual — specific Character of Beauty / 223
   (1) The Individualization of Sensory Images / 223
   (2) The Individual — specificness Character of Beauty / 225
   (3) Art and Tao(the Way) / 227

Chapter IX
The Cultivation of Ideal Personality / 230

1. The Way of Personality — cultivation in Traditional Chinese Philosophy / 230

(1) The Pre-Qin Period: The Confucian View on the Way of Personality—cultivation and Antagonism between Confucianism and Taoism / 230
  (2) The Period from the Han to Tang Dynasties: The Possibility of learning to be Sage and the Debate on the Relation between Consciousness and will / 233
  (3) The Period of the Song and Ming Dynasties: The Confucian View on Learning / 236
  (4) The Period from the Ming Dynasty to the Beginning of Ching Dynasty: Huang ZongXi and Wang Fuzhi's Views / 239
2. Doctrines of Cultivating New Man in Modern China / 241
3. Ways of Cultivating Free Personality as a Member of Ordinary People / 245
  (1) The Unity of Practice and Education / 246
  (2) The Cultivation of World Outlook and the Unity of Intellectual, Moral and Aesthetic Education / 248
  (3) The Unity of Group's Help and Individual's Efforts / 251
4. Turning the Theory into Virtues / 252
  (1) The Ontological Meaning of Free Personality / 253
  (2) Ideal, Belief, and Virtue / 255
  (3) The All-round Development of Personality / 258

Chapter X
The Road to Freedom for Mankind / 260

1. The Realm of Freedom and Its Process of Realization / 260
2. Prospects of China's Development / 271

Bibliography / 279
Index / 286
Postscript to the First Edition / 299
Postscript to the Revised Edition / 301

本篇①主要从哲学上探讨人的自由和真、善、美这三者的关系。"自由"既是一个政治概念,也是一个哲学范畴。严复用"自由"这个词来翻译"liberty",也用它来翻译"freedom"。所以,从严复以来,中国人所用的"自由"一词,既是指"自由、平等、博爱"中的自由,又是指和必然、必要相对的那种自由。当然,这两者是密切联系的。中国近代思想家就是因为十分关心民主自由、关心政治上的自由解放等问题,而特别热衷于探讨哲学上的自由问题的。但哲学范畴和政治概念既有联系,又有区别。这里讨论的主要是哲学上的自由理论。我的主要观点是:人类的自由,就在于达到真、善、美的统一。本篇涉及的问题大部分属于价值论的范围。价值论问题可以从不同角度加以研究,西方学者对此也有各种意见。我对价值论问题,着重从人的要求自由的本质的历史发展来讨论,这也就是说,把真、善、美以及功利这些价值,看作是人的要求自由的本质的展开和表现。由这样的考察,把哲学中的认识论、伦理学和美学沟通起来。

本篇包括以下十章:第一章,自由作为哲学范畴;第二章,人的本质;第三章,评价和价值;第四章,价值体系;第五章,神话与

---

① 本书系《智慧说三篇》之第三篇。

智慧;第六章,真与人生理想;第七章,善与道德理想;第八章,美与审美理想;第九章,理想人格的培养;第十章,人类走向自由之路。

全书可分两部分:前四章从社会实践的观点出发来阐明人要求自由的本质,以及它如何通过评价和创作而展现于价值领域;后六章分别考察文化各领域(神话、哲学、科学、道德、艺术等)的价值与理想,再综合起来讨论人类到达真、善、美统一的自由境界的道路。

第一章
自由作为哲学范畴

什么是人的自由呢？简单地说，自由就是人的理想得到实现。人们在现实中汲取理想，又把理想化为现实，这就是自由的活动。在这样的活动中，人感受到自由，或者说，获得了自由。

第一节 现实、理想和人格

在哲学史上，围绕哲学的根本问题，也就是思维和存在的关系问题，展开了各种形式的论争。这些论争尽管表现形式不同，但不论在中国还是在西方，发展到后来，都集中到哲学的三项：自然界（客观的物质世界）、人的精神以及自然界在人的精神、认识中反映的形式即概念、范畴和规律等。在中国哲学中，这三项就是气、心、理（道）。这三项之间有什么关系？辩证唯物主义肯定客观辩证法、认识论和逻辑的统一。客观辩证法讲整个自然界辩证的运动，认识论讲人类的精神对世界的认识过程，辩证逻辑则讲概念的辩证法，这三者分别对应于作为宇宙观的哲学所具有的那三项。

因为哲学有这样三项，所以从认识论来讲，认识的自然过程就是以得自现实之道还治现实之身。这也就是人的知识经验。

而逻辑,则是知识经验的必要条件。逻辑是客观世界的反映和认识过程的总结,所以,以客观世界之道和认识过程之道还治客观世界和认识过程之身,逻辑就成了方法论。

当我们考察改造世界和改善人生的活动时,我们就从宇宙观的领域推演到了历史领域和人生领域,它所涉及的是人的类的历史发展和个体发育。在这里,哲学的三项就成了现实生活、理想和人格(作为人格的主体)。这样,以得自现实之道还治现实之身就成了从现实生活中汲取理想,又创造条件使理想在社会生活和人类本身身上得到实现。这依然是以得自现实之道还治现实之身,不过这里的"现实"就是指人生,人类生活是现实世界或自然过程的一部分。理想也是概念,而要求实现理想的人格也是精神。当然,人生、理想和人格都有其不容忽视的特点。

一、人生(人类的社会生活)

人类的社会生活在本质上是实践的,而最基本的实践是劳动生产。在劳动生产基础上的社会生活和自然界的变化有一个根本的区别:在自然界,如果把人的反作用除外,它的变化是无数盲目力量相互作用的结果。当然,自然界有合目的性的现象,尤其在生物界;但从总体上来说,自然的演化并没有自觉的意向,不能用目的论、超自然的意志力量来解释自然界的运动变化。但是,社会历史领域中活动着的人,则是有意识的;人类的活动,是有自觉的意向的,有预期的目的的。这与自然现象显然不同。不过,有意识不等于说人在每个场合都认识了客观规律,事实上,人的主观意图、人的活动和客观规律、客观现实所提供的可能性往往并不一致。人们所期望的东西很少能够如愿以偿。各人的动机往往互相冲突,其中有的本来就缺乏现实的可能性,有的缺乏实现的手段。在多数情况下,结果和预期并不一致。这样,各个有目的、有意志的行为便构成一个复杂的现实、历史的过程。按照唯物辩证法的观点,现存的并不是无条件地现实的;现实性和规律性、合理性不可分割。这也就是说,应该把现实看作是一个合乎规律地变化发展的过程,这个过程是不以人们的意志为转移的。人们活动的意识之光常常看不到很远、很深,看不到本质和规律。比方说,改进劳动工具会减轻劳动强度,提高劳动效率,这一点人们容易意识到;但是,改进劳动工具会带来什么进一步的社会后果,人们不见得就能意识到。小生产者在市场上出售棉花、谷物,进行商品交换,他是意识到的;但这种交换在社会联系中会造成什么样的结果,他就不一定意识到。人们的错综复杂的有意识活动所构成的世界有什么客观的秩序,这并不是人们的意识很容易把握住的。这种客观的秩序是不依赖于人们的社会意识并决定人们的社会意识的。但是,尽可能使自己和同时代人把握客观历史规律,并使意识和行为同它相适应,则是革命者的任务。

二、理想

这里所用的"理想"一词是广义的,把革命理想、社会理想、道德理想、艺术理想、建筑师的设计、人们改造自然的蓝图,以及哲学家讲的理想人格、理想社会,都包括在内。人类精神的任何活动领域,都是在现实中吸取理想,再把理想转化为现实。

人类最基本的活动是劳动。劳动的特点,如马克思所说,就在于劳动过程结束时得到的结果,在这一过程开始时已经观念地存在于劳动者的表象之中了。相对于劳动过程来说,劳动者的观念、表象已经具有理想的萌芽,或者说,已经具体而微地具有了理想的形态。劳动就可以看作是使这种理想形态的观念得到实现的活动。如果对建筑师的观念作一些分析,就可以看到其中包含着理想的基本要素。其一,建筑师的观念是来源于现实的,反映了现实的可能性,只要条件具备,住房就可以合乎规律地建成。这种现实的可能性,就是建筑师的设计的客观的根据。其二,建筑师的观念也反映了人们的要求、符合人们的利益。他所设计的住宅是合乎人们住房的需要的。其三,建筑师还要运用想象力把体现人的需要的现实可能性构思出来、想象出来,成为一个蓝图。上述要素综合在一起,使观念获得了理想形态。正是这种具有理想形态的观念,指导着人类的现实活动。当然,正像不能说任何现存的东西都是现实的东西一样,我们也不能说任何指导行动的观念都是理想的。理想必须是现实可能性的反映,即使是表现为意境和典型的艺术理想,也必须在一定程度上反映现实的可能性。因此,理想总是反映现实的可能性,而不是虚假的可能性。理想还必须体现人的合乎人性的要求,特别是社会进步力量的要求。虚构出来的空想、在现实生活中缺乏真正的根据的空想,我们通常不把它叫作理想。此外,理想还必须是人们用想象力构想出来的。只有这样,理想才能激发人们的感情,成为人们前进的动力。

三、人格

从现实汲取理想、把理想化为现实的活动的主体是"我"或者

"自我",每个人、每个群体都有一个"我"——自我意识或群体意识(大我)。"我"作为逻辑思维的主体,"我思"之"我",就是康德所说的"统觉"。它在人类知识经验中是最高的原理。人类的知识经验都统一于"我","我"运用类、故、理等逻辑范畴进行思维,是知识经验的必要条件。"我"既是逻辑思维的主体,又是行动、感觉的主体,也是意志、情感的主体。它是一个统一的人格,表现为行动的一贯性及在行动基础上意识的一贯性。人的精神依存于形体,人格作为主体是有血有肉的,不能离开人的言行谈人格。从理想和人格的关系来说,人格是理想的承担者,理想是人格的主观体现。人的认识、意愿、感情、想象等因素综合地体现在理想之中。在把理想化为现实的过程中,人格也得到了培养。人格既是理想的承担者,也是理想实现的产物;人不仅按理想来改变现实,而且也按理想来塑造自己。所以,人格既是理想的因,也是理想的果。但是,正如并非所有现有的事物都可以叫做现实,并非所有设想都可以叫做理想,"人格"这个词通常也只用来指有德性的主体。一个伪君子、市侩、卖国贼,是丧失了人格的人。真正有价值的人格是自由的人格。自由人的活动,就是从现实取得理想,并把理想化为现实的活动。在这样的活动中,人成为越来越自由的人。

第二节 自在和自为

人的自由不但可以理解为把得自现实的理想转化为现实。而且可以理解为从自在达到自为。"自在"和"自为"在黑格尔那里,是指概念的两个阶段。在"自在"阶段,概念保持原始统一性,对立的因素是潜在的;随着概念的发展,对立因素显现出来了,然后概念回复自身,达到对立面的统一,这就是自在而自为。马克思主义改造了黑格尔的术语,认为精神主体要经历由自发(自在)到自觉(自为)的过程,这个过程是和人通过实践和认识的反复活动、化自在之物为为我之物的过程相一致的。存在主义者如萨特,也讲自在和自为,但他们用的是现象学的方法,脱离了化自在之物为为我之物的客观实践过程,因而是一种唯心主义的观点。

我们讲自在而自为的过程,就是主体从现实取得理想、把理想化为现实的过程。现实的状况本来是自在的、自然的;人认识了现实,取得了理想之后又使之实现,现实就成了为我的、为人们的。在这个化自在之物为为我之物的过程中,主体由自在而自为,成为越来越自由的人格。当然,在自在之物与为我之物之间并没有不可逾越的鸿沟。为我之物就是被人认识了的,可以被人利用的自在之物,为我之物就其实在性而言仍然是自在的。人类通过实践和认识化自在之物为为我之物,就是人取得自由的过程,就是人认识自在之物并使之为我所用的过程。马克思在《1844年经济学哲学手稿》中对人的生产与动物的生产作了这样的区别:"动物只是按照它所属的那个物种的尺度和需要来进行塑造,而人则懂得按照任何物种的尺度来进行生产,并且随时随地都能用内在固有的尺度来衡量对象;所以,人也按照美的规律来塑造物体。"[1]蜜蜂酿

---

[1] 马克思:《1844年经济学哲学手稿》,《马克思恩格斯全集》第42卷,人民出版社1979年版,第97页。这里保留了冯契引用的1979年版《1844年经济学哲学手稿》单行本第50—51页的引文。在《马克思恩格斯全集》中的译文为:"动物只是按照它所属的那个种的尺度和需要来建造,而人却懂得按照任何一个种的尺度来进行生产,并懂得怎样处处都把内在的尺度运用到对象上去;因此,人也按照美的规律来建造。"——增订版编者

蜜、海狸筑巢,只是代复一代地按照其本能的支配而进行的,因而是不自由的;而人则能够普遍地生产,能够按照植物的性能进行种植,能够按照动物的性能进行畜牧,如此等等。人还能够自由地对待劳动及其产品。人的劳动和对象物种的尺度相结合所造成的劳动产品,符合了人的目的,达到了人的要求,这样,人的本质力量就在劳动产品中对象化了。这就是自由的生产。人不仅按照每个物种的尺度进行生产,而且把内在的尺度运用到对象上去,使之对象化了、形象化了;人可以在人化自然中直观自身,使劳动产品成为人们欣赏的对象、美的对象。我曾多次用《庄子》中"庖丁解牛"的寓言来说明什么是自由的劳动。庖丁经过长期的劳动实践,使劳动达到了自由的境界。他按牛之"理"来解牛,即按牛这个物种的规律来变革牛,此其一。他不是在肉体需要的支配下,也不是在外部力量的强制下进行劳动;对他来说,劳动已经不是手段,而成了目的,成了一种乐生的要素。他解剖牛之后,感到"踌躇满志",有一种精神上的满足,此其二。[①] 庖丁的劳动,根据庄子的描写,已经达到了一种艺术的境界("技进于道"),"手之所触,肩之所倚,足之所履,膝之所踦"(《庄子·养生主》),都已完全合乎舞蹈与音乐的节奏。在这样的劳动中,人的某些本质力量对象化了、形象化了,劳动具有了美感,成了美的对象,此其三。从劳动对象和产品来说,上述过程就是从自在之物化为为我之物。为我之物就是人类之"所作"(瞿秋白语),就是人类创造的文化。而

[①] 当然,庄子在这里把庖丁的劳动理想化了。在实际生活中,庖丁处于剥削制度之下;或作为小生产者,他的劳动或多或少是强迫劳动,是一种谋生的手段。但我这里是就庄子的寓言讲一种理想形态的劳动。——原注

文化作为人的自由劳动的产物，对人来说是有价值的。最广义的价值就是指为我之物的功能。为我之物既是真理的实现，又是人的目的的实现。为我之物就是最广义的价值、最广义的"好"。一切可称为"好"的东西，都是对人民、对人类进步有真实利益的东西。在此基础上，产生出科学的真、道德的善、艺术的美以及一切有利的制度、措施，等等。所有这些我们都可以说是为我之物的分化。

人的自由劳动是在人与自然、主体和对象的交互作用中发展起来的。人的自由是凭着相应的对象、相应的为我之物而发展起来的。人天生并不自由，但在化自在之物为为我之物的过程中，人由自在而自为，越来越获得自由。正像马克思在《〈政治经济学批判〉导言》中所说的："艺术对象创造出懂得艺术和能够欣赏美的大众，任何其他产品也是这样。因此，生产不仅为主体生产对象，而且也为对象生产主体。"[1]物质生产和精神生产都是这样。在这种生产中，人把自在之物化为为我之物，为我之物又使人的本质力量获得发展；人的本质力量本身是自在于主体之中的，而为我之物、文化则使人的本质力量成为自为的。由自在而自为，这就是自由。这个过程是一个多方面的、复杂的、螺旋式上升的过程。人的本质力量有其先天的、遗传的基础，它是生物进化的结果，也是长期人类实践的产物。这种自然的赋予潜在地包含着多方面发展的可能性。此外，还有人们在环境、教育和后天的活动中形成的种种习性。这些习性和自然的赋予最初都是自在的，

---

[1] 马克思：《〈政治经济学批判〉导言》，《马克思恩格斯全集》第46卷（上），人民出版社1979年版，第29页。

都要凭着相应的对象——人化的自然,才能充分地发展。如果完全脱离对象、离开主体和客体的交互作用,人的本质力量就不可能呈现出来,也不可能成为自在而自为的德性与才能。

第三节　中国传统哲学的自由概念和"力命"①之争

中国古代哲学家早就在讨论自由的问题,而这种讨论是同力命之争相联系的。孔子讲"吾十有五而志于学,三十而立,四十而不惑,五十而知天命,六十而耳顺,七十而从心所欲不逾矩"(《论语·为政》),这里的"从心所欲"就是自由。但孔子认为,这种自由是经过一个学习、努力的过程才达到的,其中包含着这样一个思想:人力与天命的统一。孟子也讲天命,"莫之为而为者,天也;莫之致而至者,命也"(《孟子·万章上》)。但他更强调人的主观能动性,以为实行仁义礼智,"命也,有性焉,君子不谓命也"(《孟子·尽心下》),因为这是"求在我者",完全可以由主观努力达到的。墨子批评了儒家的天命观,说儒家既讲"天命不可损益",又讲"君子必学",这是自相矛盾。所以,墨子主张"非命",认为"命者,暴王所作,穷人所述,非仁人之言也"(《墨子·非命下》)。墨子已经指出,人与禽兽不同,人不能用水草作食物、没有羽毛作衣服,必须劳动才能生活。所以墨子非常强调"人力"。他把劳动看作人类生活的首要条件,这是合理的,但墨子讲的劳动是不自由的、没有乐趣

---

① 在原稿目录中,作者于"力命"之后又加上"性习"二字,可能拟在本节中同时讨论性之争。又,本书第二章第一节主要论述中国哲学史上的性习之争,作者也许拟调整结构,将第二章第一节的内容移入本节。——初版编者

的。《庄子·天下篇》认为,墨子之道是"使人忧,使人悲,其行难为也"。因此,片面强调"力",也不是真正的自由。与孔墨相异,老庄讲"无为",认为人在自然的命运面前是无能为力的。他们主张,人应该无为、无己,达到与自然合一的逍遥境地。这种"逍遥"便是庄子的自由,它是把所有人为的因素全部破除的结果。老庄教人安于自然的命运,这与儒家讲"命"有显著不同。儒家主张在社会伦理关系中培养德性,通过道德实践和修养而取得自由;而老庄则认为儒家讲的仁义道德只能束缚人,因而主张绝仁弃义、绝圣弃智,复归自然。就自由的内容而言,孔孟讲的主要是道德行为中的自由,庄子主要讲审美活动中的自由。先秦哲学的天人之辩后来由荀子作了批判的总结。荀子主张"明于天人之分"、"天行有常",社会之治乱不能用自然原因来解释。人的职分在于建立合理的秩序,利用规律来控制自然,这样人就能获得自由。一方面,人不应与天争职;另一方面,人要依靠"群"的力量运用自然规律而达到"天地官"、"万物役",在先秦的天人关系、力命关系上的争论中,荀子形成了比较正确的观点。

汉代以后,正统派儒家把纲常名教形而上学化为天命,特别强调人应该"顺命"。在此同时,对"命"这个范畴的讨论,是比较深入了。《白虎通义》区别了"受命"、"随命"和"遭命"。[①] 王充认为"戮力操行而吉福至,纵情施欲而凶祸到"的"随命"是没有的,但他承认有"正命"(得之于天的禀赋)和"遭命"(偶然的遭遇)。

---

① 今通行本《白虎通》作"寿命"、"遭命"、"随命"。《寿命篇》:"命有三科,以记验。有寿命以保度,有遭命以遇暴,有随命以应行。"见陈立编著,吴则虞点校:《白虎通疏证》,中华书局1994年版,第391页。——增订版编者

这意味着,王充把必然和偶然这两者都看作是客观的,都归之为"命"。他认为,人因自然禀赋而有强弱、寿夭之命,这是必然的;但自然界又充满着偶然性,而偶然性是用必然的因果系列的交叉来解释的。如蚂蚁被路人踩死,便是蚂蚁在地上爬和人经过这里这两个系列(它们各有其因果性)碰在一起的结果;人生中有幸、有不幸,很多就是这类偶然的遭遇,而这和必然性一样,也是一种"命"。王充对必然与偶然的这种考察,在哲学史上是有其贡献的,但他由此陷入了宿命论,因为他认为强弱寿夭之命、所当触值之命,都是人力所无可奈何的。但是王充另一方面强调人必须学习,经过切磋琢磨,人都能成为有用之材。在王充哲学中,人力与命运的矛盾、必然与偶然的矛盾被揭露了,但没有得到解决。

在魏晋时期,力命之争更为突出。玄学的主流都讲力不能胜命。王弼讲顺命,讲"物无妄然,必由其理"①,用必然性吞并了偶然性,郭象讲"致命由己"、"以所遇为命"②,则是把必然性降低到偶然性的地位。《列子·力命篇》更强调"命",以为寿夭穷达之命是人力所无可奈何的。这期间,嵇康对宿命论提出了挑战,强调意志的作用,主张"越名任心",破除名教的束缚,听从意志自愿选择。在他看来,始终行心之所安,便是自由。嵇康基本上还是用唯物论观点对待力命之争的,但后来的道教则片面地强调人力,导致了唯意志论。按道教的看法,人力可以窃天地造化之机。唐代李筌的"盗机",即属于这种倾向。

---

① 王弼:《周易略例·明象》,楼宇烈校释:《王弼集校释》,中华书局1980年版,第591页。
② 郭象:《庄子注·人间世》,郭庆藩撰,王孝鱼点校:《庄子集释》,中华书局2004年版,第162页。

与李筌不同,佛教的禅宗虽然也强调主观能动性,以为一旦顿悟,意识到自己的所作所为都是佛性的全体作用,人就成了自由人,但其依据是佛性就在人性之中("自性是佛")。禅宗不讲天命,而讲任运,即每个学道者只要觉悟了,一举一动便都是佛性的表现。禅宗和郭象都讲偶然,但郭象把必然性降低为偶然性,而禅宗把偶然性说成都是必然性,认为"触类是道",每一个偶然的活动都是佛性全体的表现;郭象叫人消极地顺应自然,而禅宗则叫人充分地发挥人的主观能动性。

从魏晋以来关于必然与偶然、天命与人力之间关系的争论,大体可以说在唐代的柳宗元、刘禹锡那里得到了总结,后者在某种意义上又是向荀子的观点复归。柳、刘既讲"天人不相预",又讲"天人交相胜",这样就比较正确地解决了力命之争。他们认为,阴阳对立的力量互相斗争、互为消长,是自然的规律;但是,组成社会、建立法制、区别是非善恶、进行赏功罚过,则是人的作用。自然力是无意识地起作用的,而人则有意识地利用自然界的规律来战胜自然。人之所以能"胜天",是因为人能"明理",而所谓"明理",就在于认识"势中之数",即包含在事物(尤其是社会)的发展趋势中的规律性。柳宗元对历史发展趋势同历史的偶然事件之间的关系作了分析,认为前者是通过后者表现出来的。如秦始皇变分封制为郡县制,其私心是要树立个人的权威,但客观上却反映了历史发展的必然趋势,这是"公之大者也"。人如果能把握这偶然中的必然,人就能够控制发展过程,取得自由。这些观点后来为王夫之所发展和发挥。

王夫之把人类历史看作是一个理势统一的过程,他要求人通过偶然性发现必然性,在势之必然处探求历史规律。王夫之提出了"天之天"和"人之天"的区别问题,这个区别大致相当于我们现在讲的自在之物和为我之物。"天之天"即本然的物质世界,它不断地转化为"人之天",为人所认识、所利用。照王夫之的观点,人在不断地化"天之天"为"人之天"的过程中,决不是无能为力的,人力能够胜天、造命。"天之所无,犹将有之;天之所乱,犹将治之。"①在他看来,人和禽兽不一样,禽兽只有天生之命,而人则有"日新之命"。也就是说,人不像禽兽那样满足于自己的本能,而是把自己和自然界对立起来;而人在和自然界的交往("授受")过程中,能够不断地接受自然界给予的"命"。这种接受一方面是自然界的给予,另一方面又离不开人的权衡选择。在一定意义上,"日新之命"是人自取而自用的结果。这便是人的自由。这样,王夫之把力与命的关系看作一个过程,在这个过程中,一方面要尊重自然界,一方面要发挥人的主观能动作用。通过这样一个过程,人越来越多地获得了自由。

到了近代,人的自由问题有了新的时代意义,显得更加突出。进步的思想家为了救国救民,为了民族的自由解放,都强调要反对宿命论。严复说:"中国委天数,而西人恃人力。"②章太炎说:"拨乱反正,不在天命之有无,而在人力之难易。"③谭嗣同、梁启超等人特别强调心力,并由此导向了唯意志论。这样,在中国近代,

---

① 王夫之:《续春秋左氏传博议》卷下,《船山全书》第五册,岳麓书社2011年版,第617页。
② 严复:《论世变之亟》,王栻主编:《严复集》第一册,中华书局1986年版,第3页。
③ 章太炎:《驳康有为论革命书》,沈延国等点校:《章太炎全集》第四卷,上海人民出版社1985年版,第179页。

首先在近代思想家那里，我们看到了一个同中国古代宿命论传统相对立的唯意志论传统。同时，哲学家也着重讨论了偶然和必然的关系问题。龚自珍认为，自然现象（天）如果完全可以预测，就不会被人推崇；反过来说，如果完全不可预测，人也不会推崇天。人之所以推崇天，在他看来，就在于自然界的现象既可预测，又有不可预测的方面，即既有能被理性掌握的必然性，又有理性所不能掌握的偶然性。这种观点龚自珍表达得很朴素，但很有启发意义。近代哲学家不但经历了唯意志论反对宿命论的斗争，也经历了决定论和非决定论的争论。革命者为了动员广大群众，培养必胜的信念，往往主张决定论。如孙中山说，"世界潮流，浩浩荡荡"，如长江黄河，"流到最后，一定是向东的"。① 瞿秋白也是这样，他认为唯物史观是历史决定论。实证论者，比如胡适，认为影响历史的因素是多元的，不能把经济当作决定因素，所以他反对唯物史观。在决定论与非决定论的争论中，金岳霖后来提出了一个命题：理有固然，势无必至。这也就是说，从"理"的方面来说，无论个体如何变动，我们总可以理解，所以，世界是理性可以把握的。但从"势"（殊相的生灭）来说，其中总是包含了偶然性，故无论如何去理解，我们都不能完全控制个体的变动。把握这种"势"不仅要用理性的方式，而且需要用非理性方式（情感、意志）。这个命题有一定的道理。不过，金岳霖认为外物按其发展趋势来说，都是"情求尽性"，"势求归理"②，最后达到的终极目标（"太极"）是一个"理成而势归"的"至真、至善、至美、至如"的世界，一

---

① 孙中山：《三民主义·民权主义》，《孙中山全集》第九卷，中华书局2006年版，第267页。
② 参见金岳霖：《论道》，《金岳霖全集》第二册，人民出版社2013年版，第243页。

个最自由的世界,在这个世界中,根本没有偶然。这种绝对自由是一个永远达不到的极限。金岳霖在这里还是走向了形而上学。

近代中国哲学对自由问题虽然作了多方面的探讨,但是,应该说还没有作系统的总结。马克思主义者起初受苏联的影响,同时也因为现实斗争的需要(要培养革命的信念),强调了历史决定论。比如瞿秋白就认为偶然性是主观的东西,偶然性的存在仅仅是因为人还没有把握客观的必然性。这是不正确的。由于强调历史必然性,他又把人(不管是大人物,还是小人物)看作历史的工具而没有看到人本身作为目的的一面,从而也忽视人本质上要求自由,人的本质就在于追求自由。这样一种机械的决定论,不可避免地要导致教条主义。毛泽东在反对教条主义的同时,从能动的革命的反映论出发来阐明人的主观能动性和客观规律的关系,是正确的。但是,他后来过分地强调主观的力量、上层建筑的作用,实际上陷入了唯意志论。所以,毛泽东也并没有完全在实践和理论上解决人的自由的问题。

第四节 自由和必然的辩证法

以上所论,都涉及自由和必然的关系问题。如前所述,中国古代哲学家对此曾作过有益的探讨,中国近代哲学家把这个问题当作一个突出问题来加以研究。但是,这个问题并没有得到很好的解决,即使中国近现代的马克思主义者也是如此。这个问题在西方也没有很好解决。康德提出自由因和决定论的二律背反,认为在此问题上人的理性要陷入矛盾。黑格尔试图阐明自由和必然的辩证法,但他认为世界是按照正—反—合的公式演化的;绝对精神自在地具备了一切,经过异化和异化的克服,最后达到自我复归,绝对精神就自觉了。这个理论有其辩证法的一面,但是它把理性绝对化了,把宇宙的目的看作是理性的预设。黑格尔赞同斯宾诺莎的"自由是对必然性的认识"的决定论见解,在他那里,理性预先决定了整个世界的发展,意志自由只有从属的意义。这就直接陷入了形而上学。章太炎批判了他这一点,认为如果真像这样,就没有自由,自由就成了合理、合法的代名词。西方近代好些哲学家不满于这种决定论的学说,特别是由于量子力学等现代科学的发展,决定论受到了很多批判;不过,如果由此引导到非决定论去,那也是片面的。杜威批评理性主义是用对必然性的洞察代替了对可能性的预见,而自由则在于预见可能性。这个批评有一定道理,但杜威同时走到另一个极端,把世界、人生看作是一个冒险的场所和事业。总之,如何阐明必然和自由的关系,需要在理论上做进一步研究。

一、必然、偶然和现实的可能性的关系

前面说过,自由就是化理想为现实。这里重要的是要把握现实的可能性,使之与人的要求结合起来。而对现实的可能性的把握,既要建立在规律性的认识之上,又要对偶然性作出适当的估计。

客观现实中既有客观规律,也有偶然因素,即使在规律之中,也存在着矛盾。反映运动、变化的规律本身具有矛盾,否则,就不能反映对象的运动、变化。一般教科书讲规律是反映对象中肯定的、稳定的东西,这是片面的。规律不仅要反映现象中肯定的方

面,而且还要把握现象中否定的方面。只有这样,规律才是反映矛盾及其变化的,规律本身才是发展的。因此,规律所提供的可能性不只一个,有肯定现状的可能性,也有否定现状的可能性。例如,《论持久战》中分析的可能性就有两种:亡国和解放。由于客观世界的联系是复杂的,有各种运动形态、各个发展过程、各个历史阶段。它们都各有其特殊的规律性,因此,在不同的结构或系统中,同一个事物显示出的现实可能性就是不同的。比如鸡蛋作为一种生命系统,它具有孵化为小鸡的可能性。但鸡蛋又参与着物理变化和化学变化,在某种条件下它就可能被打碎、可能腐败。而在物质生产过程中,人们生产鸡蛋,则主要是为了作为原料、食品供消费,作为商品进入交换。上述可能性都是合乎规律的。所以,从不同的结构、层次来看,现实的可能性是不同的。即使在物质生产过程中,鸡蛋被碰坏了只是一种偶然情况,但这样一种偶然情况,也是一种现实的可能性。从这个观点来说,必然性是相对的。马克思在其博士论文中说:"在有限的自然里,必然性表现为相对的必然性,表现为决定论。而相对的必然性只能从实在的可能性中推演出来,这就是说,存在着一系列的条件、原因、根据等等,这种必然性是通过它们作为中介的。"[1]就是说,现实的可能性通过一定的条件而展开、而实现,就是相对的必然性。现实的可能性是多样的,到底什么样的可能性占优势,并且有利于人,它的实现必须具备什么条件,都需要作具体分析。同时,我们又要注意到,所有必然性都要通过偶然性来表现。中国资产阶

---

[1] 马克思:《德谟克利特的自然哲学和伊壁鸠鲁的自然哲学的差别》,《马克思恩格斯全集》第 40 卷,人民出版社 1982 年版,第 205 页。

级推翻清王朝的民主革命有必然性,但在 1911 年 10 月 10 日发生,又具有偶然性。客观必然的因果性的实现,要通过导因、条件的作用,用中国哲学的话来说,"因"要有"缘"的配合才能起作用。

从逻辑思维来说,必须从必然和偶然的联系中把握事物:从偶然现象中发现必然规律,并对偶然因素有正确的认识,把握其发生的概率,估计可能发生的情况。当然,对偶然事件不可能有完全的预测,而只能把握其概率,这对于人的活动来说也是很重要的。从必然和偶然的对立统一来说,"势无必至"是对的,"势有必至"也是对的。势之"趋"与"至"都有必然的一面,也有偶然的一面,势本身是必然与偶然的统一。殊相的生生灭灭确实不是规律所能描述的,总有无法预测的成分,但是,现象之间本质的联系、规律性、必然的趋势还是能够把握的。如果能够客观地全面地把握所考察的对象,正确地区分本质联系和非本质联系。在本质联系中区别不同的层次,区别根据和条件等,我们是可以把握发展的必然趋势的,或者说,是可以把握占优势的可能性的。如抗日战争中占优势的可能性,就是中国人民经过持久战战胜日本侵略者。黑格尔说的"现实的是合理的"是对的,因为现实的总是可以理解的,而"合理的一定是现实的"这句话,则应当了解为"占优势的可能性总是要成为现实的"。当然,占主导的可能性还不一定对人有利,只有根据有利于人的现实的可能性,才能提出科学的理想。一般地说,理想总是根据占优势的可能性;但如果全面地把握了各种联系和条件,人甚至有能力创造条件使某些本来并不占优势的可能性成为占优势的可能性,如有机合成、遗传工程、培育良种。在此意义上说,确实是人定胜天。同时,必然性的表现形态总是偶然的,总有不确定的成分。因此,及时地抓住偶然性、抓住机遇,利用它作为导因,来及时地促使有利人的可能性成为现实,也是很重要的,也是人的主观能动性和灵活性的重要表现。

二、自由在不同领域的不同意义

总的讲来,自由就在于化理想为现实,而理想就是现实的可能性和人的要求的结合。客观现实的可能的趋势具有必然和偶然的两重性质,这是人的自由的前提。必然是相对的,提供多种可能性,因此人可以根据自己的需要、利益进行选择,形成自己的理想。人的需要固然也有生物遗传和社会存在方面的根源,但是这里人并不是被动的。人作出主动选择,这对客观的自然过程来说,本来是个偶然因素、是个条件,而必然性所提供的某种可能性便因此而实现为人的利益。人认识了客观规律,就能够使主观目的同客观规律相符合,创设条件使可能变成现实,使自然物发生形态的变化,创造出自然界本来没有的东西。因此,说"自由是对客观必然的认识和对客观世界的改造",其意思不仅有认识的作用,而且有意志选择的作用。意志既作了选择,又表现出专一的品格(表现为目的对行动的规定和支配)。

劳动的对象是自然之物,劳动过程中结成的社会关系的发展也是一个自然历史过程,有其必然性和偶然性。在社会中,人的欲望、利益往往是互相冲突的。为了维持一定的社会关系,以利于生产的发展,需要对人际关系制定出一定的制度、规范。这种用来维护社会制度和人际关系的规范,就是通常讲的"当然之则"。规范或当然之则与必然规律有区别。规律所提供的可能性虽然是多种多样、可以选择的,但规律不随人们的意志而转移;规律到底提供什么样的可能性,不取决于人的意愿。因此,规律是人非遵守不可的。但规范或规则不同,规则如果是合理的,它当然也要有客观根据,但规则是人来制定的。所以人可以遵守,也可以不遵守。既然可以遵守、也可以不遵守,所以,有些规范就求助于外在的强制作用,如法律。虽然在人民内部,法规也有道德内容,也要求人们自觉自愿地遵守,但法律总有强制性。道德规范则不同,它无例外地要求人们自觉自愿地遵守;道德行为以自由意志、独立人格为必要前提。

人们在改造世界的过程中,主体和客体处于对立关系之中。人们一方面要运用规律来支配自然,另一方面要运用规范来维持制度和人际关系。这种运用规律、遵循规范都要通过矛盾斗争,都需要一种主观的努力,所以在这过程中,主体和客体处于一种紧张的状态。但在前面提到的"庖丁解牛"的寓言中,由于"技进于道",劳动成了乐生的要素,人和自然、主观和客观就完全一致了,非常融洽了,人能够从劳动成果中直观自身。这样,劳动就成了一种审美活动。

因此,"自由"这个范畴在不同的领域就有了不同的含义。从认识论来说,自由就是根据真理性的认识来改造世界,也就是对现实的可能性的预见同人的要求结合起来构成的科学理想得到了实现。从伦理学来说,自由就意味着自愿地选择、自觉地遵循行为中的当然之则,从而使体现进步人类要求的道德理想得到了实现。从美学来说,自由就在于在人化的自然中直观自身,审美的理想在灌注了人们感情的生动形象中得到了实现。

虽然在不同领域有不同含义,自由都是理想化为现实,而理想,都是现实的可能性和人的本质要求相结合的主观表现。

三、自由是历史的产物

人类从必然王国向自由王国的发展,从自在到自为,都是历史地有条件的。马克思在其《政治经济学批判(1857—1858年草稿)》中把人类历史分为三个阶段:前资本主义社会、资本主义社会和共产主义社会。他写道:"人的依赖关系(起初是完全自然发生的),是最初的社会形态,在这种形态下,人的生产能力只是在狭窄的范围内和孤立的地点上发展着。以物的依赖性为基础的人的独立性,是第二大形态,在这种形态下,才形成普遍的社会物质交换,全面的关系,多方面的需求以及全面的能力的体系。建立在个人全面发展和他们共同的社会生产能力成为他们的社会财富这一基础上的自由个性,是第三个阶段。第二个阶段为第三个阶段创造条件。"[1]

马克思这段话首先把自由看作是一个历史过程。从人类的发展来说,从野蛮社会到文明社会的转变,是向自由王国迈了第一步。但在古代社会和中世纪,生产力只是在狭隘的范围、孤立的地点上有所发展,人还受到自然的奴役,受到自然形成的血缘关系和在狭窄地域内形成的统治——服从关系的束缚。在资本主义社会里,商品交换普遍发展,形成民族市场,进而扩大为世界市场;各个民族之间有了全面的联系,自然科学应用于生产力,使

---

[1] 马克思:《政治经济学批判(1857—1858年草稿)》,《马克思恩格斯全集》第46卷(上),第104页。

生产能力得到全面的发展。在这个时期，人的独立性大大提高了，但这种独立性还是以对物的依赖性为基础的，人还没有真正获得个性自由。只有到了共产主义阶段，消灭了剥削制度，人不再受人的奴役，因而也真正成了物的主人。这样，高度发展的社会生产力就成了共同的社会财富，人的个性获得了全面的发展。这时，人才真正地进入了自由王国。

在共产主义社会中，人类实现了从必然王国向自由王国的飞跃，这是我们通常很熟悉的观点。恩格斯在《反杜林论》中对此有详细的论述。我这里要指出的是，马克思对"必然王国"——"自由王国"（或确切地说，"必然领域"——"自由领域"）这对范畴有两种用法。马克思在《资本论》中写道："事实上，自由王国只是在由必需和外在目的规定要做的劳动终止的地方才开始；因而按照事物的本性来说，它超越于现实的物质生产领域之上。"① 像野蛮人为了满足自己的需要，为了维持和再生产自己的生命，必须与自然进行斗争一样，文明人也必须这样做②。这个自然必然性的王国会随着人的发展而扩大，因为需要会扩大；但是，满足这种需要的生产力同时也会扩大。这个领域内的自由只能是：社会化的人，联合起来的生产者，将合理地调节他们和自然之间的物质交换，把它置于他们的共同控制之下，而不让它作为盲目的力量来统治自己；靠消耗最小的力量，在最无愧于和最适合于他们的人类本

---

① 此句译文原为："它存在于真正物质生产领域的彼岸"，作者对译文作了一些改动。——初版编者
② 此处作者省略一句。原文为："……文明人也必须这样做；而且在一切社会形态中，在一切可能的生产方式中，他都必须这样做。"——增订版编者

性的条件下来进行这种物质变换。但是不管怎样,这个领域始终是一个必然王国。超越于这个必然王国①,作为目的本身的人类能力的发展,真正的自由王国,就开始了。但是,这个自由王国只有建立在必然王国的基础上,才能繁荣起来。工作日的缩短是根本条件。"②由此可见,照马克思、恩格斯的观点,人类由必然王国向自由王国的飞跃包括两个方面。其一,在物质生产领域,要按照科学规律和适合人性的条件进行生产;其二,在物质生产高度发展的基础上,人以本身为目的来发展自己的创造才能、人的多方面的素质,使人得到自在而自为的发展。这要求在高度发达的生产力基础上,人具有充分的闲暇时间来充分继承和发展一切有价值的文化,包括科学、艺术、文明的交际方式(包括伦理关系);并在此同时,人发展其理性、意志力和想象力,使人的各方面的创造才能都获得解放,真正达到自在而自为。这便是个性的全面发展,而这种全面发展又会转过来推进物质生产和社会关系的发展。

应该说,马克思所说的这种"自由王国"是一个理想的目标。真理是一个过程,理想是一个过程,自由也是一个过程。过程总是分阶段、分方面而展开的。所以,不能抽象地看问题,不能把从必然王国向自由王国的飞跃凝固化。事实上,人类的每一个进步都处于这个过程之中,人在每一个历史阶段所得到的自由总是相对的。在我们已经得到的自由王国之外,总还存在着必然王国。

---

① 此句译文原为:"在这个必然王国的彼岸",作者对译文作了一些改动。——初版编者
② 马克思:《资本论》,《马克思恩格斯全集》第 25 卷,人民出版社 1974 年版,第 926—927 页。

人的历史是一个不断地由必然王国向自由王国发展的历史,这种发展是无止境的。在认识上,在特定阶段只能要求特定阶段上的主客观之间具体的历史的统一;在实践上,在特定阶段只能要求在一定程度上化自在之物为为我之物。与此相应,人要求由自在而自为的本质,即要求自由的本质,在特定阶段也只能得到有条件的相对的实现。正像《易经》所说,"既济"、"未济",一切完成都不是终极的。

总之,人的自由活动就是化理想为现实,使自在之物化为为我之物。与之相应,人要求自由的本质就展现为自在而自为的过程;人类历史,就是不断地由必然王国向自由王国发展的过程。

第二章
人的本质[①]

人的自由问题与人性论密切相关。哲学的人性论在于揭示人的本质力量及其发展。归根到底,自由劳动是人的最本质的要求。

第一节　中国哲学史上的性习之争

在中国哲学史上,力命之争与性习之争有着内在的联系。孔子说:"性相近也,习相远也"(《论语·阳货》),首次提出了性与习的关系问题。接着,孟子讲性善说,以为人的天性中有善端,通过后天的学习、修养,尽心知性,存心养性,人就可以达到圣人的境界。孟子的这种学说,是一种先验论的复性说,因为在他看来,"万物皆备于我矣"(《孟子·尽心上》),人本来即有仁义礼智,而这就是天性。其实在他那里,德性(virtue)与天性(nature)是不分的,nature 中即有 virtue,故深造之以道,即可自得其性。也正是在同一意义上,孟子认为:"诚者,天之道也;思诚者,人之道也。"(《孟

[①] 作者在原稿目录中删去了这一章,并将本章第二节(人的本质)移至第一章第三节的标题之后,但本章正文未作改动。——初版编者

子·离娄上》)老庄以为人的自然状态是最美好的,人为只能使人离开道、丧失德,所以他们对人为采取完全否定的态度,所谓"为道日损。损之又损,以至于无为"(《老子·四十八章》)。这样复归于自然,就可以成为真人。这其实也是一种复性的学说,用老子的话来说,叫做"复命"、"反朴归真"。

而唯物主义者,如墨子、荀子,主张习与性成,即认为性形成于习,或者说人是环境与教育的产物。墨子将人性比作素丝,"染于苍则苍,染于黄则黄"(《墨子·亲士》)。荀子讲性恶说,但他以为通过学习,化性起伪,人就可以"积善成德"。就是说,天性(nature)中并没有善,德性(virtue)乃是积善而成,是通过习而养成的。在荀子之后,《易传》讲"一阴一阳之谓道,继之者善也,成之者性也"(《周易·系辞上》)。这种说法,也就是所谓继善成性说,它对后世的影响很大。《易传》肯定性有善端,但认为善端有待于完成。荀子与《易传》都主张成性说,但荀子的成性说以为天性没有善,性是恶的,要"化性起伪";而《易传》则是"继善成性",性有善端,但这种善端要经过一个过程,才能完成,才能造就为德性,换言之,德性是在发展天性的基础上来形成的,后天的习还是很重要的。

大体说来,先秦的复性说与成性说之争即如上述。这里有一点值得注意,即中国哲学中,不论是性善说、性恶说、还是性无善无恶说,都不同于基督教的原罪说。因为原罪说包含着一个思想,即人类祖先(亚当、夏娃)生来就有自由意志、善恶均可由人自由选择,而中国哲学则缺乏这样一种传统。当然,孟子说人不应"自暴自弃"(《孟子·离娄上》),荀子说"心容,其择也无禁"(《荀子·解蔽》),都重视意志的选择作用,但他们强调的是人应根据对道的认识来选择,其主要倾向是理性主义而非意志主义。后来孔孟与《易传》的学说成为儒家的主流,性善说也相应地成为中国哲学的主流。《三字经》开宗明义第一句,即是"人之初,性本善",性善说所包含的理性主义对中国传统文化的影响是很大的。

两汉时期,王充以为人性是有善有恶的,但经过教育,任何人都可以琢磨成器,尽材成德。不过在王充的学说中包含着一个矛盾,即他一方面讲性成命定,人的气禀规定了人的性;但另一方面,又认为人都可以尽材成德,经过教育锻炼,都可以成为有德性的人。王充没有能够解决命与力的矛盾,他同样未能解决性与习的矛盾,但他把性与习的矛盾揭露出来了。这以后,魏晋的玄学主要发展了老庄的复性说;后来又经过佛学的发展阶段,禅宗在某种意义上又复归孟子的性善说;至李翱,复性说可以说是更完备了;到了宋代,正统的儒家都讲复性说。但这时的唯物主义者王安石,则强调习与性成,认为人之上智下愚中人,都是由习而成,"性不可以善恶言",天性无所谓善恶,善恶都是后天形成的。但王安石提出了一个观点,即要培养成为有道德的人,也必须顺着人的天性,而不能强加于人。斫木而成器,固然靠人工,但也是"因其天资之材"。所以他说,"礼始于天而成于人"①,全部人类文化,都是自然之上加人工的结果。这是一个唯物主义的观点,但同时亦吸取了孟子关于"顺杞柳之性而以为桮棬"之说,或者说,在唯物主义的基础上改造了《易传》"继善成性"的学说。

正统派儒学,如二程,讲"性即理",以为"天命之谓性"即天以

---

① 王安石:《礼论》,秦克等标点:《王安石全集》,上海古籍出版社1999年版,第252页。

理赋予人,所以性善。不过,他们又说:"论性不论气,不备,论气不论性,不明,二之则不是。"①从"性即理"说,天性即德性;但从禀气的清浊而言,则有善、不善之分别。以气禀来解释才性的差异,本来是唯物论的学说,二程则把"才禀于气"这一唯物论命题与他们的唯心论结合起来,亦即把"性即理"与"才禀于气"两个命题合而为一,以"性即理"讲性善,以气禀来讲上智下愚中人的区分。朱熹讲的更明确:"论天地之性则专指理言,论气质之性,则以理与气杂而言之。"②理气相杂,即有上智下愚之分,故要用存天理灭人欲的工夫来复性。

宋明时期复性说与成性说之争演变至王阳明,有了进一步的发展。王阳明提出了一个新的论点,即知行合一及本体与工夫的统一,或者说良知(本体)与致良知(工夫)的统一。按王阳明的看法,"复性"即是复良知的本体,而"复性"的过程即是工夫。简言之,良知随着致良知的工夫而展开为一个过程。他把"复性"比作是种树,它表现为一个生长发育的过程。沿着这一方向再进一步,则有黄宗羲的"心无本体,工夫所至,即其本体"③之说。黄氏否定有一个虚寂的本体,以为本体即是工夫的展开,工夫所至即是本体,工夫到哪一步,本体即显现至哪一层面。不过,黄宗羲是一个泛神论者,以为心即气,人性即是天赋予人的精气,"性"即是人的精气所具有的生意;而生意要发展就需培养,一如稻谷的种

---

① 程颢、程颐:《河南程氏遗书》卷六,王孝鱼点校:《二程集》上册,中华书局2004年版,第81页。
② 朱熹:《朱子语类》卷四,朱杰人等主编:《朱子全书》第十四册,上海古籍出版社、安徽教育出版社2010年版,第196页。
③ 黄宗羲:《明儒学案·自序》,吴光主编:《黄宗羲全集》第十三册,浙江古籍出版社2012年版,第3页。

子只有通过生长发育才能成熟。黄宗羲基本上是以泛神论的观点来发挥《易传》中"继善成性"的学说。

王夫之也继承了把成性视为一个过程的观点,提出了"性日生而日成"、"习成而性与成"的学说。他认为,一方面,人不仅一生下来即获得了天赋,而且在已生之后不断地接受良能,所以"命日受而性日生";另一方面,人在实践中能主动地进行权衡和选择,人性的形成不完全是被动的,它是在人与自然的交互作用中不断地完善起来的。这种交互作用表现为性与道的相互关系。他说:"色、声、味之授我也以道,我之受之也以性。"即客观事物的色声等感性性质给予我以"道"(客观规律与当然之则),我接受了"道"而使性"日生日成"。另一方面,他又认为:"吾授色、声、味也以性,色、声、味之受之也各以其道。"①即我通过感性活动而使性得以显现,我的本质从而对象化、形象化了,而对象之接受我的作用,则是"各以其道"(按对象固有的规律)。这个思想可以看作是中国哲学在性与习关系上的最高成就。王夫之虽然还没有把感性活动视为社会实践,但他把感性活动看作是天道与性、自然与人之间的桥梁,以此说明"命日受"、"性日成"的过程,这一观点无疑是深刻的。

近代哲学家们继续讨论性与习的关系问题。进步的思想家反对儒家的复性说,因为正统儒家讲人的自由在于复性、在于顺命,这实际上是一种宿命论的观点。近代伊始,龚自珍反对儒家的宿命论,在人性论上,他接受了告子关于人性"无善无不善"之

---

① 王夫之:《尚书引义·顾命》,《船山全书》第二册,第409页。

说，即以告子的学说反对性善说。后来的哲学家，如康有为、严复等，都以进化论来解释人性，把人视为人类学上的种，以为每个人生来都避苦求乐，趋利远害。这种学说反对了道学家存天理灭人欲的理论，在当时有反封建的意义。当然，他们把人看作生物学上的种，这并不足以把人与动物区别开来。那么，人道（或群道）是如何形成的？康有为仍讲"不忍人之心"，即接受了孟子的性善说；严复则认为人之初与动物几乎无甚差别，人生来并无不忍人之心，并无仁爱，但因为人为安利必须合群，为了进行生存斗争，必须组织社会，善于合群者即生存，不善于合群者即灭亡，经过自然选择，诸如同情心等发展起来，这是以生物进化论的观点解释道德的起源。

以生存竞争解释道德的起源，进一步发展至章太炎，提出了"竞争生智慧、革命开民智"①。这样讲竞争，包含有实践的意义。孙中山则提出，"夫习练也，试验也，探索也，冒险也，之四事者，乃文明之动机也"②。文明即起源于这些活动，故在孙中山、章太炎那里，已包含有社会实践观点的萌芽。在中国古代哲学家那里，讲习与性成，"习"主要是指道德的实践及学习修养，经过近代哲学家的探讨，"习"开始获得了更广的意义。由此再进一步发展，则进入了马克思主义的实践观点。有了实践观点，便使"习以成性"的观点发生了根本的变化——人的本质被看作是实践过程的

---

① 见章太炎：《驳康有为论革命书》，《章太炎全集》第四卷，第180页。原文为："人心之智慧，自竞争而后发生，今日之民智，不必恃他事以开之，而但恃革命以开之。"——增订版编者

② 孙中山：《孙文学说》，《孙中山全集》第六卷，第222页。

产物。这就对人的本质开始有了真正科学的理解。不过,对这个问题,中国的马克思主义者曾有一种片面的理解,这就是把人的本质归结为阶级性。故性习之争在中国近代也并没有得到真正好的总结。

第二节 人的本质力量①

人的本质包括哪些?过去的哲学家对此提出了不少合理的见解。如墨子讲人要从事耕织劳动才能生存,他多少猜测到了劳动是人的本质这一点;孟子说,人之异于禽兽者,在于人有理性,这也有其合理性;荀子说,人都要假物以为用,而要做到此点,即要合群,这也有道理;但只有产生了马克思主义的社会实践观点,才真正揭示出人的本质的内容。按马克思主义的观点,人的本质首先当然是能够创造工具进行劳动,劳动才使人与动物界区别开来;其次,人的劳动要有社会组织,而在生产劳动的基础上,又形成了种种的社会制度,这当然也是人的本质特点;第三,随着劳动生产的发展,人的理性也发展起来,理性使劳动越来越成为自由的,社会关系最终将成为自由人的结合,就此而言,理性也体现了人的本质特征。可见墨子、荀子、孟子都说到了人的本质的某个特征,但都是片面的。

人的本质也就是人的 essence,我们把它看作是一种从天性中培养成的德性,亦即从人的 nature 中形成的 virtue,这样便使人与

---

① 在原稿目录中,作者将本节移到了第一章第三节之后。——初版编者

动物区别开来。根据马克思主义的观点,社会的人是由个体的人组成的,而个体的人之禀赋都是遗传得来的,这种遗传性是亿万年生物进化的结果,也是数百万年人的实践的产物。但遗传得来的天性是基础,它提供了发展的可能性,或者说它包含了实在的潜能。而在这个基础上,在实践生活及教育中,天性发展为德性,培养成人格,从而人就越来越与动物区别开来。故人的本质是一个历史发展的过程,而不是一成不变的。这种发展即是人类的无数个体由天性向德性的发展过程。

这是关于人的本质的总的看法。以下再作几点分析:

首先,人有自然的属性。告子讲的"生之谓性",这就是人的自然属性。有些哲学家认为人与动物无本质的差别,如胡适即认为,人不过是动物的一种,它与别种动物只有程度上的差异,并无种类上的区别。这是一种抹杀人的本质特征的观点。我们当然不能否定人有动物性的一面,经过亿万年进化遗传下来的自然属性,是非常有力的,不能采取道学家那种禁欲主义、僧侣主义的态度,来否定人的自然欲望。对这个本能的领域,我们事实上研究得还很不够。弗罗伊德讲的无意识,有其合理成分,不能完全否定。不过,人的自然属性虽然有其来自动物遗传的渊源,但它早已随着社会实践的发展,成为人的属性。如性爱是最自然的关系,但人类的性爱与动物的性欲已有了本质的差别。诚如马克思所说,人的性爱最能反映"人的本质在何种程度上对人说来成了自然,或者自然在何种程度上成了人具有的人的本质"[①],故性爱

[①] 马克思:《1844年经济学哲学手稿》,《马克思恩格斯全集》第42卷,第119页。

最能表现人类文明达到的水平,最能代表人的教养程度。以为人的自然状态是最好的状态(如卢梭、庄子所说),这并不正确;同样,以为人的自然状态是最坏的状态(如荀子、霍布士所说),也不对。其实,就其本然状态而言,自然属性无所谓好坏、善恶;好坏、善恶都是对社会的人来说的,而且人类实际上早已失去纯粹的自然状态,自然属性早已社会化了,感性的本能的东西早已理性化,与人的精神融为一体了。所以,人的生物属性是不能离开社会、离开历史进程来抽象地加以考察的。人的眼睛、四肢早已不同于猿猴的眼睛、四肢;人的感官都早已成为人类的。我们一方面要看到人的自然属性之强有力,不能加以忽视;另一方面又要看到,人的这些属性早已社会化了。

第二,关于劳动这一本质特征。人与动物的区别,首先在于人能创造工具进行劳动。但劳动正是人这一物种所必需的,即劳动本身也是人的生物学上的需要。荀子说过,人与动物不同,人一定要"财其非类以养其类"(《荀子·天论》)。人类为了维持个体的生存和种族的繁衍,必须进行劳动,这是人作为一种物种的自然属性所决定的。但是,劳动又使人超越了动物界。正是在劳动中,表现了人支配自然的能力,人通过劳动,即能凭借过去的材料以创造未来。李大钊说:"今是生活,今是动力,今是行为,今是创作。"[①]"今"即是每一个现在的现实活动。过去的材料是既成的,人只能接受,故劳动总有其被动的一面;不过,这个活动又是"引"的行为,即把过去引向未来,它把过去包容于现在之中,又在现在

---

① 李大钊:《时》,《李大钊全集》第四卷,人民出版社2006年版,第350页。

中胚胎着将来,故正是在劳动中体现了人的创造力。人的劳动及人的其他的现实的活动,都既有出于物种的自然需要、凭借已有的材料的被动的一面,但又是动力。故人能抓住现在的活动,使自己成为历史的火车头。这里即体现着人的自由的本质。

第三,从现实的社会关系的总和看人的本质。劳动必须有社会组织。要进行生产,必须合群,故生产过程的社会结合,也是人的本质需要。从生产来看,单个人是无力的,如荀子所说,人之所以能利用牛来耕田,利用马来跑路,都是靠群(集体)的力量,人能群,是人假物以为用的必要条件。另一方面,从分配来看,人生而有种种的欲望,这些欲望要由物质来满足,而人们之间的欲望常常是彼此冲突的,如果没有一定的度量分界,没有一定的分配制度,则将发生争夺、混乱。为了使生活资料的分配得到合理的调节,就一定要有社会制度,要遵守一定的社会规范。马克思在《费尔巴哈论纲》中曾讲到,旧唯物主义认为人是环境与教育的产物,这有它的道理。但是,"环境正是由人改变的,而教育者本人一定是受教育的","环境的改变和人的活动一致,只能被看作是并合理地理解为革命的实践"[①]。而在革命实践中的人,并不是生物学上的人,"实际上,它是一切社会关系的总和"[②]。就是说,应当具体地、历史地,从社会关系的总和来考察现实的人的本质。这里所说的"一切社会关系",就是指社会实践中人们的交往方式,最基本的当然是生产关系,在阶级社会中,它又往往表现为阶级关

[①] 马克思:《关于费尔巴哈的提纲》,《马克思恩格斯全集》第3卷,人民出版社1960年版,第4页。
[②] 同上书,第5页。

系。但不能认为只是阶级关系。有各种各样的社会结合,从家庭到劳动、教育中的组织,以至阶级、国家、民族的组合,都包括在内。人的本质正是在这一切社会关系中展现的,在社会实践中形成和发展起来的。社会组织的建立,受历史条件决定,有其被动的一面,但它同时又是人的创造。维护社会组织的规范即当然之则,是由人制订的。遵循规范要求出于自主的选择,而社会中真正文明的交往方式都应该是自由人格之间的交往,必须以人有自由意志为前提。故社会关系虽然有必然的一面,但同时也体现了人的自由的本质。当然,这里又有较为复杂的情况。如阶级社会中,剥削者的自由即是对劳动者的奴役,占统治地位的社会规范对劳动者是外在的强制的力量。但人类就其发展方向而言,是要使社会成为自由人的联合体,这是一种本质的要求。

第四,人的本质力量还特别在于人是有意识的,有理性的。不少哲学家(如孟子)以理性作为人之异于禽兽者。马克思主义也肯定这一点,不过,它进一步补充说,人的理性是在社会实践的基础上发展起来的。劳动使猿脑成为人脑,社会存在决定人的社会意识,故人的精神也有其被决定的一面,这是不能忽视的。精神作为人的本质力量,包含哪些方面?马克思在《〈政治经济学批判〉导言》中,讲到精神把握世界的方式有四种:即理论思维的、艺术的、宗教的、实践精神的。这四种精神活动都体现了人的自由的本质。宗教精神的自由虽然本质上是一种幻觉,但它也只有理性的人才具有。理论思维获得智慧,实践精神表现为道德即善,而艺术活动则具有美的价值,这些即构成了自由人格的主要德性。马克思在《资本论》中所说的"在这个必然领域的彼岸,作为目的本身的人类能力的发展,真正自由的领域开始了"①,就是指人的精神力量、人的理性的自由发展。当然,精神离不开肉体,精神力量不能脱离物质的基础,自由领域(理性的自由发展)仍以必然领域(物质生产)为前提。而且,精神力量都要凭借相应的对象,凭借物质的媒介才能表现和发展。

总之,人的自然属性、劳动、社会关系的总和,与人的精神的自由本质上是不能分割的。理性要求自由的本质,正是在劳动中、在人际关系中、在人的感性活动中展开的,脱离了劳动实践和社会关系,也就无所谓自由。自由劳动是人的最本质的要求。自由就是理想化为现实,达到主客、知行的统一,它始终不能离开社会实践(首先是劳动生产)这一基础。从认识论上说,实践的观点是第一与基本的,我们把认识看作是一个"实践——认识——再实践——再认识"这样循环往复、螺旋式上升的运动,这个运动的动力即是在社会实践的基础上主客观的交互作用,这也就是理性发展的动力。这种动力因,首先就表现在实践作为主客观的桥梁,为认识及一切理性活动提供了原料,提供了感性材料。实践活动是感性的活动,感官是知识的大门,正是在实践中,人与外物接触,取得感性材料(所与),这是一切知识的质料因。从感觉材料取得概念,以得自所与还治所与,这就是知识经验。我们从形式上考虑,则如皮亚杰所说,行动的逻辑内化为思维的逻辑。概念结构既遵循形式逻辑,又遵循辩证逻辑。思维的逻辑(包括理

---

① 参见马克思:《资本论》,《马克思恩格斯全集》第 25 卷,第 927 页。这里保留了作者对文字的改动。在《马克思恩格斯全集》中的译文原为:"在这个必然王国的彼岸,作为目的本身的人类能力的发展,真正的自由王国,就开始了。"——增订版编者

性的直觉在内),是一切知识的形式因。这种形式正是千百万年实践的产物。而实践作为基础,又是有目的、有意向的活动;基于实践的认识,是为了给活动以方向,并解决如何以一定的手段来达到这种目的,以实现主客观的统一,故实践基础上的主客观的交互作用,也提供了目的因。实践作为认识的动力,是质料因、形式因与目的因的统一。

实践基础上主客观的对立统一,是认识的动力,也是人的全部理性活动的动力,正是在实践的过程中,主客、知行交互作用,人的理性本质发展起来了。这就是王夫之所谓性与天道的关系,这就是理性的自由活动。理性一方面始终面临着必然王国,自由即在于根据对必然性的认识,来选择现实的可能性,以改造自然;但另一方面,主体又以成性为目的,并在自然上打上人的烙印,从中直观自身,这也就是超越必然领域的自由,亦即以人本身的发展为目的的领域。当我们讲实践提供了质料因、形式因,以得自经验者还治经验而达到材料与形式的统一,这当然也体现了人的主观能动性,也表现了人的理性力量,但人的自由的活动,尤其表现在人的实践的目的性上。人是根据理性的认识,选择现实的可能性,使之与人的需要相结合,而制定目的并促其实现,使人的行动成为自由的;同时,又以发展人的本质力量为目的,有目的地塑造自己,使自己成为越来越自由的人格。说宇宙有一个终极的目的或预定的目标,那是形而上学;从这种目的论的宇宙观出发,会得出人是工具的结论,故我们不赞成它。但人类活动是有目的的,而且归根到底,这种活动以发展人的本质为目的。随着历史的演进,人的活动及人格本身将越来越自由。

第三节　劳动的异化及其克服

与自由劳动相对立的是异化的劳动。只有克服劳动的异化，才有真正的自由劳动。

马克思在《1844年经济学哲学手稿》中提出了劳动异化的理论。所谓劳动异化，首先是劳动产品成了异己的力量，成了与劳动者相对立并反过来支配劳动者的力量。劳动的实现即是劳动的对象化，劳动要与自然相结合，才能创造财富。但事实上，劳动者所创造的财富却被别人占有了，并转而奴役劳动者。其次，劳动的异化还表现为劳动本身的异化。本来劳动是人的本质，是人区别于动物的基本点，但异化的劳动都成了强迫的劳动，对劳动者成了外在的东西，劳动者在劳动中不是感到幸福，而是觉得不幸；不仅在肉体上受到折磨，而且在精神上受到摧残，这种劳动已不是自愿的劳动，而是被迫的。

故异化劳动使人丧失了人的本质。人的本质特征在于社会劳动，在于通过劳动生产的社会结合，对自然界进行有目的的加工改造，这样来证明自己是一种有意识的理性生物，能够在化自在之物为为我之物的过程中，实现人的自由。但异化劳动却使劳动及其产品成了压迫劳动者的异化力量，并使人与人的关系发生了异化（成了剥削制度），使人与人的意识的创造物也发生异化（国家、宗教等成了压迫人民的工具）。

为什么会发生异化？首先在于生产力水平的限制，当生产力水平比较低下时,不可避免地要形成私有制。在私有制的历史条件下,劳动的组织者与管理者即可能占有生产资料而成为剥削者,而劳动则为剥削者所支配,劳动产品成为剥削者压迫劳动者的异己力量。所以,私有制本身是异化劳动的产物,但它又转过来成为异化劳动的原因。在资本主义条件下,工人的劳动物化于为资本家所有的商品中,商品、资本成为统治、剥削工人的手段;劳动异化为资本,而资本又促使劳动的异化,这是相互作用的过程。同时,劳动异化的产生,也是由于人的认识水平与理性水平的低下,古人在自然面前无能为力,不能掌握自己的命运,于是就以为有一个超自然的力量在支配自己,这种超自然的力量即是人的本质力量的异化。人按自己的形象创造了上帝、神,而上帝、神又转过来成为支配人的力量;同样,人由于无知,不了解社会规律,在社会中不能掌握自己的命运,于是产生了对权力、金钱的崇拜。在自然经济的条件下,地主阶级对农民进行超经济的强制,行政权力超乎社会之上,于是社会之中即产生了对权力的迷信,而且把这种迷信形而上学化(如理解为天命等);而在资本主义条件下,即产生了商品拜物教、货币拜物教。这种权力迷信和货币拜物教的产生,在一定意义上是人的迷妄无知的结果;而它既经产生,又反过来成为制造迷妄的原因,这也是一个相互作用的过程。

要使人的本质得到自由、全面的发展,必须克服这种异化现象。按马克思的观点,一切异化可以归结为劳动的异化。宗教迷信等固然是由于无知,但同时又有社会基础,真正要克服这种异化现象,就必须消灭私有制,极大地提高生产力及人的认识水平。只有到共产主义,才能达到这一点。马克思、恩格斯曾认为,我们一直处于人类的前史。虽然劳动使人从动物界分离出来了,从物种关系上说,人与动物已有了区别,但只有到共产主义,才能在社会关系上,把人从动物界最终分离出来。也只有到共产主义,人成为社会的主人,它才能真正在必然王国的彼岸①发展人的自由的本质,而人类前史也才真正结束。②

马克思在《1844年经济学哲学手稿》中曾充满义愤地抨击资本主义制度,批评了种种异化现象,他的著作充满了无产阶级的人道主义精神。但这并不是说异化在历史上毫无意义。异化在生产力水平低下的情况下,是不可避免的。马克思在《共产党宣言》中肯定了资产阶级在历史上所起的作用,同样,封建主义在其初起的时候,也曾起了推动历史进步的作用。故从历史唯物主义的观点看,劳动的异化是有其历史理由的,它对人性的发展也曾起过作用,这需要作具体分析。很显然,个性解放的要求,与近代商品经济的发展是相联系的,而这种要求在人的自由本质的发展中,无疑是一个很重要的阶段,但真正要使人得到自由、全面的发展,就必须克服劳动的异化,实现共产主义。但共产主义本身也是一个历史过程。生产力的发展是无止境的,人的知识、文化的发展也是无止境的;人类由必然王国向自由王国发展是一个螺旋形的前进运动,人的本质由自在而自为,也是一个螺旋形的前进运动;故自由在任何时候都是相对的、历史的、有条件的,我们不承认终极意义上的自由。到了共产主义是不是还有劳动异化或

---

① 这里的"必然王国的彼岸",与本书他处的"超越必然王国",所表示的是同一含义。——初版编者
② 原稿在此处后尚有:"当然,这里讲的是一般原理"一句,整理时略去。——初版编者

别的异化的现象呢？这当然还可以研究。人不可能一劳永逸地割断与无知的关系，无知的领域总是要比知的领域广大一些，故由此而产生某些异化的现象，还是可能的。

就我们国家来说，在革命胜利之后产生了个人迷信，这当然也是异化现象，它完全可以从现实的基础来解释。中国是一个封建社会历史特别长的国家，封建专制主义的遗毒在革命胜利后远未肃清，而一个以农民为主体的国家中，行政权力置于社会之上，这种现象是很难克服的，它客观上构成了产生个人崇拜的土壤。事实上到现在为止，我们并没有完全克服权力迷信。现在为了提高社会生产力，要大力发展社会主义商品经济，这当然是必要的。随着商品经济的发展，个性解放等要求也会发展起来。但也要看到，在商品经济的条件下，也会产生商品拜物教、货币拜物教，而且自我们的国家成为半殖民地半封建社会以来，对金钱的迷信与对权力的迷信早就结合起来[①]。不过，理论工作者应头脑清楚，要让大家注意到这种异化现象，并认识到应该通过发展生产力、促进政治民主化和加强法制建设，通过教育提高人民文化素质等，使这种异化现象不致泛滥成灾。

第四节　个性与共性

人要求自由的本质，既是在劳动实践基础上，由天性到德性的发展过程，同时又表现为个性与共性的统一。

[①] 原稿在此后尚有"做了官即可捞钱，有了钱即可做官"一句，整理时删去。——初版编者

一、个体与社会的联系

自然界的事物都有个性与共性,都是特殊性与普遍性的统一,而共性即寓于个性之中,类的本质体现于作为类的分子的个体之中。但在无机界,个体间的差别人们往往加以忽略,因为对人来说,这种个体性往往并不很重要。当然,与人的关系密切的,如地球、太阳、长江、黄河等,其个性仍为人们所注意。在有机界,一般也主要注意其群体、类、族,只是对人关系密切者,如手植的花木、家养的狗猫,才注意其个体特性。但对人类本身,情况则不同。我们不能像对待木石、猫狗那样对待人。人是一个个的个体,每一个人都有个性,每一个人本身都应看作目的,都有要求自由的本质。这是很重要的一点。马克思在《致安年科夫》一信中曾说:"人们的社会历史始终只是他们的个体发展的历史,而不管他们是否意识到这一点。他们的物质关系形成他们的一切关系的基础。这些物质关系不过是他们的物质的和个体的活动所借以实现的必然形式罢了。"[①]马克思在这里所说的物质的、个体的活动,即是人们谋求生活资料的活动。劳动生产是劳动者个体与自然物之间的物质变换的过程,由这些个体结成社会关系,在这种社会的生产关系之上,又进一步构成了整个的社会关系,故个人总是处于社会联系之中,不是孤立的个体。

个体的社会联系中的活动,又总是历史的,每个人都继承了一代代积累下来的生产力及交往方式,后者又决定了这一代人的相互关系,所以单个人的历史决不能脱离他以前的和同时代的社会

[①] 马克思:《致安年科夫》,《马克思恩格斯全集》第 27 卷,人民出版社 1972 年版,第 478 页。

的历史的联系。从生物学的观点看,个体的肉体是由前代决定的,个体的发育是由种系发育决定的;从社会学的观点看,每个人都处于生产力和需要所达到的一定历史阶段,并与其他人处于一定的社会联系之中,所以在个体(我)身上,作为人的本质的东西即是现实的社会关系的总和,这种社会关系的总和制约着个性的发展。

在劳动异化的条件下,社会关系存在着一种统治与服从的关系,这种关系成为支配劳动者的异己力量。本来是在物质的、个体的活动中形成社会关系,劳动者是一个个的个体,与自然进行物质变换,但在劳动异化的条件下,这种社会关系往往转过来成为个性的束缚,成为马克思和恩格斯所说的关系对个人的独立化,个性对偶然性的屈从,个人的私人关系对共同的阶级关系的屈从[1]。当然,在进入共产主义以后,可以克服这种异化现象,实现个人的自由联合。在这种社会中,个人的独创与自由的发展就不再是一句空话了,关系对个人的支配将根本消失。

二、个体意识与群体意识

和社会的劳动是物质的个体的劳动一样,人的精神活动也是个体的活动。精神的主体是单一的、独特的,我的感觉不同于你的感觉,我的思想不同于你的思想。每个人都有自我意识,都有一个"我"作为精神活动的核心。当然,这不是说,自我是封闭的。如 Max Scheler 所说,精神具有"世界开放性"(world-openness)[2],我对外界是开放的。人与动物不同,动物与环境的

---

[1] 参见马克思:《德意志意识形态》,《马克思恩格斯全集》第3卷,第86页。
[2] Max Scheler: *Man's Place in Nature* 英译本,纽约,1981年版,第39页。

交互作用是一种本能的活动,人能超越本能,冲破环境的束缚,从人与自然的交互作用中发展自己,同时把人的本质力量对象化。在人与人的社会联系中,形成了人的群体意识,而群体意识又存在于个体意识之中,人的精神即是自我意识与群体意识的统一。这样,在意识的领域,同样有一个个性与共性的关系。如梁启超所说:"吾以为历史之一大秘密,乃在一个人之个性何以能扩充为一时代、一集团之共性?与夫一时代、一集团之共性何以能寄现于一个人之个性?"[①]梁氏认为,只有把握个人的心理与民族心理、社会心理的关系,才能把握历史的因果律。他从这里引导到唯心史观,因为他认为有一个社会心理的实体,后者决定了历史,历史则是社会心理的表现。事实上,社会心理并不是实体。如果把社会心理视为"大我",则大我也就是群体意识,它仍然是个人之间相互关系的意识,并不是离开个体的自我还有一个超越的社会心理的实体。社会意识是社会存在的反映,它同时又是许多个体的头脑的产物。当然,社会意识(群体意识)取得了物质的外壳,表现于文字、艺术、建筑等等之中,积淀为文化、形成为传统,但文化传统还是要由个体的头脑去把握的。意识作为过程,总是存在于个体的头脑之中。不过,梁启超强调研究历史演变中的个性与共性、个人心理与社会心理的关系,以为这是把握历史因果律的关键,这是颇有见地的。但梁氏从唯心史观出发,注意的是英雄人物之杰出的见解如何体现了当时的社会心理,代表了民族精神,所以能以个性影响社会,推动历史的发展。在历史唯物论者看

---

① 梁启超:《中国历史研究法》第六章,林志钧编:《饮冰室合集》专集之七十三,中华书局1989年版,第114页。

来,比之杰出人物,更应注意广大群众,更应注意使整个民族、整个阶级行动起来的动机。在社会历史领域中,无数的小我相互影响,形成恩格斯所说的"合力";无数的意志形成的合力,即是民族心理、阶级心理。在合力中,各个个人的意志都有所贡献,而杰出的人物则能首先把握住社会心理中新的东西,首先觉察到历史进化的趋势,从而提出先进的理论,把散漫的群众意见集中起来,引导群众去斗争,使群众的斗争成为自觉的。这也就是从自在到自为的过程。所以,杰出人物的作用是不能否认的,但首先还是无数的个人形成一种合力,形成一种民族心理、社会心理,而杰出人物则成了他们的代表。

在社会存在异化的条件下,异化很容易造成英雄崇拜,造成对杰出人物的迷信。英雄人物本来是从群众中产生的,但他既经产生,又可以成为异己的力量,可以使广大人民群众失去独立自主的人格,而处于受奴役的地位。所以,李大钊认为,对英雄、对圣哲不能有崇拜心理,他说"孔子生而吾华衰"①,强调的即是英雄崇拜的危害。

思想家、政治家、艺术家等,都应力求把握时代精神(正是群众心理体现着时代精神),应该使自己成为这种时代精神的代表者,如果不把握时代精神,不把握民族心理,则不可能作出重大贡献。当然时代精神、民族心理、阶级意识等等,都不是抽象的一般,而是具体的、充满矛盾的,并内在于无数的个性之中,通过个性的演变而发展。归根到底,群体意识总是体现于个体意识之

---

① 李大钊:《民彝与政治》,《李大钊全集》第一卷,第151页。

中,群体意识由自在而自为的发展,即体现于许多个体意识的发展过程中。个性都是有血有肉的,每一个体意识都有其特殊发育过程。个性只有在受到尊重、受到同情的考察时,才会被具体了解。而只有具体地了解了若干个性及其成长发育过程,才可能把握群众的心理以及体现在其中的时代精神。

在生产关系中形成的社会集团,是最基本的群体。在阶级社会中,阶级关系是基本的关系,它制约着人们的各种关系。在阶级社会中,人们的意识的阶级性是不能忽视的,但这不等于说阶级对立包含了一切关系,更不等于说阶级性即人性,不能以阶级意识来代替群体意识。有些社会关系比特定的阶级关系更悠久,如两性关系及在两性关系上形成的家庭关系。再如民族关系,虽然在阶级社会中受到阶级关系的制约,但是不能简单化地讲资产阶级民族、社会主义民族。特别是像中国这样的民族,经过了源远流长的发展,爱国主义长期以来是全民族的动力。鲁迅对国民性的研究,即主要着眼于中国的民族心理。他对中国人的面子观念的揭示,确是入木三分。这种分析很重要。教条主义的错误即是把阶级性绝对化、庸俗化,从而一方面忽视了对群体意识作多方面、多层次的考察,另一方面忽视了人的个性的发展。这样一来,阶级性即成了抽象的名词,甚至成了打人的棍子。瞿秋白的《多余的话》,过去人们往往对它不很理解,其实瞿秋白即是说,不能把阶级性变成抽象的名词。他从文学创作中获得了某些体会,以为我们不能把人们看成一大堆抽象名词的化身,简单地划为"官僚"、"平民"、"工人"、"富农"等等,在你面前的这些人虽在一定生产关系中,同时也都是有血有肉的个性。他看到了教条主义者扼杀个性的祸害。

柏拉图把共相形而上学化了,黑格尔也把理念形而上学化了。辩证唯物主义以社会实践为认识论的基本的、第一的观点,在认识论上讲具体真理。精神当然有共性、有群体意识,但又是独特的、单一的。在人文领域,更要强调具体性。在理论上,不能把一般与本质等同起来。有一个错误的观点,以为本质的即是一般的,事实上,一般并不等于本质。我们说人是目的,指的是一个个的人,本质即存在于具有个性的个人之中(当然并不是说他没有共性),这一个观点,在艺术、伦理学等领域,都是很重要的。文学要描写有个性的人,典型是一个一个的;道德行为所要对待的,也是一个一个的人,不把一个一个的人视为目的,即离开了道德的根本原则——人道原则。

第三章
评价和价值

人要求自由的本质具体展现于价值领域。价值是评价的对象,是评价意义的客观化,而这种客观化过程又是通过人的创造性活动而实现的。

第一节　认识与评价

一、认识包含评价

从认识运动来看,评价是包含在认识之中的。

人们在实践的基础上认识事物,这种认识既概括在定义之中,也反映在人们对事物的分类之中。拿定义来讲,列宁说过:"必须把人的全部实践——作为真理的标准,也作为事物同人所需要它的那一点的联系的实际确定者——包括到事物的完满的'定义'中去。"[①]完满的定义就是要比较全面地反映事物的本质,而要达到这种逻辑的要求,就要把人的全部实践既作为检验主客

[①] 列宁:《再论工会、目前局势及托洛茨基同志和布哈林同志的错误》,《列宁全集》第40卷,人民出版社1986年版,第291—292页。

观是否符合的标准,又作为事物同人的需要之间的联系的确定者,把这两方面都包括到概念的定义中去。形式逻辑所讲的概念的定义往往有所偏,不是完满的。比如说,"水是氢氧化合物",这是一个化学上的定义,它正确地反映了水的质,可以用实验来检验。但假如我们讲,"水是一种人类生活中不可缺少的饮料",情况就有所不同。说水是饮料、水力能发电等,就是说明水的某种性能与人的需要之间的联系。它反映自然物和人之间的关系,而非光溜溜的自然属性。饮料,是相对生物的需要说的;发电能力,是相对人类生产力达到一定阶段后显现出来的需要而言的。完满的定义应该把两方面:事物的自然属性以及事物同人的需要之间的联系都包括进去,这也就是把"全部实践"包括到定义中。

分类也是这样的。比如,贾思勰在《齐民要术》中谈到谷子的分类,他所用的标准是相当全面的,既包括谷子的本质特征,如成熟期的早晚、苗秆的高度、质性的强弱等,这些方面是否与客观事物相符是可以检验的;同时也包括谷子和人的需要之间的联系,如产量的多少、米味的美恶、出米率的高低等,这些是由实践来确定(当然也可检验)的。在分类时,我们同样既要注意事物固有的本质特征,也要注意事物的那些属性、性能与人的需要之间的联系。

科学从总体上来说都是如此。当然,由经验科学发展到理论科学时,那种事物同人的需要之间的联系往往有所忽略。不过,这也是必要的。理论科学往往着重注意事物本身的形态、性质,对它同人的需要之间的联系则有所忽略,而把这种联系交给技术科学去研究。近代以来的理论科学如原子物理学、量子论、非欧几何等,最初根本没有去考虑研究的对象与人的需要之间的联系这个问题。这应该说是一个进步,对事物的本质特征的研究是更深入了。但科学(包括理论科学和技术科学)从总体上来说,总是注意事物与人的需要之间的联系的。

所以,人对客观事物的认识不是单纯的认知(congnition),而且还包含着评价(valuation)。确定事物与人的需要之间的联系就是一种评价。当我们说水是人生活不可缺少的饮料,这当然包括对水的认知,但不是单纯的认知,它包含着评价,肯定了水对人有用,是人的利益之所在。我们说这片田的谷子产量高,这也包含评价。当我们对对象作出判断,说它有用或无用,有利或有害,可爱或不可爱,我们喜欢它或厌恶它,以至于说很美,具有善的德性等等,这些都包含着评价。评价就在于确定事物同人的需要之间的联系。

二、认知与评价的区分

认识从广义来说,包括评价。不过,我们可以把认识活动中的认知和评价区分开来加以考察,它们是可以分析的。有些命题就是简单的认知命题,比如说"这是水"、"那是书"等等;一些复杂的命题,如现代理论自然科学的公式、定理,通常也只表示了认知,而没有表示出对象与人的需要的关系,即没有表示评价。这样的认知有真假问题,即人的主观认识是否符合客观实际的问题,但这种真假不是评价。认知论真假,评价则论好坏。在科学研究和日常生活中都是有这种区分的。比如,一个人说的是真话,但它不一定管用;而有用、有价值的也不一定是真理。这个区分是必要的,认知和评价有不一致之处。真假在某个层次上也有评价;但单纯地讲"这是水",这样表示事实的认知则当然不是评价,数学、物理学、化学、生物学、天文学、地质学等自然科学中的许多理论命题也不涉及评价;但科学在比较幼稚还处于经验科学阶段的时候,认知与评价总是结合在一道的。中国古代的科学著作,从《黄帝内经》到《本草纲目》等,都是如此。又如古代的天文学,把天象和人事纠缠在一道,还讲天人感应,用目的论来解释自然现象。后来天文学发展了,清除了目的论的因素,肯定了自然界的现象不是为人而存在的,它与人的需要的关系问题往往就不加考虑了,而是首先就天象本身的实际情况进行研究。在科学发展中,这是一个进步,但不等于说科学在总体上可以离开评价。

认知的对象是客观的存在物,是不以人们的意志为转移的。在认知中,主体和客体的关系是外在的关系,即对象可以被看作是外在于主体的。但在实践中,人与自然相互作用,同时人们之间形成一种社会关系。这种互相作用、社会关系也可以作为认知的对象,这时的对象和主体的关系也还是外在的。我们把社会历史过程看作自然历史过程来研究,把生产力和生产方式的发展作为认知的对象进行研究,这种认知关系同样也是外在的。不论哪个领域,人在认知方面总要力求客观地、如实地反映事物、对象。只有这样的认知、这样获得的知识,才会在实践中有用。

但是,评价在于把握为我之物与人的需要之间的联系。评价的对象是为我之物,评价是要把握"物"与"我"(人)处于一定关系中所显现出来的物的功能,亦即把握一定关系中的为我之物具有什么样的功能。这种功能可以是人的需要,当然也可以是人的不需要。不合乎需要,物具有的就是负的价值;合乎需要,物就是有正的价值。离开了物和人的关系就谈不上这种功能。比如,水是饮料,水能用来发电进而照明,这都是水在一定社会条件下对人显示出来的功能。再如,我们说"江南水乡的景色很美",这当然也是江南水乡在一定社会条件下显示的功能,原始人大概不会欣赏这种景色。所以,美、可爱、有利、有用等等都是对人讲的。没有"我"、主体、人,就无所谓可爱、有利、美、善等等。当然,孟子说,"口之于味也,有同嗜焉;耳之于声也,有同听焉;目之于色也,有同美焉"(《孟子·告子上》)。人的口都喜欢美味的饮食,耳朵都喜欢优美的音乐,眼睛都喜欢美丽的色彩。所以,事物与人的需要之间的联系还是有共同性、客观性的。但就这种联系而言,主体和客体的关系是内在的。在此种关系中,主体的状况和客体所显示的功能是互为条件、互相依存的,主体的需要改变,客体的功能也显出不同。俗话说所谓"饱汉不知饿汉饥",就是这个道理。商人对于珠宝的美学上的意义往往看不到,而只看到它们是商品,有交换价值,也表明了这一点。主体的需要以及与需要相联系的情感、意欲是彼此不可分割的。正因为如此,评价中间的差异性也就是不可避免的。西方人在讲到"趣味"时,总强调各人有各人的趣味。每个人、每个群体,都以自己的方式进行评价;就是同一个人,在此时此地的评价与彼时彼地的评价也会有所不同。不过,尽管这样说,异中还是有同。只要有共同的社会地位、共同的文化背景,有相似的经历、教养,就会有相似的评价。所以,评价是有共同性的。孟子讲的"目之于色也,有同美焉",这一点大家都会承认的。比如看一幅好的画,欣赏者在相似的教养、共同的文化传统下,都会认为是美的。特别是在有比较的时候,这种共同性更为明显。苏州东山紫金庵有十八个罗汉,其中十六个是南宋时民间艺术家雷潮夫妇塑的,另外两个是元代人补的,大家一看都会说,这十六个多生动、多美,那两个要差一些。总之,评价有共同性,又会有差异;评价的对象与主体的关系是内在的;评价与单纯的认知有明显的区别,两者在认识活动中是可以区分的。

三、评价在认识运动中的作用

整个认识运动既包括认知又包括评价,评价在认识运动中的作用是不能忽视的,评价具有认识的功能。

首先,评价确定为我之物的功能与人的需要之间的联系,这是一种反映,当然就有认识的意义。我们晓得了水是饮料、谷子高产,这当然也是认识,但不仅对对象的功能在一定条件下有所认识,而且也对人本身的需要有所认识,因而也就对人的本质力量有所认识。同时,评价包含有人的观点,观点作为社会意识,是对社会存在的反映,具有认识的功能。

第二,评价对于推动整个认识运动的发展有不可忽视的作用。人的社会实践是有目的的活动,认识是在社会实践的基础上发展的。实践作为有目的的活动要有观念作为指导,而指导行动的观念要求具有理想形态。那就不是单纯的认知,仅仅认知不能成为行动的动力。比如,对于木材,我们不仅要认知它是木质的,而且须知道它可以作建筑材料,这样作为建筑材料的木材和人的需要之间的联系被揭示出来了,对人的某些行动(如造林、砍伐)就有指导作用。可见,评价能推动人们去行动,去发挥认识的能动性,使人的行动和认识有一定的方向。

第三，正因为评价反映现实与人的关系,给人的行动和认识以方向,这就使得自我(认识的主体)越来越带有自觉的意识。认识的主体是一个完整的人格。单就认知说,主体是一个感觉、思维的主体,可以说这样的主体还不是完整的"我"。主体不仅有知,还有情、意,是一个完整的人格。所以,人不仅是认知的主体,也是评价的主体。在评价中,自我意识就越来越明确起来,成为自觉的"我"。

总之,在基于实践的认识运动中,评价具有反映的功能,起着推动认识和提高觉悟的重要作用。

第二节 评价的机制

一、利害和苦乐

评价是要确定为我之物与人的需要之间的联系,归根到底,评价离不开人的利益,而利益可归结为幸福、快乐;评价的对象不是离开人独立而存的自在之物,而是与人联系着的为我之物;而"我"(人)又总是处在一定的社会联系之中。评价的对象就是相对于人的需要而表现出来的为我之物如食物、饮料、艺术作品、建筑材料等的功能,它们作为评价的对象显然是与人的需要相联系的。不论是人的物质需要还是精神需要,都有其自然的来源,这是不能忽视的;但同时,它们又在社会历史中演变着、进化着,这些需要都是人的本质的体现。当为我之物能够符合人的需要、给人以满足的时候,人就为得到它而感到快乐,觉得它是可爱的、可喜的,就给予它肯定的评价,称之为"好"(good),称之为"利",这就是广义的价值。但为我之物如与人的需要相对立,人一旦得到它就感到痛苦,觉得厌恶、可憎,从而给予它否定的评价,说它是"坏"、是"害",这就是负的价值。《墨经》中讲:"利,所得而喜也","害,所得而恶也。"(《墨子·经上》)它为"利"和"害"所下的定义是功利主义的。而孟子讲"可欲之谓善"(《孟子·尽心下》),以为"理义之悦我心,犹刍豢之悦我口"(《孟子·告子上》),所以善行、善人是"可欲"的,是令人喜悦的。孟子是非功利主义者,但若把"善"看成广义的"好","可欲之谓善"和"利,所得而喜也"应该说是相通的。

人作为一种生物,总是有避苦求乐的天性。[①] 不仅一些反封建的功利主义者主张快乐论,马克思主义者也反对禁欲主义。人的合理之欲是应该得到满足的。李大钊即认为,"避苦求乐,是人性的自然,背着自然去做不是勉强,就是虚伪"[②]。避苦求乐是每个人的天性,违背人的自然要求而一定要像理学家那样"存天理,灭人欲",那就不是勉强便是虚伪。禁欲主义者往往是这样的:或者是勉强地去禁欲,或者嘴上标榜禁欲实际却不禁欲,因而是虚伪的。李大钊又说:"人生求乐的方法最好莫过于尊重劳动,一切的乐境都是从劳动中得来的。一切苦境,都可由劳动解脱。"[③]从这个意义上来说,马克思主义者主张在社会实践的基础上讲革命的功利主义,只有能使人民群众得到真正的利益的东西才是好的东西。好就是从利来讲的,而利是根据人的避苦求乐的自然要求来讲的,从而把利和害的区分最后归结到乐和苦。在这一点上,

---

① 此句有改动,原文为:"人是一种生物,天生是避苦求乐的。"——初版编者
② 李大钊:《现代青年活动的方向》,《李大钊全集》第二卷,第318页。
③ 同上注。

马克思主义者和其他的功利主义者是一致的。当然,我们讲人民群众的利益,讲社会实践基础上的功利,或如李大钊讲的真正的避苦求乐在劳动,这又是与其他的功利主义者的不同之处。

二、权衡和选择

评价是一种比较,比较苦与乐;而乐之中又有所比较,苦之中也有所比较,在比较的时候,人就要作权衡。苦和乐,利和害,是相反的,而人总是趋利避害、避苦求乐的。不过实际情况很复杂,苦乐、利害,不仅有数量上、程度上的差别,而且有性质上的差别,并不那么单纯。有的时候我们需要"苦中求乐",有的时候又"乐中有苦",苦乐不是截然分开的,这就要用理智进行权衡。

《墨经》说:"于所体之中而权轻重之谓权。权,非为是也,非为非也。权,正也。"(《墨子·大取》)这里的"权"就是权衡,即对自己亲身受到的利害、苦乐进行权衡,决定取舍,"利之中取大,害之中取小"。比如吃药是件苦事,但它可以治病,使人恢复健康,因而人们就愿意吃药。《墨经》中举过一个"遇盗人而断指以免身"的例子,当遇强盗的时候,"断指"是"害之中取小",而"免身"脱险则是"利之中取大"。"权,正也",就是说有了理智的指导,利与害的大小、苦与乐的性质就能够有所区别。

《墨经》又说:"于事为之中而权轻重之谓求。求,为之(是)非也。"(《墨子·大取》)在人的行动中权衡轻重,正确地考虑取舍,这叫"求"。单纯的权衡还不是"求","求"是在行动中根据权衡分清是非,进而对行为提出要求,亦即根据权衡进行选择。求为是而不为非,求为义而不为非义。"求"是一种选择,是经过深思熟虑而有一种为善的意向。

《墨经》中区别了权和求,这是因为评价包含着两个环节:认识利害,权衡轻重;进行选择,以指导行动。这两个环节是可以区分的,即使直觉的、本能的活动也是如此的。如"好好色"、"恶恶臭",对好看的颜色就爱好它,对臭的气味则厌恶它,这已是既权衡(区分好色、臭味),又作了选择(好之、恶之)。本能的活动已包含了两个环节,复杂的活动更是如此。比如,医生劝小孩吃药,医生既要晓以利害,苦药可以治病,要小孩权衡,同时又鼓励他要勇敢,要勇于行动,自主选择。这是有关生命和健康的利害,还比较容易权衡、选择。有的活动更为复杂,如生命和道德难以两全,烈士就舍生取义、杀身成仁。匈牙利诗人裴多菲说:"生命诚可贵,爱情价更高。若为自由故,二者皆可抛。"这样的权衡和选择,需要有大智大勇。

三、评价的标准

权衡和选择要有一定的标准。从一般的意义上说,评价就是用理想规范现实。用理想作为标准,衡量现实的可能性和由可能到现实的过程,这都贯彻着评价。任何的观念用来指导行动时,都包含着理想的因素。观念总是一个观念的结构,在结构中观念之间互相联系着,贯彻着一定的倾向和观点。所以,作为对现实的可能性的认识以及与人的需要相结合的理想,体现着人对现实的态度,反映着人在社会关系中的地位,表现着人的智慧的水平。贯彻于理想形态的观念之中的是各种观点,它们便提供了评价的标准。如评价一幅画,就要运用某种审美观点,而具体化于艺术理想之中。

荀子也讲权衡，这一点与《墨经》是相似的。但他说："道者，古今之正权也；离道而内自择，则不知祸福之所托。"（《荀子·解蔽》）他以为权衡的标准是"道"（人道），"正权"就是用礼义之道进行权衡取舍。他注意到了世界观、人生观在权衡中的重要作用。自觉地依据一定的标准（世界观、人生观）进行权衡选择，这是理性的要求。但理智并不是万能的，标准也不一定完全合理；因此权衡不一定正确，选择也可能有盲目性。《墨经》说："为，穷知而悬于欲也。"（《墨子·经上》）若理智认识不清楚，不能正确地权衡利害，那便容易受欲望的束缚、支配。当然，理智根据观点选择时，因前提是避害趋利，所以欲望也是起作用的。不过，理智如有所失误，容易因小失大，如"养其一指而失肩背"（《孟子·告子上》）。我们主张以人民群众的利益为出发点，但应把目前利益和长远利益统一起来，不能作片面理解。目前利益是不能忽视的，忽视了要脱离群众，同时，要考虑长远的将来的利益，不能搞实用主义，所以一定要由理性来引导。

第三节　评价的发展

人们早就注意到，对艺术、科学、道德的评价，往往显示一种不计较利害的、无所为而为的态度，即把艺术、科学、道德本身作为目的，作为有内在价值的东西。这是什么原因？这是因为评价有一个从低级到高级的发展过程。如果顺从欲望，如"好好色"、"恶恶臭"，凭本能避苦求乐，评价就有很大盲目性。有了理智的权衡,作出正确的评价,这就有了一定的自觉性。但这还不够,只有达到完全出于自然、无所为而为的状况,人们才真正感到自由。所以,评价有它的发展过程。

一、"手段价值"(Instrumental Value)与"内在价值"(Intrinsic Value)

"利"是最广义的好,凡对人有使用价值的都是利。利是人欲求的目标。但要达到这个目标,就必须采取一定的手段,要有工具。从这意义上说,手段的价值或手段的好是从属于一定的目的的,目的是为了求利。不过,对此不能作片面理解。因为人的社会实践(人的有目的的活动)是历史地发展的,目的与手段不能分割,而且两者可以互相转化。黑格尔已指出这一点:"手段是一个比外在合目的性的有限目的更高的东西;——犁是比由犁所造成的、作为目的的、直接的享受更尊贵些。工具保存下来,而直接的享受则会消逝并忘却。人以他的工具而具有支配外在自然界的威力,尽管就他的目的说来,他倒是要服从自然界的。"[①]人本是自然物,当然要服从自然界。衣食住所需的生活资料给人以直接的享受,是出于人的自然属性,而使用工具进行生产则是人的本质的特征。犁等工具,本是为了进行生产以实现温饱的目的,但工具使人具有支配自然界的力量,工具就比由工具所造成的直接的享受更尊贵,更有价值。黑格尔的话是有道理的。工具被保存下来,世代加以改进,这样生产力就发展了。发展生产力就成了人

---

① 黑格尔著,杨一之译:《逻辑学》(下),商务印书馆 1976 年版,第 438 页。

的社会实践的目的,手段就转化为目的。而为了发展生产力,建立一定的生产关系,这是手段;上层建筑归根结底是为了维护生产关系,发展生产力,这也是手段;但它们都可以转化,在一定条件下手段转化为目的。如为了解放生产力,必须进行生产关系变革,这时进行社会革命,就成了全民族的目的。

从互相转化来说,目的和手段是相对的。当然,有的东西总是具有手段的意义,比如吃药总是为了治病的,监狱总是为了维护社会治安的。而一切理性的活动(科学、艺术、道德等等)固然都是为了人类社会和人民的利益,因而具有手段的意义,都是"手段的好"或"手段的价值",但它们不仅是手段,也是目的,亦即本身就具有一种内在的价值。

艺术按它的起源来说,决不是超功利的。普列汉诺夫很好地说明了这一点,鲁迅在译普列汉诺夫的《艺术论》的序中也说明了这一点。艺术要为人民的利益服务,艺术家不能在象牙之塔中;但也不能说艺术的价值就只是在它的功利性。在艺术欣赏和艺术创作的过程中间,对欣赏者和创作者来说,艺术本身有它的内在价值。因此,人在从事欣赏、创作的时候能够自得其乐,能产生一种不计较利害、无所为而为的态度,如果没有这种乐趣,艺术家很难进行持久的创作活动。

拿科学来说,自然科学可以转化为生产力,人文科学可以指导社会变革,因此是有功利性的。认知性的科学命题、事实命题的真假本来不属于评价的范围,但科学技术运用于生产和指导社会实践,这就有有用性或功利性,就属于评价的范围了。这种有用性是"手段的价值",是一种"手段的好"。但对于从事科学研究的人以及受科学教育的人,科学理论也有它本身固有的内在价值。按照亚里士多德的说法,人的快乐在人的官能的自由活动中。"心之官则思",人在作为理性的官能的活动中最感到自由。哲学的智慧的活动是一切活动中最愉快的活动。智慧的活动本身就是一种价值,按亚里士多德的看法,它是最高的价值。

从道德活动来说,道德规范是以人民的利益为内容的,道德行为是一种"手段的好"。墨子说:"仁人之事者,必务求兴天下之利,除天下之害。"(《墨子·兼爱下》)一切道德行为都是达到为天下兴利除害的目的的手段。但亚里士多德也讲,德行本身就是目的。孔子、孟子、荀子也都很强调这一点。德行本身有内在的价值,如果把名教看作仅仅是工具,不是出于本性的表现,那就成为虚伪的东西。嵇康、阮籍反对虚伪的礼教,其实他们内心里倒是"相信礼教,当作宝贝"的,只不过他们认为真正的德行要出于自然,无所为而为。阮籍葬母时还吃肉饮酒,但最后"举声一号,呕血数升,废顿久之"[①]。他是个天性至孝的人。

二、精神价值和功利的关系

不能把功利和真、善、美等截然割裂开来。冯友兰在他的早期著作《人生哲学》中,把无所为而为的人生态度称作为"人生术",即把它作为一种处世方法。他以为,把手段的好视为内在的好、内在的价值,就可以使人把重心稳定在内而不至于偏倚于外,可以使人减少许多痛苦而增加许多乐趣。这是实用主义的观点

[①] 汤球、黄奭辑,乔治忠校注:《众家编年体晋史》,天津古籍出版社1989年版,第581页。

（冯友兰后来讲人生境界说，改变了这个观点）。实用主义认为把手段的好看作内在的好，是一种主观上的处世态度，是一个有利于避苦求乐的方便办法。这是不正确的。如果不是真正内在的好，而仅仅看作它如此，那也要变成伪君子。

另一些人则因看到科学、艺术、德行等有内在的价值，从而就反对功利主义，提出"为学术而学术"、"为艺术而艺术"的口号，以为科学、艺术、德行等都是超功利的。这又走到另一片面去了。

科学、艺术、道德这些精神价值都是在社会实践基础上理性的创造，都有两重性。一方面，它们是在社会实践基础上为了增进人的利益（目前的和长远的利益）的，具有手段的意义，具有功利性，而这种功利性可以从社会历史条件来加以说明。但另一方面，它们又是理性的创造，是人的本质力量的表现，人在其中能获得精神的满足。在创作时，人确实并没有计较利害，没有考虑利益，显得无所为而为。即是说，他在这些活动中是以发展和表现人的本质力量为目的的，这些活动本身就是目的。正因为如此，无论是古希腊的亚里士多德还是英国的穆尔（G. E. Moore），都认为快乐不仅有数量上的差别，而且有性质上的区别。通常讲的"快乐"、"利"同人的生命的保存、生活的享受相联系，同人的物质需要的满足相联系。但是，当讲到科学、艺术、道德中的乐趣，则是以发展人的本质力量为目的的。在这些活动中，快乐就有了新的性质，乐趣是同人的精神生活相联系的，是同实现理想人格、理想社会这样的目标相联系的。

正由于科学、艺术、道德等等作为人的本质力量的表现，本身就有内在的价值，因而评价者在看问题时就有了一种新的视角，评价活动就成了真正自由的活动。自我在主客观交互作用中得到了自由的发展,评价就成为德性的自由的表现,或成了实现自我的环节。不仅理性活动如此,可以说,体育活动、旅游等所带来的欢乐,性爱所带来的幸福,也都有了新的意义。本来是一些感性的活动、肉体的需要,这时却都有了新的意义。孟子讲:"饮食之人无有失也,则口腹岂适为尺寸之肤哉?"(《孟子·告子上》)在理性的指导下,口腹的满足也就不只是为养尺寸之肤了。而唯心论者由此陷入了幻觉,以为道德、艺术是超功利的,认为精神是第一性的,可以脱离物质而存在。这当然是错误的。按照马克思主义的观点,自由王国是在必然王国的基础上建立起来的,从事物质生产来满足人们的物质生活的需要始终是前提;人和人生的崇高价值都根源于现实生活,意识到功利性这一点,并不会使这些价值失去光辉。康德讲要区别自由美和依存美,其实,美本来就是依存于功利和人的需要的。意识到这一点,并不就失去美的自由的性质。而我们同时要看到,真、善、美都是人的本质力量的自由表现,因而确实都有内在的价值。所以,作为权衡标准的观点不是外加的,而是"我"的良知、自我意识的表露。在人的创造活动中,目的因就是自因或自由因。

从评价的基本机制来说,人总是避苦求乐,用理智权衡选择。但人的需要随社会实践的发展而发展。人的饮食男女之类的需要和人对真、善、美这样的价值的追求,是有性质上的差别的。但内在的价值也是人的需要的满足,是发展人的本质的需要,是符合社会发展的客观趋势的。人的本质力量发展的目标就是造就真、善、美统一的自由人格,人类社会发展的总趋势就是达到真、善、美统一的自由社会。这个总目标要在未来实现,但又在过程中展开。所以,这个总目标是自因,是内在于现实的历史和各个人的创造活动之中的。在各个历史阶段和各个人的创造活动中,不论物质价值还是精神价值都可以说是社会实践的客观要求。从计较、权衡利害到无所为而为,评价就由低级向高级发展,但又有一贯性。精神价值和功利是统一的。

三、评价主体——良心、良知

评价的发展最终表现为观点的发展。人们用来评价的标准是观点,包括世界观、人生观、艺术的观点等等。这些观点统一于"我",统一于评价的主体。所以,评价的发展又可以归结为评价主体的发展。

主体是个性和群体的统一。一方面主体应当从群体意识来进行评价,亦即要有群众观点,以广大群众的利益为出发点进行评价。不过,没有抽象的群体意识,它内在于自我意识之中。评价者是一个个的个体,评价标准是由"我"掌握、运用的。为我之物的价值是相对于"我"而言的,即既相对于大我(群体)也相对于小我(一个个的个体)而言的。只有通过小我,大我才能取得不同程度的自觉,群体意识就在自我意识之中。但从另一方面说,只有真正胸怀祖国,全心全意为人民谋利益,才是高度自觉的自我。

自我意识是在同别人的交往中(即在群体中)培养起来的,是凭着相应的对象(为我之物)和评价活动、创造活动发展起来的。评价要求主体有自觉性,要求有一种自觉的自我意识,意识到自己在根据一定的观点作评价。这种评价者的自我意识就是良心、良知。"良心"、"良知"这些词过去唯心论者用得多,但不能说用它们就是唯心主义的。我们唯物论者也讲道德的良心、艺术的良心、阶级的良知等,这都是用来指有高度觉悟的自我。王阳明把心的"昭明灵觉"叫做"良知",这个定义是对的。他认为,良知具有一切是非善恶的准则,"良知之于节目时变,犹规矩尺度之于方圆长短也"①。"良知"把握着"规矩、尺度"(即道德规范、准则),把握着评价的标准。去掉王阳明的唯心论,他的话应该说是正确的。当然,精神不是离开物质的另外一个实体,精神是贯穿于意识活动中的有秩序的结构。所以,在现实的精神作用之外并没有潜伏着一个心(精神)的实体。但在所有现实的精神作用之中,贯彻着一个昭明灵觉的"我",这就是意识主体,就是良心、良知。黄宗羲说:"心无本体,工夫所至,即其本体。""工夫"是指精神修养、精神活动,心的本质就是工夫所达到的有序的结构,此外别无精神本体。

第四节 意蕴、创作与价值界

所谓"意蕴",指评价判断的意义。意蕴通过人的创作活动而客观化,因而有由人主宰的价值界。

一、语言的意义

评价判断通常用语言来表达。从认知来说,判断的内容(事

---

① 王守仁:《传习录中·答顾东桥书》,吴光等编校:《王阳明全集》上册,上海古籍出版社2011年版,第56页。

实命题和普遍命题)用陈述句来表达。形式逻辑要求命题和事实有一一对应的关系。命题的真可以用经验来证实,命题的意义就在于命题和事实之间相一致或不相一致。一个语句或命题如有认知意义,原则上可以通过与经验的观察相比较,以判定其为真的或假的,也即得到证实或者否证。这样,除了分析命题(逻辑命题和数学命题)之外,语句或命题就可以分为两类:有意义的命题和无意义的命题。事实命题和科学命题是有意义的,形而上学命题则被认为是无意义的。从弗雷格、罗素到维特根斯坦的《逻辑哲学论》以及维也纳学派,大致主张以上的意义理论,即传统的意义理论。在认知的领域,它要求语言、意义和事物有对应的关系。这是知识经验的必要条件,是形式逻辑同一律的基础。

这个问题当然由来已久。中国哲学中的"言意之辩"就是讨论言和意之间有无对应关系。"言尽意论"强调言与意有对应关系;"言不尽意论"则认为这种对应关系是不稳定的,以名指物并不能达到对象。如果名限于认知的范围,言、意与事物确有对应关系,这是逻辑要求;但如不限于认知的范围,"言不尽意"也是有道理的,文学作品就要求言外之意,要求言有尽而意有余。人们进行交际的时候,常用某种手势、表情来暗示言外之意,怎么能说言就那么尽意呢?

不过,在评价领域,语言不仅用于陈述事理,而且表达人的愿望、感情等等。语词、语句就不仅有认知意义,而且有更多方面的"意蕴",包括意向、意象、意味等。维特根斯坦在后期否定了他前期的说法,提出了新的意义理论。他认为,词的意义在于词的用法,语言不是单纯对世界作描绘的,语言可以作种种语言的游戏,语句不仅用于陈述,还可用于提问、请求、命令等。所以,他认为不能孤立地谈某个词的意义。词要在一定的语境中才有意义,语句的用法才是它的意义。这个意义理论以后成了日常语言学派的理论。

不论是古典的、传统的意义理论,还是日常语言学派的意义理论,都有一定的道理。维特根斯坦说的语言游戏当然不止是评价。评价的语言确实和认知的语言有区别,评价意义和认知意义也是有区别的。评价判断确定为我之物和人的需要之间的关系,在这个时候,它不仅有认知意义,而且包括权衡选择的意向。意向的对象就不仅是认知的对象,意向是动的观念,它所指的是可以为我所用的物的某种功能,而且,为了贯彻于行动、指导行动,主体还要使意向取得意象的形态。仅仅抽象的概念是空洞、无力的。意向之所向(即目的)及达到目的的途径必须用想象力构想出来,设计成蓝图,谋划成实施的方案等,这就是意象。后者已不是一个抽象的概念了,它同时有了一种感情色彩,如可爱、可恶,这就包含着一种意味。总之,词的评价意义蕴藏着意向、意象、意味,就此而言,可以把评价意义又称作为"意蕴",这种意蕴与个人的生活经历、教养,与社会心理、民族传统等有着密切联系。总之,评价的意义与认知的意义是有区别的。

二、创造活动和价值领域(价值界)

评价从总体上来说,是与人的创造性实践密切联系着的。但评价与创造活动又不是一回事,二者是可以区分的。创造活动可能比较自发,缺乏评价;而仅仅评价也不等于创造。艺术鉴赏判断与艺术创作不是一回事,道德评价与道德行为也不是一回事。评价判断的内容就是评价意义,即意蕴,就是具有理想形态的观念用以规范现实。人的创造则是化理想为现实,使理想得到表现,创造就是创造价值。价值可以说是评价的对象,评价意义的客观化,也是人这样那样的创造性活动的结果。因此,对人来说,就有一个价值的领域,人生活在价值的领域中。为了说明这个价值领域,我讲几个观念:本然界、事实界、可能界、价值界。

人类以得自经验者还治经验,本然界就转化为事实界。我用"本然界"指自在之物,用"事实界"指为我之物。只有一个现实世界,那就是本然界。事实界是进入经验、被人理解的本然界。从知识经验来说,观念的意义结构与事实界的秩序是相对应的,事实界的本质的联系是和理性所把握的认知意义相一致的。本然的现实被经验而化为事实界,事实是加上认知关系的现实,事实界具有可理解的结构。金岳霖指出,概念有摹写和规范现实的双重作用,以得自现实之道还治现实,所与化为事实,概念的意义结构就与事实界的本质联系相一致。

认知意义的最一般的形式是逻辑(形式逻辑和辩证法)。依据逻辑,以得自现实之道还治现实,理论就转化为方法,我们便能够依据事实的秩序和意义的结构来把握现实的可能性。这就有一个可能界。

可能界的界限不像事实界那么分明。但这不是说在事实界之外还另有一个实在的世界或潜存的世界,并没有一个像柏拉图讲的那种理念世界或新实在论者讲的潜存的共相世界。可能界与事实界相联系着,它是一个思议的领域,不能离开事实界,但却是根据事实运用逻辑可以把握的。在一切可能的领域中,形式逻辑是必然的,逻辑推论形式为真,违背它便陷入矛盾,即不可能。而辩证逻辑则要求把握占主导的现实可能性,以及这种可能性化为现实的途径。这样,本然界化为事实界,并由思议把握可能界,这就是知识经验的领域。

主体是感知之我和思维之我,而感觉和思维是在实践基础上统一的,实践就为知识经验领域提供质料和形式。就此领域说,意义是理性对事物的性能的把握,是事实之间的本质联系及其可能性的反映。但涉及人生或社会生活,意义就不仅是观念的结构、反映事物之间的联系之意思。在人生领域,常常把"意义"一词运用于客观对象本身,比如,我们常说人生的意义,某项建设的意义,某作品的意义等等,这实际上是评价的意义客观化的结果。这个"意义"既反映现实事物与人的需要之间的关系,同时又客观化了,使为我之物的功能表现为价值。所以,从评价来说,意义即意蕴亦即评价的内容,价值是评价的对象,意义的客观化就是价值。

人的评价活动与创造活动是紧密联系着的。从价值作为人的创作来说,它总是主客观的统一,理想和现实的统一:或者是理想化为现实事物,如劳动产品、合理的社会制度等;或者是理想表现于作品,如美的意象、善的意向通过物质的媒介来表现,音乐、图画本是人的理想,通过声音、色彩、线条这些物质的媒介表现出来,这些媒介有符号、象征的性质。不论哪种情况,价值创造都是理想和现实的统一。

价值作为为我之物的功能体现在物与我的关系中,是主客观的统一。自然物如离开人,它的属性本身就无所谓价值。价值是出于人的创造,是人对自然物加工的结果。许多未经加工的自然物虽然本来无所谓价值,但可以进入人的劳动过程或社会生活过程,被用作劳动资料(如矿产)或文化的素材(如自然景色),那就有了价值。有些自然物则是由于人的移情作用而有价值的,移情作用本身也是一种创造性活动,是对象与人的社会实践、文化传统和个人感受联系起来时显现出来的。不论是自然物还是人造物,价值都和人的创造性活动相联系,都包含人的创造性,都是相对于人的。一切的价值都是现实的可能性和人的本质需要相结合的产物,它们符合社会实践的客观要求,是在社会历史中发展的。所以,价值不是光溜溜的自然物的属性,也不是纯粹属于人的主观需要的东西;现实中既没有一个柏拉图式的"意义"世界,也不存在新康德主义所讲的形而上学的价值领域。

当人们以得自现实之理想还治现实时,把事实界化为价值界,这同时是性和天道的交互作用、人和自然的交互作用。这一过程既使现实成为对人有价值的,也使人本身的价值不断提高。人主宰着价值的领域,在此领域中,人越来越成为自由的人。但价值界是在现实的可能性基础上建立起来的,本然的现实仍然是前提。但在价值的领域,目的因是动力因,精神以实现自身为目的,主体性得到真正自由的发挥。现实的可能性经过权衡选择,通过评价与创作而实现为价值。同时,人作为评价主体和创作者、享用者,也为自我作设计、谋划自身。孔子说:"吾十有五而志于学,三十而立,四十而不惑,五十而知天命,六十而耳顺,七十而从心所欲不逾矩。"(《论语·为政》)这是孔子对自我的谋划,对自己提出要求、设想,经过权衡选择,谋划自己的生活道路,明确奋斗目标,以求把自己培养成有价值的人、高尚的人。这就是立志。儒家是很强调这一点的。现实的发展有多种可能性供人选择,人本身的发展也有多种可能性可供选择。在评价和创造的活动过程中,人能主动地选择道路。而从辩证法的观点看,人的本质力量是充满生机的,它凭借为我之物而发展,前途是不可限量的。但不能把人的自由绝对化,它不是无条件的。存在主义讲"存在先于本质",人有绝对的自由来选择自己的本质,这当然是错误的;但它肯定人能设计自己,谋划自己的道路,则有其合理之处。

三、精神境界

价值是人创造出来供人享用的,它给人快乐、幸福。而正的价值就是社会人的利,负的价值就是社会人的害。不过,价值界既有物质价值又有精神价值,既有低级的价值又有高级的价值,既有对于个人的价值又有对于社会的价值,呈现复杂的情况。价值是相对于人而言的,人又是各式各样的。因此,价值界对于各个人来说差异很大。人生活在一定的价值领域中,这个领域由我主宰,体现我的要求、我的本质力量。从主体角度考虑的价值界的分化,我们可称之为精神境界。它是相对于精神、相对于我来说的。

精神境界有高低之分,有不同的情况。中国近代哲学家喜欢讲"境界",不过含义颇不相同。搞美学的王国维、宗白华、朱光潜讲的是"艺术境界",讲美的创造。熊十力在《新唯识论》中讲的境界主要是从本体论立论的,认为实体不是离心外在的境界,不是知识所把握的境界,而要由直觉来把握。冯友兰在《新原人》中提出"人生境界"说,主要是讲善的境界、道德的境界。他说,人对宇宙人生在某种程度上所有的觉解,以及由此宇宙人生对人所有的不同的意义,构成人的某种境界。人有觉解,由此把握了宇宙人生对人的意义。这个意义当然是评价上的意义,即意蕴,而不是单纯的认知意义。人对这种意义有理解、有自觉,有一个主体去把握它,这就构成这个主体的精神境界。金岳霖在《论道》中讲"太极",认为它是至真、至善、至美、至如的境界,即真、善、美和自由统一的最高境界。他讲的境界是形而上学的观念,是宇宙演化的极限,是永远达不到的目标。

我们从比较广泛的意义来讲境界,把它看作是价值领域的分化,把艺术意境、道德境界、哲理、宗教、事功等价值领域都包括在内。所有的境界都可以说是意和境的结合,其中,"意"就是实现了、表现了的理想,"境"则是有意义的结构。境界一方面有客观的基础,总是根源于现实生活,有现实的内容;但另一方面又是精神的创造,表现了人的本质力量。所以,境界是主客观的统一,是精神享用着、在其中生活着、自由活动着的领域,它体现了人的精神所达到的造诣、水平。可以说,各种精神境界(哲理的、道德的、艺术的等)分别体现了人的思辨力、意志力、想象力,具有真、善、美的价值,表现了精神、理性在理论思维、道德实践、审美活动等各个领域中的自由。

第四章
价值体系

价值界就是人类的文化。各种文化的价值观虽各有其特殊性,但从总体上说,自由劳动是合理的价值体系的目的因,它在社会历史中展开为曲折发展的过程。本章试图从对中国传统哲学有关价值学说的论争和近代价值观的革命进程的考察中,来概括合理的价值体系①的基本原则和特征。

第一节 文化与价值

一、文化哲学的核心问题是价值问题

文化哲学或文化理论的核心问题就是价值问题。"文化"一词的用法可以分为狭义和广义两种。梁漱溟说文化是"民族生活的样法",瞿秋白说文化是"人类之一切所作",这都是对于文化一词的广义的用法。毛泽东在《新民主主义论》中把文化理解为观念形态,则是狭义的用法。不论是广义或狭义的用法,都有唯物主义和唯心主义的区别。《新民主主义论》认为,社会存在决定社

---

① 在今天就是人道主义和社会主义统一的体系。——原注

会意识，从社会存在来解释文化，这是唯物主义的。瞿秋白说文化是"人类之所作"，即人"征服天行"，这也是唯物主义的观点。用人征服自然来解释文化，这跟梁漱溟讲的文化是生活样式，而"生活是无穷尽的意欲"，当然是根本不同的。唯物史观认为，文化是在社会实践基础上产生的。广义的文化包括生产力的状况、经济的关系、社会政治组织、社会心理、各种意识形态等，所有这些都是人类在一定时间和空间中之所作，所有这些都是人的社会实践的结果，即人在自然物上面加人工的结果。在自然上面加人工，人就把理想形态的观念对象化，这就创造了价值。我们通常讲不同时代的文化、不同民族的文化，是不同的文化体系。这意味着它们包含有不同的价值观、不同的价值体系。原始人文化、奴隶社会文化、封建社会文化、资本主义文化，或者中国文化、西方文化、佛教文化、儒学文化等等，都是不同的文化体系，包含有不同的价值观、不同的价值体系。按照"凡是现实的就是合理的，凡是合理的就是现实的"的观点，一种文化能够持续地发展，总有它的合理性，即它的价值体系总有它的合理地方。当然历史条件改变了，文化就要发生革命性的变革（这种变革正是价值体系的变革），这也是合理的。而此所谓"合理"，就是指价值体系及其演变是合乎规律的，这种规律是可以由理性来把握和解释的。

二、文化释义

文化就是在社会实践基础上人的各种创造。在创造中，理性把现实可能性和人的需要结合起来，形成理想；并通过实践使理想化为现实，这样就创造了价值。正价值对人类都具有肯定意义,负价值则具有否定意义。这里讲肯定或否定的"意义",就是评价物对人的意义如何,事物的功能和人的需要的关系如何,是否合乎人性自由发展的要求。这种评价的意义客观化,就是价值。作为文化的现象,人类的一切所作,都是有意义的;人造物以及与人的生活相联系的自然物,都是有意义的。它们或者有肯定意义即正价值,或者有否定意义即负价值。这样讲意义,不仅是指事物有它的可认知的结构(即不仅认知上可以理解),而且打上了人的印记,体现了人的创造能力。所以,对文化现象的理解,总是包含有理解者的态度和观点,而且还往往掺杂着理解者的个性色彩,如我觉得有趣,我觉得好看。对文化现象的这种理解,同对于单纯的自然现象的理解不同。对于自然物的理解或认知,如果离开和人的需要的关系,那就是对于事实以及它将发生的可能的认知,那不是评价问题。而对文化现象的理解总是评价。文化领域的评价,当然也有客观事实的根据(文化是客观存在的为我之物),同时它又包含有理解者的观点(观点是社会存在的反映)。客观事实以及作为社会存在反映的观点,都是可以理解的。孟子说,"以意逆志"(《孟子·万章上》),"知人论世"(《孟子·万章下》),即摆在当时历史条件下知人论世地去考察,同时"以意逆志",即用我自己的理解来考察原来作品作者的意向如何。这样做,可以对文化现象作比较客观的分析。我能与古人为友,对古人的生活、思想及其所处的时代条件有同情的了解,我才能对古代作品作比较客观的评价。然而在"以意逆志"时,我们的"意"包含有我的观点,掺杂着我的个性色彩。如对屈原的作品进行分析,摆在他所处的历史条件下进行"以意逆志"的分析,我们对他写《离骚》有一种同情的了解,能作出比较中肯的、令人心服的评论。但这种评论越是有评价者的个性色彩,便越受欢迎。所以,对文化的释义总是掺杂着情意的成分,总是以我的一定观点作为视界。我们运用的观点,在很大程度上取决于现实的社会历史条件和传统文化,"承百代之流而会乎当今之变"[①],传统文化和现实条件的结合决定着人们的观点,以此作为视界并运用历史唯物主义来考察文化现象的时候,可以作比较客观的分析。但在这样做的时候,确实同时也掺杂着个性的特点。正因为掺杂着个性色彩,对文化现象的理解、评价就显得千差万别。我们所富有个性的理解,都参与传统的演化,并且正是在理解传统中,我们发现自我。就是说,不仅自我参与了对传统的理解,而且我们对自己的理解也离不开对传统的理解。释义学讲"释义循环",有它的道理。我们的思想观点离不开传统,传统赋予我们先验性的思想结构,这种结构显得具有成见性质,从它作为我们应付经验的工具来说,是先于经验的。它作为观点,成为我们评价、选择、解释的根据,以之规范现实事物,便使事物具有某种可理解的结构,即意义。当然,不能因此引导到先验论去,因为传统所给予我们的思想结构是在人类的总实践过程中逐渐积累形成的。因此,就来源说,仍是后验的。当我们这样运用来自传统的思想结构以规范事物时,个性也并不是被动的,个性在这里也参与了新的传统的创造。我们对于文本(释义学所谓 text)的释义,既根据来自传统的观点,又具有个性的色彩。在价值界谈论人文现象的意义时,如对艺术品的评价、对

---

① 郭象:《庄子·天运》注,《庄子集释》,第530页。

于宗教教义的解释等,总显示出不同时代、不同个性的读者之间的千差万别。对待哲学著作中包含的智慧,也表现出这种情况。例如,《易传》说"一阴一阳之谓道"(《周易·系辞上》),老子说:"道生一,一生二,二生三,三生万物。"(《老子·四十二章》)都讲"道",如何辨其同异?后人不断地重新解释。这些解释都是在一定的历史条件、文化条件下所作的说明,其中包含的观点是社会存在的反映,可以客观地理解;但同时解释者也总是掺杂有个性色彩,可以千差万别。文字的著作是如此,实物也是如此。譬如说,万里长城是古代汉族的防御工程,有军事意义,它防御北方的游牧民族,发挥了巨大的军事作用。但是这种军事价值至少到清代已经完全失去了。在现代人看来,长城是一个伟大的艺术品,是中华民族的象征。古代人从军事意义上来解释它,现代人从民族象征意义上来解释它,都有历史条件作根据,可以作客观的说明。但登上长城游览,各人的感受也还有差别。写诗、作画,也可以有不同的意境。当然,不能因此引导到相对主义去。个性中有共性,偶然中有必然。从共性的角度来看,任何时代新的释义都可以从新的历史条件和人的本质需要来予以说明。真正的价值总是合乎社会实践发展的客观要求的,因而是合理的。

三、自由的劳动——合理的价值体系的基石

我这里用"合乎社会实践发展的客观要求"一词,以说明一切正价值的内容,这种客观要求就是把作为动力的目的因具体化。目的因内在于社会实践,是创造文化的动力,它赋予文化以意义、生命。在行动中,目的就是要求,它推动行动的展开,贯穿于行动

的始终，目的的完成就是行动的结果。人类不同于动物，能认识到自己行动的未来结果，于是提出目的，以之作为动力和法则贯彻于劳动实践的始终，成为劳动实践的要求。这种要求可以从社会历史条件和人的需要两者的结合来把握或解释。但可以客观地解释并不等于合理。所谓合理，就是合乎社会发展和合乎人的本质力量的发展。人的这种合理的要求和目的得到贯彻，就是自由。可以说，自由的劳动就是人的总的目的，就是贯穿于全部人类文化史的目的因。自由的劳动是人与动物的本质区别，但自由又是历史的产物，是在历史中展开的，是在人的本质的发展中展开的。人本身以及人所创造的价值，就目的因来说，无非就是要求人的自由、实现人的自由，所以作为价值体系的最基本的东西，就是自由的劳动。各种不同的文化价值体系有差别，但一个价值体系是否包含有合理的东西，就看它对于自由劳动是否有贡献。自由的劳动作为文化史的总的目的因，可以说是价值体系的基石。

下面我将用逻辑的和历史的统一的方法，从社会历史发展和哲学思想发展两个方面来研究价值体系。

第二节 从社会历史演变来看价值体系

目的在过程中展开，自由本身是历史产物。从社会历史来看，随着生产劳动的发展演变，人类社会的结构在改变，人们的价值观也在变化着。前面已说过，按照马克思的观点，社会发展可分为三种形态，第一阶段以"人的依赖关系"为特征，是以自然经济为主的社会。从自然发生的脐带关系即氏族的纽带,演变为家长制、宗法制,后来进一步形成等级制,都是"人的依赖关系"。在这种社会形态中,人的生产能力(包括物质的和精神的),只是在狭窄的范围内、孤立的地点上发展的。第二阶段,以"物的依赖性为基础的人的独立性"为特征,是以商品经济为主的社会,可以把资本主义和社会主义的商品经济都包括在内。在这样的形态中,人的独立性代替对人的依赖关系,但对物的依赖性却发展了。通过人与人之间的竞争,人的多方面需求、人的生产能力、人与人之间的物质交换得到全面发展,但却以对物的依赖为条件。第三阶段,就是马克思说的共产主义阶段,以建立在个人全面发展、共同生产能力成为社会财富基础之上的自由个性为特征。如《共产党宣言》中所说的,"每个人的自由发展是一切人的自由发展的条件"[1],这是真正自由的社会。在这样的社会里,既扬弃了人的依赖关系,也扬弃了对物的依赖性。[2] 马克思在这里,是运用逻辑的和历史的相统一的方法来考察人类社会的过去和未来。

人脱离动物界就在于人的自由劳动。人的劳动、人的实践是有意识有目的的活动。目的因成了人的实践活动的自因(自己运动的动力)。运动出于自因,而这自因是理性意识到了的,所以是自由的。但是,人并不能一下子就获得完全的自由,自由和依赖是对立的统一。在生产力水平很低、人的理性之光很暗淡的条件

---

[1] 马克思、恩格斯:《共产党宣言》,《马克思恩格斯全集》第 4 卷,人民出版社 1958 年版,第 491 页。
[2] 参见马克思:《政治经济学批判(1857—1858 年草稿)》,《马克思恩格斯全集》第 46 卷(上),第 104 页。

下,人的自由是很有限的;客观上存在着对人的依赖性和对物的依赖性,再加上人们对规律的无知,因此,劳动生产异化现象在当时的条件下是不可避免的。劳动使人和动物区别开来了,然而劳动的异化又使人处于依赖地位而不能自拔,亦即不自由。劳动创造文化,文化使人的自由本质获得发展,因而文化有价值。然而正如老子所说:"天下皆知美之为美,斯恶矣;皆知善之为善,斯不善矣。"(《老子·二章》)美与恶、善与不善是相联系着的,自由与依赖、正价值与负价值是相联系着的。价值有二重性,文化也有二重性。

拿中国历史来说,传统的价值观就是在马克思所说的社会历史形态的第一阶段中产生和发展起来的。它始终以人的依赖关系和自然经济为基础。从原始脐带关系演变而来的家长制、宗法制,以至后来的封建等级制,反映在价值观方面,就是权威主义、独断论的价值体系。孔子尽管是伟大的思想家,但他说:"君子有三畏:畏天命、畏大人、畏圣人之言。"(《论语·季氏》)大人就是社会的统治者,圣人之言就是经典里的教训,而大人和圣人都自称是天命的代表。价值标准就是由权威(大人、经典)来掌握,权威则以天命作为根据。价值领域的权威主义集中表现在纲常名教中,就是"君为臣纲、父为子纲、夫为妻纲。"[1]这种维护专制主义统治和封建宗法制的正统派儒学,是独断论的。这种独断论和权威主义的价值观后来成为社会发展的严重阻力,它保护自然经济,阻碍着商品经济和人的独立性的发展,使中国封建社会一直停滞不前,不能

---

[1]《三纲六纪》,《白虎通疏证》,第 373 页。

进入社会形态的第二阶段。一直到今天,在阻碍改革开放的保守思想里,还常常可以看到权威主义和经学独断论的影响。

当然,这并不是说古代的、传统的价值体系一无可取。在人类社会历史的第一阶段中,人的生产能力虽然是在狭窄的范围内和独立的地点上发展着,但中国有几千年的文明史,文化持续发展,人的生产能力已创造了相当可观的成果,这是后人必须加以批判继承的。在人们创造文化、创造价值的过程中,发展了人的本质力量。中国人正是在长期的文化积累中养成了勤劳、勇敢、智慧的品质和爱国主义精神,这些优秀品质是很有价值的,它们也反映在传统的价值观中。例如勤劳的品质,这确实是中国人的美德。虽然小农经济有极大局限性,但在原始公社解体后,小家庭农业(和家庭手工业相结合)这种方式是劳动力和劳动条件(主要是土地)保持统一的主要形式。正是这种统一,激发了劳动兴趣、培养了劳动技能和劳动习惯,逐渐形成了中国劳动人民勤劳的美德。在某些思想家那里,勤劳就成了重要的价值范畴。如墨子,他把人与禽兽相比,认为人没有毛羽,不食水草,必须耕地和织布才能生存,"赖其力者生,不赖其力者不生"(《墨子·非乐上》)。在他看来,现实生活中的价值都依赖于劳力,勤劳在他那里是很重要的价值范畴。《管子》和《荀子》中都讲到,只有人的劳力和土地结合,才能创造财富。财富即有使用价值之物,是劳力在自然上面加工的产物。中国人民勤劳的美德以及反映在理论上强调勤劳的观念,尽管是朴素的,却是很可贵的。小生产者的狭隘性当然必须克服,但在社会主义条件下,仍要发扬勤劳的美德。总之,古代的价值体系并不是没有合理的东西,以上列举的只是其中的某些方面。

在进入社会历史的第二阶段即商品经济为主的社会形态时,价值观发生了急剧的变化。《共产党宣言》就讲到商品经济使封建宗法的田园诗般的关系都破坏了,人与人之间只讲利害关系、货币交易,一切都浸没在利己主义的冰水之中。① 商品经济的发展,使对物的依赖性代替了对人的依赖性,随着封建宗法关系的破坏,代替的是赤裸裸的利害关系。如果说在封建社会占统治地位的价值观是权威主义、独断论,那么在资本主义时代就是利己主义、实用主义广泛流行。从异化现象来看,在小农经济基础上,劳动异化表现为行政权力统治社会,因此崇拜权力就不可避免。在商品经济条件下,把为赚钱而自由竞争看成是天经地义的,于是就产生了商品拜物教、金钱拜物教(拜金主义)。马克思不止一次地引用莎士比亚《雅典的泰门》对拜金主义的揭露和批判,并指出货币有两个特点:一个是它成了有形的神明,这个财神使得什么都颠倒了,真与假、美与丑、善与恶,普遍地混淆了;另一个是它成了人尽可夫的娼妇,"是人们和各民族的普遍的牵线人"。金钱的这种神力正是人的本质力量在私有制下的异化,要克服这种异化,就必须消灭私有制。

但这不是说商品经济都带来罪恶。它使劳动力成为商品,因而也使劳动力成为自由的。在这个条件下,人的独立性代替了人的依赖关系,民主自由代替了封建束缚,这是个大进步。竞争机制、个性解放使人的潜在能力发挥出来。在封建社会里,人们没

---

① 参见马克思、恩格斯:《共产党宣言》,《马克思恩格斯全集》第4卷,第468页。

有想到人有这么大的能力。到近代，科学被运用于生产，成为生产力，这样就使生产力的发展加速。自然科学第一次直接为生产过程服务，生产的发展又转过来为人们从科学理论上来掌握自然提供了手段。正如《共产党宣言》所说，资本主义在不到一百年内所创造的生产力比过去一切世代的总和还要大，这正是在商品经济条件下广泛应用科学技术的结果。用科学方法进行劳动生产，在规模上、性质上和过去自然经济的小生产有了根本的区别。在近代化的生产过程中，工人、技术人员学会了用集体的力量、科学的方法来征服自然。如果说小生产者由于劳动力与劳动条件的统一，培养了勤劳的美德；那么今日的大生产由于需要严密的劳动组织，培养了劳动者的集体精神。在古代和中世纪，工匠传统和学者传统是分离的，中国的士大夫把技术看成是雕虫小技；近代科学和生产的关系越来越密切，克服了工匠传统与学者传统的对立，使人的生产能力真正走向全面发展。劳动作为人的最本质的特征，有其进化过程：人能创造工具、进行劳动，开始与动物区别开来；进而习以成性，勤劳成为人的美德；再进而达到有比较全面的生产能力来控制自然，这是很大的进步，只有有了全面发展的能力，才能更进一步使劳动真正成为自由的。

要达到真正的自由劳动，便必须克服异化现象，既要扬弃对人的依赖，又要扬弃对物的依赖，实现"建立在个人全面发展和他们共同的社会生产能力成为他们的社会财富这一基础上的自由个性"[①]。马克思根据对商品经济的研究和对资本主义社会的分

---

① 马克思：《政治经济学批判（1857—1858 年草稿）》，《马克思恩格斯全集》第 46 卷（上），第 104 页。

析,指出共产主义是必然的前途。这种对人类社会未来的预见是根据历史和逻辑的统一考察而得出的辩证法的结论。人类历史就是一部使劳动成为自由的劳动的历史。自由的劳动作为目的因,在人类历史过程中展开,经历了若干阶段,并有民族差异。人类通过有目的的活动创造文化,文化的价值体系就是在以自由劳动为目的因的实践基础上形成的。虽然不同时代、不同民族有不同价值观,但异中有同,遵循着共同的社会历史规律,都以自由劳动为目的因,其必然发展的方向是共产主义。

第三节　中国传统哲学的价值学说和价值原则

价值原则也就是评价的基本标准或评价的尺度。例如"人是万物的尺度"这句话,是用人的尺度来评价万物,如果此"人"是指个人,那么这话便包含有一个价值原则,即个性原则。又如,功利主义把价值归结为利益,而利益的大小是可以用快乐作尺度来衡量的。这种学说也包含有一个价值原则,即感性原则。

我们下面将运用历史和逻辑统一的方法,对中国传统哲学中有关价值学说的重要论争作一些分析,看提供了什么样的价值原则。[①]

一、天人之辩以及人道原则和自然原则

中国传统哲学从天人关系来讲人道观,在自由理论和价值学

[①] 在该页原稿的上方,作者写了"尼采:重新估定一切价值"数字。——初版编者

说方面提供了人道原则①和自然原则。儒、墨讲仁爱,"孔子贵仁,墨子贵兼"(《吕氏春秋·不二》),二人说法不同,但他们都肯定了人道原则,即肯定"爱"的价值、人的尊严,主张人与人之间要相互尊重,建立爱和信任关系。孔子说:"鸟兽不可与同群,吾非斯人之徒与而谁与?"(《论语·微子》)人要和人相处,过社会生活,便必须要有爱心,要有同情心。孔子讲行仁之方,在于实行"己所不欲勿施于人"(《论语·颜渊》),"己欲立而立人,己欲达而达人"(《论语·雍也》)的忠恕之道。不过孔子讲"爱有差等",而墨子则主张"兼以易别",说"兼即仁矣,义矣"(《墨子·兼爱下》)。后期墨家更明确地表达了人道原则。《墨经》里讲:"仁:爱己者,非为用己也,不若爱马者。"(《墨子·经说上》)真正的爱,就是爱别人如爱自己,把每个人都看成是像自己一样的主体,而不是像牛马一样的供人使用的工具。当然,孔、墨讲的人道原则都不是近代的人道主义。近代人道主义是以个性自由为内容的,古代的人道原则没有这个观念。不过,若欲求近代人道主义的"源",则可追溯到孔、墨那里。孔、墨讲人类应该在社会生活中发展自己的能力和德性,要在人与人之间的关系中培养自己成为理想人格,这是孔、墨人道观中的合理的东西。与孔、墨不同,老子讲:"天地不仁,以万物为刍狗,圣人不仁,以百姓为刍狗。"(《老子·五章》)老子认为,要把人培养成理想人格,不能靠人与人之间的仁爱关系,而是应该复归自然。他说:"大道废,有仁义,智慧出,有大伪。"(《老子·十八章》)照他的看

---

① 本书用"人道"一词,与"天道"相对,"人道观"(包括社会历史观与人生观)与"天道观"相对,而用"人道原则"一词,指儒墨的仁爱原理,与道家的"自然原则"和法家的"暴力原则"相对。近代人道主义与古代的人道原则有着历史继承关系。——原注

法,应该"绝圣弃智"、"绝仁弃义"、"绝巧弃利"。圣智、仁义、巧利等价值,是人们所谓文化,而按老子说,它们都只能造成社会混乱。只有把它们弃绝,复归自然,见素抱朴,才能达到"上德不德,是以有德"的理想境界。老子提出价值观的自然原则,说:"道之尊,德之贵,夫莫之命而常自然。"(《老子·五十一章》)自然就是无为,他否认人为的重要性。

儒、墨讲人道原则,老、庄讲自然原则,各有所见,各有所蔽。儒、墨强调人的尊严,老子强调尊重自然。只讲尊重自然而忽视人道原则,可以成为黄老刑名之学,也可以流于玄学清谈。只讲仁义礼教而忽视自然原则,则可以使礼教成为虚伪的骗人的东西。中国传统哲学的发展,总的趋势是要求把自然原则和人道原则统一起来,这是所谓"天人合一"的一个含义。

讲天人合一,当然仍有形而上学和辩证法的区别。汉代董仲舒讲天人同类,说人"最为天下贵"[①],他用人道来看天道,把仁和礼教形而上学化,成为神学目的论。玄学家以儒道为一,讲名教出于自然,把自然原则作为名教的形而上学根据。正统派儒学从董仲舒、王弼到程朱,都把一定历史条件下的道德规范(纲常名教)形而上学化:在董仲舒、王弼那里是"天命",在程朱那里是"天理"。这种学说把自然性(天道)和人的有目的活动的当然之则(人道)混而为一,把理或准则看成是超历史的存在,是永恒不变的绝对真理。而转过来,他们讲"天命之谓性,率性之谓道"(《中庸》),性即理,人性具有天赋予人的义理。于是"人物各循其性之

---

① 董仲舒:《天地阴阳》,钟肇鹏校释:《春秋繁露校释》,河北人民出版社2005年版,第1085页。

自然,则其日用事物之间,莫不各有当行之路,是则所谓道也"①。这个"道"指人道。按朱熹所说,人道出于人性之自然,而性是天赋予的,这样他就把天道(天命)和人道(当行之路)统一起来了。而"修道之为教",礼乐刑政、纲常名教都是为了引导人去走"当行之路",以求达到人性的复归,所以名教和自然也是统一的。这是独断论的天人合一说,在理论上把一定历史条件下的"当然之则"形而上学化为"天理"(自然的必然性),混同必然与当然,成了宿命论;在实践上,它后来成为李贽所批评的"道学之口实,假人之渊薮"②,戴震所批评的"以理杀人"的软刀子。它实际上把孔、墨的人道原则变成了反人道原则,因为它用天命来维护权威,为封建社会的人的依赖关系作理论论证,正是不尊重人的尊严和价值。

荀子提出"明于天人之分"的论点,区分了天道与人道,指出了人的职分在于"制天命而用之"。他认为"化性起伪",在自然上面加人工,可以实现"性伪合而天下治"(《荀子·礼论》)。但荀子讲性恶,"伪"成了强制性的外在力量。后来王安石批判说,如果天性中没有可能性作根据,单凭人力是不能化性起伪的。王安石说:"礼始于天而成于人",礼乐、仁义都是人在自然之上加人工的结果。所以他主张"以道扰民",而反对"以道强民"。"扰",就要尊重人,因其天性之自然而加以诱导。这才是自然原则和人道原则的统一。王夫之也区分人道和天道,他把人道看成是天人交互作用的过程,强调"性日生而日成","习成而性与成"。他在唯物

---

① 朱熹:《中庸章句》,《朱子全书》第六册,第 32 页。
② 李贽:《童心说》,《焚书·续焚书》,中华书局 2009 年版,第 99 页。

主义前提下发挥了《易传》的"继善成性"说,以为人性即人之"生理"是一个过程,人性既是自然赋予的,也是人自强不息努力的结果。按他的说法,"命日受,性日生",人不断地接受自然所赋予的良能,同时也能发挥主观能动性进行选择,以求"相天"、"造命"。所以人在自然面前不是无所作为的,从而肯定了人的尊严和价值。而人道无非是凭借自然的赋予(良能)作主动的选择和坚持不懈的能力,以至习以成性,形成自己的德性。这样成身成性,循性定性,源于自然(天性)而归于自然(德性),正体现了人道原则与自然原则的辩证统一。后来戴震说:"由血气之自然,而审察之以知其必然,是之谓理义"①,"归于必然适全其自然,此之谓自然之极致"②,基本意思也是如此。这种理论与正统派儒学观点不同,是"成性"说,而不是"复性"说。

总的说来,孔、墨和老、庄各有所偏,后来的发展是人道原则和自然原则的统一。但在占统治地位的权威主义价值观那里,天人合一是形而上学的观点,结果导向反人道原则。王安石、王夫之、戴震区分人道与天道,在人道领域讲人道原则与自然原则的辩证统一,是"成性"的学说,包含有对人的尊严的肯定。这种观点进一步发展,就是近代人道主义。

二、理欲之辩以及人的全面发展原则

在先秦哲学中,有儒、墨与道的对立,还有儒与墨的对立。从人道观来讲,孔、墨都讲仁爱,但内容不同,除了"爱有差等"与"兼

---

① 戴震:《孟子字义疏证·理》,《戴震全集》,清华大学出版社1991年版,第170页。
② 戴震:《原善》卷上,《戴震全集》,第12—13页。

爱"的区别外，还有一个重要的差异，就是价值观上的感性原则与理性原则的对立。墨家讲"义，利也"(《墨子·经上》)，把道德价值归结为功利，并从感性原则上说："利，所得而喜也；害，所得而恶也。"(《墨子·经上》)而孔子讲"君子喻于义，小人喻于利"(《论语·里仁》)，强调"义"与"利"的对立。孔子替三年之丧作辩护，以为居丧期间"食旨不甘，闻乐不乐，居处不安"(《论语·阳货》)是自然而然、合情合理的。在他看来，仁、义、忠恕之道等伦理的价值都出于内心的理性要求，是"情"(爱心、同情心)和"理"(理性要求)的统一，人道原则与理性原则的统一。墨子则把人道原则与感性原则、功利主义统一起来，他反对厚葬久丧，以为儒家的三年居丧违背了求富、求众的感性要求。此外，与儒家肯定礼乐与理性的统一不同，墨子讲"非乐"，贬低艺术的价值，认为撞钟击鼓不能增加财富，不能使人吃好穿好一些。墨家是一切从感性要求来考虑的，尊重人就是要尊重人的物质利益。

从孔、墨开始的义利之辩后来在政治上与王霸之辩联系起来，形成儒法之争。汉朝的统治者实行王霸道杂之，但公开标榜的却是独尊儒术。董仲舒说"正其谊不谋其利，明其道不计其功"[1]，成了正统派儒家的学说。这种义利之辩到后来就演变为更一般的理欲之辩，理学家以"存天理、灭人欲"作为纲领。朱熹说："圣贤千言万语，只是教人明天理，灭人欲。"[2]同这种观点相对立的是陈亮、叶适的"事功之学"。讲事功之学当然是功利主义，肯定人的情欲的要求。陈亮说："夫道岂有他物哉？喜、怒、哀、乐、

---

[1] 班固：《董仲舒传》，《汉书》，中华书局1964年版，第2524页。
[2] 朱熹：《朱子语类》卷十二，《朱子全书》第十四册，第367页。

爱、恶得其正而已"①,认为情感欲望得其正就是"道"。陈亮的哲学比较粗糙,但这一命题基本正确,理欲之辩的理不仅是理智领域的问题,也是情感意志领域的问题,科学理论、道德实践、艺术想象等都是理性活动,理性活动伴随着感性情意,得其正就是"道"。而在理学家那里,"存天理、灭人欲"的理性活动是片面的,主要是指实践理性的活动即道德活动。朱熹说:"性者,心之理,情者,心之动。"②以为情要动而至于滥,便是欲。所以,为要明"心之理",理学家讲"无欲"、"忘情",把道德修养看成是唯一的,把文学艺术、科学知识都看成是无关紧要的,认为作文害道,而求知识是无关本源的雕虫小技。在理学家看来,人的唯一目的就是要达到"善"。"所当止之地,即至善之所在也。知之,则志有定向。"③理性把握道德实践的目标,而意志服从于理性,人生便有了方向。程朱理学把伦理的实践理性绝对化,称为"天理"、"太极"、"至善",把人的情感、欲望、知识都降到不重要的地位。朱熹就认为"修道之谓教","而凡世儒之训诂辞章,管、商之权谋功利,老、佛之清静寂灭,与夫百家众技之支离偏曲,皆非所以为教矣"④。当然,朱熹本人是博学多才的人,但他这样讲德教,则是偏枯之至,事功、文艺科技、诸子百家之学都被看成无价值的了。

原始的儒学本是比较通达和充实的,不那么狭隘。孔子讲

---

① 陈亮:《勉强行道大有功》,邓广铭等点校:《陈亮集》上册,中华书局1987年版,第101页。
② 朱熹:《朱子语类》卷五,《朱子全书》第十四册,第224页。
③ 朱熹:《大学章句》,《朱子全书》第六册,第16页。
④ 朱熹:《中庸或问》,《朱子全书》第六册,第552页。

"成人",以为有了丰富的智慧,廉洁、勇敢的德行,多才多艺,还须加上礼乐的修饰,才是完美的人格。荀子《劝学篇》里讲"不全不粹之不足以为美",知识要全,德性要粹,全而粹,再加上礼乐的修养,才是美的人格。这就是要求人的能力在知、情、意各方面都得到发展。后来,明清之际的大思想家都不满于道学家的偏枯,而继承了先秦儒家的要求人格全面发展的思想。王夫之说:"人欲之各得,即天理之大同。"[1]以为"理"不能离开"我",一个对天下人的苦乐不能感同身受的人,决不能"以身任天下"。对任何健全的人格来说,一方面"有仁义礼智以正其德",另一方面"有声色臭味以厚其生"[2],两者是不可分离的。感性与理性,成身与成性应该是统一的。德性必须凝于形色,所以成性正在于成身(践形)。王夫之关于"成人"的学说,反对了道学家的"无欲"、"无情"、"无我"的说教,比较注重身与心的全面发展,知、意、情的全面发展;黄宗羲则以为理想人格应是能"经纬天地,立功建业"的豪杰之士,而不是只能背诵语录却一点真才实学也没有的欺世盗名之流。他认为豪杰之精神不能无所寓:"老庄之道德,申、韩之刑名,左、迁之史,郑、服之经,韩、欧之文,李、杜之诗,下至师旷之音声,郭守敬之律历,王实甫、关汉卿之院本,皆其一生之精神所寓也。"[3]即是说,凡政治、学术、文学、艺术、科学等各方面的成就,都是有崇高价值的创造。他还以为九流百家的真知灼见(即使是一偏之见、相反之论)都是学问,游女田夫、逐臣戍客触景生情而为文,都是创作。

---

[1] 王夫之:《读四书大全说》卷四,《船山全书》第六册,第 641 页。
[2] 王夫之:《张子正蒙注·诚明》,《船山全书》第十二册,第 121 页。
[3] 黄宗羲:《靳熊封诗序》,《黄宗羲全集》第十九册,第 53—54 页。

他既主张人的才能要多方面发展,又肯定各有偏至,都是创造。这种观点已开始越出封建的传统意识,对近代有启蒙意义。

三、群己之辩以及个性原则和群体原则

先秦与儒、墨相对立的,还有杨朱"为我"、"贵己"之说。杨朱把个人的生命与社会的利益对立起来,主张"全性保真,不以物累形"①,"不以天下大利,易其胫一毛"(《韩非子·显学》)。这是避世之士的主张,与儒、墨讲人道原则,讲社会生活之必要是不同的。子路批评这些隐者是"欲洁其身而乱大伦"(《论语·微子》)。孟子批评说:"杨朱为我,是无君也。"(《孟子·滕文公下》)荀子指出,人要生活,要假物以为用,必须靠集体的力量。在先秦诸子中,荀子关于群体之理论发挥得最完善。他认为合群是能"财非其类以养其类"的必要条件,而为了合群,便须有一定的社会分工和分配制度,并要有一定的政治法律和道德规范的保证和约束。荀子说:"人何以能群?曰:分。分何以能行?曰:义。"(《荀子·王制》)礼义等一切精神创造的价值,都是为了"明分使群"。但荀子的"明分使群"就是规定贫富贵贱的等级,在他看来,"制礼义以分之,使有贫富贵贱之等,足以相兼临者,是养天下之本也"(《荀子·王制》)。就是说,等级制是最公平合理的,是养息天下人的根本途径。"杨朱为我",当然是片面的,但荀子讲"明分使群",是为等级制辩护,也是片面的。有社会组织就有"群"和"己"的关系,当时的"群"在客观上就是宗法制和封建等级制,荀子讲"公道"、"通义",有其历史和

---

① 刘安:《氾论训》,何宁校释:《淮南子集释》,中华书局1998年版,第940页。

阶级的局限性。

"为我"、"贵己"之说到了庄子,就发展成为"无我"、"无己"。庄子说"至人无己",真正的逍遥是达到"天地与我并生,而万物与我为一"(《庄子·齐物论》)。后来佛教各派都讲"无我","无我"是佛的根本教义"三法印"之一,但"无我"是指本来没有生死轮回中的"我",不是没有"佛性我"。禅宗进一步肯定"自心是佛",自我具有一切的宝藏,我的灵明鉴觉即是佛性,一念顿悟,就可以成佛。禅宗非常强调自信、自主,大丈夫要相信自己能够靠自力求解脱,成为自由人。

理学家也把"无我"的口号接过去,认为理欲之辩就是公私之分,有我就一定有私,朱熹在《〈论语·子罕〉注》中说:(意、必、固、我)"四者相为终始,起于意,遂于必,留于固,而成于我也。……我又生意,则物欲牵引,循环不穷矣。"①所以"灭人欲"就要"无我","存天理"就是公而无私。在理学家看来,礼即是理,所以公就是"非礼勿视、非礼勿听、非礼勿言、非礼勿动"(《论语·颜渊》),视听言动合乎礼义就是公。理学家讲无我、无私,无非是要人服服帖帖地接受命运的安排。不过陆王反对程朱,上接禅宗的传统,强调个性。王阳明把"理"的展开看作是人类认识的历史过程和个体认识的发育过程,反对了原来程朱把"理"看作是凝固的、外加于人的倾向。泰州学派和李贽反对"存天理、灭人欲",讲人必有私,更明确地强调了个性,揭露道学的虚伪,有其进步性。但他们有唯意志论倾向,也有对社会不利的一面。黄宗羲也强调个性,他说:"有生之初,人各自私也,人各自利也。"②但这不是说人

---

① 朱熹:《论语集注》,《朱子全书》第六册,第140页。
② 黄宗羲:《明夷待访录·原君》,《黄宗羲全集》第一册,第1页。

性恶,相反,他主张性善说,以为"仁之于心,如谷种之生意流动充满于中"①。人心中本来就有仁之端,犹如谷种具有胚胎、充满生机一样,经过培养、扩充,达到"成己"、"成物"。这就是他所谓"工夫所至,即其本体"的过程。黄宗羲强调心体"一本而万殊",以为"学问之道,以各人自用得著者为真"②,这正是重视个性原则的表现。王夫之更明确地反对"无我"之说,说:"我者,德之主,性情之所持也。"③"我"是德性的主体,如果没有"我",德性如何凝定呢?但讲德,也不能离开人群、国家,"成己"不能离开"成物"。明清之际的大思想家都强调"我"对社会、国家的责任。顾炎武说:"天下兴亡,匹夫与有责焉。"④黄宗羲写《明夷待访录》,用箕子为周武王陈"洪范"故事,说明自己像箕子那样坚贞,但对国家的未来,却不能"秘其言"。他为中国近代勾画了一个民主主义的蓝图。在这些大思想家那里,个性原则和爱国主义精神是统一的,群和己是统一的。他们既主张不应该抹杀个性,而应该让个性发展,同时又要求有历史责任感,保卫自己的祖国,维护民族的优秀传统。在中国,长期封建社会中比较早地形成了大一统的国家。长期的共同生活和悠久的文化传统,形成了共同的民族心理,因此维护国家的统一和民族的尊严就成了一个重要的价值准则。当然,这里也有封建糟粕,如"夜郎自大"、"大国主义"、"闭关自守",但爱国主义、民族自豪感是可贵的,在中国近代反帝斗争中起了重大

---

① 黄宗羲:《孟子师说》,《黄宗羲全集》第一册,第133页。
② 黄宗羲:《明儒学案·发凡》,《黄宗羲全集》第十三册,第6页。
③ 王夫之:《诗广传·大雅·论皇矣三》,《船山全书》第三册,第448页。
④ 顾炎武:《日知录·正始》,黄珅等主编《顾炎武全集》第18卷,上海古籍出版社2011年版,第527页。原文作:"保天下者,匹夫之贱与有责焉耳矣。"——增订版编者

作用。

总之，中国传统哲学主要从上述三个方面（天人之辩、理欲之辩、群己之辩）来提出价值体系的原则。儒、墨、道、释诸家各有所偏。正统派儒学主张独断论的天命论，实际上漠视了人道原则，把实践理性绝对化，忽视了人性的其他方面，打着"公"的旗号来束缚个性，这就是权威主义价值体系。同时，各派学说经过曲折斗争，也形成了比较正确的辩证的见解：强调自然原则和人道原则的统一，身和心、理智和情意的比较全面和多样化的发展；群己统一，既尊重个性又要有高度的社会责任感和爱国主义精神等。这些积极成果在近代又得到了进一步的发展。

第四节 中国近代价值观的革命

中国近代经历了社会革命，与此相联系进行了哲学革命，包括价值观的革命。从社会历史的演变来说，中国近代经历了从自然经济向商品经济的革命转变，由半封建半殖民地社会向社会主义初级阶段转变，反映到意识形态领域，与自然经济相联系的权威主义价值观成了革命的对象。这个价值观革命突出地表现在群己之辩上。古代哲学虽然已有这方面的思想争论，但真正清楚明白地把这个群己之辩提出来则是近代的事。古代儒、墨讲人道原则，包含着尊重人的意思。但儒家讲"天命"，墨家讲"尚同"，个性都依靠于权威。庄子、禅宗、王阳明都讲个性，但他们的个性都以"无我"的形式出现。泰州学派讲"造命由我"，王夫之说"我者德之主"。他们提出了"我"，但这一思想并未展开。龚自珍说：

"众人之宰,非道非极,自名曰我。"①把"自我"作为世界第一原理提出来,标志着近代的"自我"开始悟醒,它反映了与商品经济相联系的人的独立性,是以个性自由为内容的近代人文主义的开端。龚自珍以后,谭嗣同讲"冲决网罗之仁学",梁启超提出"除心奴"的口号,严复讲合理的利己主义,章太炎讲"依自不依他","人本独生,非为他生"②。在新文化运动中,陈独秀、李大钊、鲁迅都强调个性解放,反对权威主义的价值观。胡适也对传统持批判态度,要"重新估定一切价值"。

与强调个性自由相联系,理欲之辩、天人之辩在近代都有了新的特点。近代思想家在理欲之辩上反对"存天理、灭人欲"的口号,主张人的多方面能力的自由发展,也强调"事功"的重要性,不像理学家反对"事功"。某些近代思想家还很重视意志、情感。在天人之辩上,近代思想家反对儒、道的无为、调和、中庸,强调斗争,要与天斗、与地斗。他们从进化论中吸取了竞争的观念,强调人与人、人与自然的关系是一种竞争的关系。到章太炎,提出"竞争生智慧、革命开民智"的观念,进而发展为马克思主义者的革命实践的观点。近代思想家提倡科学精神,反对僧侣主义。他们反对在自然面前无所作为的态度,而肯定人能运用科学方法控制自然。这些都说明近代价值观方面经历了深刻变革。

在资本主义条件下,与人的独立性相联系,也发展了商品和金钱拜物教,造成了对人的新的束缚。近代中国饱受帝国主义侵

---

① 龚自珍:《壬癸之际胎观第一》,王佩诤校:《龚自珍全集》,上海古籍出版社1999年版,第12页。
② 章太炎:《四惑论》,《章太炎全集》第四卷,第444页。

略,中国人当时普遍地感到面临亡国灭种的危险。近代革命不仅反封建,而且反对帝国主义,与反对帝国主义相联系的是较早地掀起了社会主义运动。康有为写了《大同书》,孙中山也讲"大同",这个讲大同的社会主义思潮与古代讲大同不一样。古代的大同理想在远古,它并不指引人向前;近代的大同理想在未来,它指引人们为未来的美好社会而奋斗。这种社会理想经历着从空想到科学的发展。后来到了李大钊,他明确地说:"个性解放"和"大同团结","这两种运动,似乎是相反,实在是相成"。① 他还说:"我们主张以人道主义改造人类精神,同时以社会主义改造经济组织。"② 李大钊的社会主义和人道主义统一,大同团结和个性解放统一的理想是建立在唯物史观和马克思主义经济学说的基础之上的。这样就提出了一种新的价值观,这种新的价值观也体现在鲁迅所说的觉悟的知识者,革命先驱的理想人格上。鲁迅认为,一个先驱者应既有清新的理智,又有坚毅的意志;既有明确的群体意识,又有明确的自我意识;既有独立的人格且很自尊,同时也尊重别人,认识到自己是"大众中的一个人";他处在领导岗位,当然有权,但决不用此权骗人,他善于引导群众,而不是随便地迎合群众;他完全清除了奴才气和寇盗气。③ 这样的人格体现了社会主义和人道主义的统一。

李大钊、鲁迅、瞿秋白等提出的新价值观,既反对了封建的权

---

① 李大钊:《平民主义》,《李大钊全集》第四卷,第122页。
② 李大钊:《我的马克思主义观》,《李大钊全集》第三卷,第35页。
③ 参见鲁迅:《门外文谈》,《鲁迅全集》第六册,人民文学出版社2005年版,第104—105页。

威主义,也反对了资产阶级的实用主义,当然要求彻底清除权力迷信和拜金主义的异化现象。已经有很多革命战士身体力行,为实现这种新价值观而奋斗。在他们身上,确实体现了社会主义和人道主义的统一,大同团结和个性解放的统一。

但是,由于中国历史环境和斗争的需要,中国马克思主义者在30年代强调反对个人主义和自由主义,同时提出了"个人是历史的工具"的学说。这样一来,未免对人的独立性、人的个性解放有所忽视。中国本来是个小农国家,非常落后,这就使社会主义运动很容易受小农眼界的歪曲,导致行政权力支配社会和助长个人崇拜。近代人强调斗争,与天斗、与地斗、与封建势力和帝国主义斗,这当然是正确的。但后来马克思主义者有一个倾向,把斗争只看成阶级斗争,阶级斗争就是政治斗争,政治斗争就是一切。这样的观念无形中代替了传统的以伦理为中心的实践理性的地位。如果说,理学家把"存天理,灭人欲"这样的理性绝对化,那么,马克思主义者则曾经有一种倾向,把政治斗争(阶级斗争)、政治意识(阶级意识)绝对化,把这些看成了唯一的价值标准。这样就陷入了形而上学,最后导致了十年动乱的悲剧。人道原则被肆意地践踏,社会主义被歪曲(至多是一个平均主义),李大钊、鲁迅提出的价值新观念,以人民的真正利益为基础的价值体系完全被破坏了。这种悲剧不单纯是一个理论上的问题,并且有其深刻的社会历史原因。

在近代中国,正如瞿秋白所说,不断出现"死鬼抓住活人"[①]的

[①] 瞿秋白:《马克思文艺论底断篇后记》,《瞿秋白文集·文学编》第三卷,人民文学出版社1989年版,第131页。

现象。一些传统的价值如礼教、国粹、正人君子之类,已成为僵尸,已成为如鲁迅所说的"无物之物"①。但腐朽了的东西还有力量,"僵尸"还可以披上花衣服,登台演戏,它可以披上西方来的现代衣服,甚至可以披上马克思主义的衣服。鲁迅把中国的上等人称为"做戏的虚无党"②。人生是场戏,就不需要认真,是戴了面具演给人看的。演的是正人君子,到后台他脱下戏装就可以男盗女娼。这些上等人惯于耍流氓手段,说得天花乱坠,打扮得也很体面,但是什么天诛地灭的事都干得出。在他们那里,一切旧的和新的名目都成了空洞的外套,裹在外套里的人是价值虚无主义者和实用主义者,他们毫无特操,什么信念都没有,只要对他个人有利,什么都可以做。这样的人既没有独立人格,也没有爱国主义和集体精神,而只一味弄权、利己。在他们身上,权力和金钱结合为一,而人都被看作是权力和金钱的奴隶。这是半封建半殖民地中国的畸形产物。中国的封建统治者给我们留下一个很坏的东西,就是他们长期玩弄"居阴而为阳"的权术。这种权术还通过通俗文艺小说,如《三国演义》等,传播到群众。到了近代,这种统治术又和流氓手段结合,成了"做戏的虚无党"的手法,对社会造成了极大的破坏。这不仅因为这些"上等人"居于统治地位,打着庄严的旗号直接干祸国殃民的事,而且他们也毒害群众,广泛地散布无特操的影响,引起普遍的怀疑情绪,因而在社会上造成了一种根深蒂固的习惯势力,养成一种鲁迅所说的坏的国民性,这种坏的国民性变成习惯势力后,又反过来成了培养"做戏的虚无党"

---

① 鲁迅:《野草·这样的战士》,《鲁迅全集》第二册,第219页。
② 鲁迅:《华盖集续编·马上支日记》,《鲁迅全集》第三册,第346页。

的土壤。正如鲁迅所说,中国人如果不克服这种习惯势力,革命就像"沙上建塔,顷刻倒坏"①。

客观上是因为中国经济落后,这就使官僚和流氓相结合的势力很难克服。中国近代社会处于一种二难境地:在小农经济的条件下,如果没有集中权力,全国一盘散沙,要抵抗外国侵略、要革命都不行;但是一旦有了这种集中的权力,由于缺乏民主传统,这种权力就会成为凌驾于社会之上的力量,而由于上述习惯势力,掌权的官僚就很容易成为"做戏的虚无党"。"做戏的虚无党"总要引起怀疑以至被戳穿,便又转过来助长一盘散沙的状况,使集中的权力趋于瓦解。晚清以来,中国经历了多次反复,虽然有所前进,但一直没有摆脱这种二难境地。这就造成了长期的价值迷失状态,使许多人彷徨而不知所措。传统的价值观被抛弃了,但新的价值观又确立不起来,形成了一种价值失落、价值真空的状态。这就如庄子讲的"邯郸学步"的故事,国步没有学会,故步失去了,只好匍伏而归。从理论上说,中国近代哲学革命在价值观领域尚未能得到总结。

现在很需要大家来正视这个问题。但真正解决这个问题要有客观的条件,要从政治、经济、文化、道德等多方面着手进行综合治理。搞理论的应该对历史经验教训做出总结。中国近代价值观的革命不是没有成果,李大钊、鲁迅已提出了新价值观的基本原则,但后来搞阶级斗争、政治斗争过头了,政治成了唯一价值标准,这显然是形而上学观念。搞个人崇拜,为权威主义的价值

---

① 鲁迅:《二心集·习惯与改革》,《鲁迅全集》第四册,第229页。

观披上马克思主义外衣,对这些都要很好地进行分析,吸取历史教训。现在我们的任务就是要经过历史地考察,作出理论的总结,使社会主义和人道主义统一的价值体系真正成为人们比较自觉的原则。这样便有助于克服上面讲的习惯势力,有助于推进社会主义现代化的建设。

那么,我们所要建立的合理的价值体系应该是怎样的?社会主义和人道主义统一、大同团结和个性解放统一的价值体系的基本特征是什么?至少有以下几点可以注意:

第一,合理的价值体系应以自由的劳动作为目的因。一切创造价值的活动都在于实现人的自由,使个人成为自由的人格,社会成为自由的社会,这样的自由是人在劳动、社会实践中即改造世界和发展自己的活动中逐步展开的。自由劳动是一个历史过程,我们不能形而上学地对待自由这个目的因,自由是历史的产物。现在已经达到了这样的历史阶段,人类能够比较自觉地克服劳动的异化,克服对人的依靠和对物的依靠,从而来建立社会主义和人道主义相统一的价值体系。从社会历史的考察中,我们应该得出这样的结论;从中国近代价值观的变革中,我们也应该得出这样的结论。

第二,合理的价值体系的原则,就在于正确地解决天人之辩、理欲之辩和群己之辩。因此,就要反对权威主义和独断论的天命论,要克服利己主义和相对主义的非决定论。经过逻辑的和历史的统一的考察,结论应该是:自然原则和人道原则的辩证统一;人的理智和情意、精神的和物质的生产能力全面的和比较多样化的发展;个性原则和集体精神互相促进,达到个性自由和大同团结相统一的理想目标。

第三,价值是广义的理想的实现。一般地说,理想形态的观念就是现实的可能性与人的需要的统一的反映,并被形象化地构思出来。人们用这种理想形态的观念作为标准,对事物进行评价,评价意义的客观化就是价值。所以,价值体系就是理想体系。一个时代的合理的价值体系就是这个时代进步人类的最高理想,它是共同的社会理想,也是个人的人生理想。从今天来说,社会主义和人道主义的统一,大同团结和个性解放的统一就是当代进步人类的最高理想。进步人类或人民大众的真实利益是最基本的"好",合理的价值体系所要达到的,就是基于人民大众的利益又合乎人性自由发展的真、善、美统一的理想境界。

以上四章,我们说明了:自由在于化理想为现实,要求自由是人的本质;也阐述了:人们如何通过评价和创作的活动而使为我之物成为价值界,以及合理的价值体系的基本原则与特征。以下,我们将对文化各领域、亦即价值各领域,作出各有侧重而又互相联系的考察,来说明自由与真、善、美、功利等价值之间的关系。

第五章
神话与智慧

人性的自由发展,也就是人的精神与肉体、理性与非理性(本能、情、意等)的全面发展。在人类文化史上,理性与非理性、科学与神话总是以不同比例结合在一起,遵循着由具体到抽象、由抽象再上升到具体的规律。与技艺相联系的原始神话是具体的、价值尚未分化的。后来,宗教作为神话体系、哲学作为科学的总和,尽管试图为文化提供最高的包罗一切的价值体系,却都陷入了权威主义。真正的哲学智慧是对宇宙人生的某种洞见,它和人性的自由发展密切相关;它是理性的,也是整个精神的,具有具体性和历史性的特点;它贯穿于科学、道德、艺术等领域,成为其内在的灵魂,而非凌驾于其上的教条。

第一节 神话与具体思维

一、原始人的神话与原始思维

大约距今一万年以前,人类进入新石器时代,采集、狩猎经济为农耕、畜牧经济所代替,这是一次大的飞跃。当时,原始人已开始掌握了许多技艺,如制陶、种植、编织、畜牧等,并开始出现了社会分工和最初的交换。在生产发展的基础上,逐步形成了部落、部族等社会组织,最后产生了国家。这就是传说中的自伏羲、神农到黄帝的时代。传说"黄帝作为君臣上下之义,父子兄弟之礼……内行刀锯,外用甲兵"(《商君书·画策》)。黄帝时已有了家庭、国家,并且还有许多新发明,如文字、音律、医学、算术等。人类开始由野蛮向文明时代过渡了。

正是这个时代产生了许多神话。原始人有关种植、畜牧等方面的技艺与技能,是和神话及部落的图腾崇拜相联系的。原始人的技艺往往具有巫术的性质。中国人的神话认为伏羲与女娲是人首蛇身,是人类的祖先。女娲炼石补天的故事,反映了当时已掌握了以火制陶的技艺。《易传》说伏羲"始作八卦","作结绳而为罔罟,以佃以渔"(《周易·系辞下》)。"作八卦"大概就是卜筮之类术数的开始,用罔罟捕捉禽兽,就可以进行畜养。《世本》说他们两人还是琴瑟、笙簧的发明者。可见这些神话人物和技艺的创造发明有密切联系。《世本》还说"巫彭作医"、"巫咸作筮"、"巫咸作鼓"等,这就说明医药、卜筮、钟鼓礼乐等原始仪式和音乐,最初都是巫发明的,与巫术是联系在一道的。

要把野兽捕捉来并加以驯化为家畜,要把野草栽培种植为庄稼,要把泥土用火烧制成陶器,要用蚕丝来织布、制成衣裳等等,这些发明、技能需要经过持久的、反复的观察试验才能办到。要经历过多次的失败,积累成功的经验,才能逐渐把握这种技能。这里已经可以看出人类在自然面前的主观能动性,已经可以看出人类通过反复的实践,培养了求知的愿望与能力。到澳洲、美洲、非洲的一些原始部落中考察的人们,发现这些部族的人所掌握的动植物知识足以令现代人吃惊;从地下挖出的原始文物,如我国出土的许多陶器、石雕等,也使许多艺术家为之赞叹。所以在原始的时代,与原始的神话和巫术相联系,人类在文化上已经有了相当的成就,不仅劳动的技能有所发展,而且与此相联系,思维的能力也有一定的发展。

从神话与巫术中所表现出来的原始思维有如下一些特点:首先,原始思维具有物我统一、天人交感的特性。原始人还没有区分自我和外界,自然力往往被看成是同人一样的有生命、有意愿、有情欲的实体,如雷有雷神、电有电神等,这是表现在神话中的很明显的特点。其次,原始思维是想象与真实交织在一起的,神话是超现实的想象,是在想象中支配自然。原始人把想象的当作真实的,巫术及祭神的仪式有着很严肃的社会功利的性质,以为举行这样的仪式,部落就可得到某种利益(如丰收等)。第三,与后来的科学的理论思维有所不同,原始人的思维是具体的、感性直观的形象思维。这种具体的思维有它优越的地方,比如马戏团的驯兽师,对其所驯之物如熊猫等就有着特殊的感情和亲切的了解,花匠对所养的花也是如此;还譬如我们对自己很亲密的人,由于很亲密而摸着他(她)的脾气,这种情况下,往往可以从一个细节看到他(她)的全体和趋势,这个细节就成了象征。这种直观的形象思维比起抽象理论思维来,在具体性这一点上有它的优越性;当然,这种思维缺乏理论的抽象、缺乏分析,同时也不免失之于笼统,掺杂着虚幻的成分。不过原始思维的特点还是很值得注意的。比如《易·说卦》(其出现虽比较晚,但其中某些归类可能起源很早)说:"巽:为木,为风,为长女,为绳直,为工……为多白眼,为近利市三倍"等,把这些统统归为一类,这在我们今天看来已经是很难理解的,但在远古人看来,自然界的树、风和人在交换中获利以及人的白眼相看这些事是同一类的东西,认为彼此是可以比类或类比的。《易经》"中孚"卦的爻辞说:"鸣鹤在阴,其子和之。我有好爵,吾与尔靡之。"这里把"大鹤在树荫下鸣,小鹤便和唱"同"我有美酒,和你共饮"两件事联系在一起,这就是《诗经》里所说的"兴也"。我们真实地感到这种联系很自然,鹤的和鸣增进了好友共饮的欢乐。但若从抽象思维角度问:里面有没有因果关系,却若有若无,很难说。原始的思维是结合形象和技术的活动来进行的,形象的联系不一定符合事实的联系,但有的时候某些象征确实能把握事物发展的趋势,也就把握了事物的全体。

二、由"术"进入"道"

进入了文明时代之后,原始的"术"就演变成为由巫史所掌握的"术数",包括天文、历谱、五行、蓍龟、杂占、形法等。这些"术数"里面有技艺,包含有许多合理的东西的萌芽,但是也掺杂很多迷信的成分、幻想的成分。后来,经验、技艺积累得多了,认识出现了飞跃,从中概括出了基本原理,这就由"术"进入"道"。哲学和科学的开始,就在于从"术数"中概括出一般原理,并以此来解释世界。由《周易》发端的"阴阳"说和由《尚书·洪范》提出的"五行"说,就是由"术"进入"道"的标志。科学的理论思维在这里萌芽了,但仍然与神话相联系着,真实的和虚幻的仍互相掺杂着。最初"道术"还是一体的,具体与抽象、科学与神话还是交织在一起。马克思说希腊的神话是希腊艺术的土壤、母胎,其实不仅是艺术，希腊哲学的前身也是希腊神话。在柏拉图的对话里，哲学和神话还常常是难分难解的，不用说更早的了。中国的情况也是如此。根据顾颉刚的研究，中国的神话分两个系统，一个是昆仑的神话系统，一个是蓬莱的神话系统，到了战国之际，这两个系统融合了，成为庄子哲学和屈原《楚辞》文学的土壤。① 我们这里不去谈屈原、宋玉以及帛画中的神话故事，只简单谈谈《庄子》。《庄子》一书确实是神话与哲学联系在一道的。比如《逍遥游》中讲的理想人格，他描写道："藐姑射之山，有神人居焉，肌肤若冰雪，绰约若处子，不食五谷，吸风饮露，乘云气，御飞龙，而游乎四海之外。"这是一个神仙，也就是"逍遥"、"自由"的人格，即"乘天地之正，而御六气之辨，以游无穷"者的人格。《庄子·大宗师》从理论思维的角度讲了"道"："夫道，有情有信，无为无形，可传而不可受，可得而不可见，自本自根，未有天地，自古以固存"等等，然后又接着讲了一大段的神话，如"狶韦氏得之，以挈天地，伏羲氏得之，以袭气母……堪坏得之，以袭昆仑；冯夷得之，以游大川；肩吾得之，以处大山；黄帝得之，以登云天；颛顼得之，以处玄宫；禺强得之，立乎北极；西王母得之，坐乎少广；莫知其始，莫知其终"。庄子是一个思辨水平很高的哲学家，他并不是像原始人那样把神话看成是真实的，他是用神话、寓言来讲哲理。因为在他看来，"道"是具体的，"可得而不可见"，"可传而不可受"，"道"不是用语言、概念的分析所能把握的。语言、概念有其局限性，只有"离形去知，同于大通"，达到"天地与我为一，万物与我并存"那样一种

---

① 顾颉刚：《庄子和"楚辞"中昆仑和蓬莱两个神话系统的融合》，《中华文史论丛》1979年第二辑。

境界,这才是真正把握了"道"。所以,这里有个矛盾:哲学要求给人以具体真理,但哲学又要用语言、概念来表达,而语言、概念总是抽象的、分析的。他对言意能否把握"道"提出了种种责难,但这种种责难也是语言,毕竟思辨是离不开语言的。那么怎样解决这矛盾呢?庄子说:"寓言十九,重言十七。"(《庄子·寓言》)神话为他提供了寓言和重言,在他的著作中,他把哲学的语言同神话结合起来,用形象来暗示哲学的真理,因而他的著作给人以"永久的魅力"。

在当时,不仅是《庄子》如此,具体与抽象、科学与神话的结合也反映在如《易传》、《月令》、《内经》等许多著作之中。《周易》本来是一本占卜的书,但经过整理,它已构成一种象数结合的秩序,成为理论思维的模式,掌握世界的逻辑工具,但这一象数秩序仍然是与巫术、神话相互联系着的。到了《易传》,又进了一大步。《系辞》说,"易"这个体系能"类万物之情"、"知幽明之故"、"冒天下之道",这是一种哲学思辨程度很高的语言。但是《易传》与《易经》结合在一起,在总体上还保留有神话的那种物我统一、天人交感、现实和超现实不分的特色。比如"龙"本是华夏族的图腾,是作为图腾崇拜的对象,但在《周易》中成了"乾卦"的象征。"乾卦"有六爻,从初九"潜龙勿用"、九二"见龙在田",直到九五"飞龙在天"、上九"亢龙有悔"。这些卦辞确已显示出一种逻辑秩序。《易传》进而对此作了详细的发挥。比如对九五"飞龙在天,利见大人",《文言》就说了一大段的理论:"同声相应,同气相求,水流湿,火就燥,云从龙,风从虎,圣人作而万物睹。本乎天者亲上,本乎地者亲下,则各从其类也。"而且还塑造了一个理想人格——"大人":"大人者,与天地合其德,与日月合其明,与四时合其序,与鬼神合其吉凶。"这样的解释还是把自然界的现象和神话,天上的龙和人间的圣人进行比类,来描写理想人格的精神面貌:"先天而天弗违,后天而奉天时",他的智慧、德行与日月天地一样是无限的。《易传》各篇在《易经》的象数框架下作了哲学的阐释。在《易传》的作者看来,《周易》的象数模式足以揭示具体真理,"易"之道就是在象数的运动中展开的。"象"和"数"与原始的神话、与术数仍然是联系在一起的。

总之,在《易传》、《庄子》的时代,哲学家的智慧还是与神话、巫术密切联系着的。这样的时代是一去不复返了,但却值得后人不断地回顾。

三、神话在认识发展中的作用

随着科学技术的发展,神话渐渐失去了它以幻想为真实的迷信性质。应该把神话和迷信区别开来。科学的进步便是迷信的破除,但神话在人类的认识过程中,还在继续发挥着它的重要作用。《庄子》、《易传》的时代固然一去不复返了,但神话在教育、艺术、理论思维中仍然在起作用。

许多神话变成了童话,对儿童教育起着重要的作用,这是因为人的个体的发育在一定意义上重复着祖先的历史。儿童和原始人一样,同神话人物、拟人化的自然物生活在一起。儿童在游戏中,总是一边搬弄玩具,一边在想象,进行具体思维,而且自言自语,这是原始人的思维方式,思维离不开具体的动作和实物。它对儿童的心理发展是很重要的,人就是这样过来的,只有经过这样的阶段才有后来的科学思维。这样的思维充满着生动的想象和全神贯注的感情,它也用比喻、也用象征。研究儿童的这种形象思维的规律(不同于抽象思维的逻辑),从心理学的角度来说是很有意义的。

神话在文学、艺术上的作用更为明显,许多文学作品就是以神话传说作为素材的,如《西游记》、《聊斋志异》等,就是像《红楼梦》这样的作品也虚构了一个"太虚幻境",它就是用神话作为一个模式,对现实生活进行艺术的概括。神话在艺术概括中始终起着很重要的作用。

神话在科学与哲学中的作用如何呢?我们当然不能再回到庄子的时代,科学与神话的比例是在变动着的,这是没有问题的,但科学会不会完全与神话绝缘呢?回答是否定的。科学与迷信是不可调和的,但神话并不等于迷信。神话是对世界的幻想的反映,幻想可以导致迷信,但也往往包含着真实的内容。神话是在想象中来支配自然力,这是人的能动性的表现,是促使人们去进行科学发明和科学发现的动力,如果一个人不会想象、幻想,也就不可能有科学发现、科学发明。

这里想对西方的两位哲学家的观点作点评论。美国哲学家奎因说,从认识论的立足点来看,物理对象(原子、电子等)与荷马史诗中的"神"相比,"只是程度上而非种类上的不同。这两种东西只作为文化的假定物进入我们的概念。物理对象的神话在认识论上优于其他的神话的理由在于:它作为一个容易管理的结构插入经验之流中的手段,已证明是比其他神话更奏效的"[①]。这种

[①] 洪谦编:《逻辑经验主义》,商务印书馆1989年版,第696页。

把科学看成是有效的假设,并把科学的假说看成和神话同类的思想,是一种实用主义的观点,它混淆了科学假说与神话之间的质的差别。科学的假说,经过逻辑的论证和实践的检验,可以被证明和证实,而成为定理。如果不承认这一点,科学的客观真理性就会被抹杀。不过,假说的提出需要想象力,而在想象中总是把人的需要和人以为的现实的可能性结合起来,用形象把它构思出来,以之指导行动。这正是科学的想象与神话所共同具有的本质属性。从这个意义上说,科学假说与神话是同类的,但科学假说经过严密的逻辑论证,并通过设计实验加以证实,是可以转化为定理的;而神话却是幻想与真实交织在一起,合理的东西与迷信的东西的界限还没有分辨清楚,这个界限是需要进一步由证明与证实来解决的。但既然科学的发现与发明总需要想象,科学无论发展到怎样高的水平,都不会完全与神话绝缘的。

另外一位哲学家是法国的列维-斯特劳斯,他强调了原始的思维与科学思维的不同。他认为"人们是分别从对立的两端来研究物理世界的:一端是高度具体的,另一端是高度抽象的,或者是从感性性质的角度,或者是从形式性质的角度。"[①]他的《野性的思维》一书就表达了这样一种观点。他认为这是两种平行的获得知识的方法,这两种途径肯定会相遇的。他强调原始的神话、仪式等并不像人们后来所想象的,仅仅是出于一种虚构。他认为原始人的思维是借助类比、比较的方法。通过把事件的碎屑拼合在一起来建立结构,"并不断地把这些事件和经验加以排列和重新排

---

① 列维·斯特劳斯著,李幼蒸译:《野性的思维》,商务印书馆 1987 年版,第 308 页。

列,力图为它们找到一重意义"①。这种结构尽管是原始的,但它却有抽象思维所不能达到的优越性。这个哲学家缺乏历史的观点,他未免把两种思维截然对立起来了,但有一点是正确的,就是原始人通过神话巫术在感性直观的层次上把握世界,这种思维也是有结构的,并且它对现实作出解释的原则对后世的人也具有启示的价值。就像我们中国从原始神话和巫术中保留下来的,表现在《易传》《月令》中的那种比类方法、象数结构以及阴阳对立统一的原则,当然对后人具有启示的价值。人类的科学认识经历了一个从具体到抽象、又从抽象上升为具体的运动过程,表现为螺旋式发展的运动,这是个规律。为了把握具体真理,达到一定阶段上的主观和客观、知和行的具体的、历史的统一,理论思维就需要不断回顾出发点,要不断回顾原始思维,回顾《庄子》《易传》那样的时代,从中吸取启示和力量。

第二节 基督教和儒学的权威主义[②]

随着科学与神话的分化、发展,一方面原始宗教演变为民族宗教、世界宗教,各种宗教都构造了独特的神话体系,每个体系都体现了自己的神学,而具有排他的性质;另一方面哲学作为各种学术和意识形态的综合,形成了不同的概念体系,展开了论争。宗教和哲学,都具有为文化提供最高的囊括一切的价值体系的雄心。在封建时代,西方的基督教和中国的儒学各占支配地位,它

---

① 列维·斯特劳斯:《野性的思维》,第29页。
② 作者在本节标题旁边标有"宗教"两字。——初版编者

们的价值体系都是权威主义的,都成了独断的教条。

一、基督教的权威主义

恩格斯区分了自发的宗教和人为的宗教。自发的宗教就是指原始宗教,如图腾崇拜等。它产生之时还没有欺骗的成分,以幻想为真实,以为自己所掌握的图腾就是自己氏族的祖先,氏族的成员对此都真诚地相信,这种原始的信仰起着团结氏族、部落的历史作用。后来,由拜物教发展为多神教,氏族发展为部落、部落联盟,到建立国家就发展为一神教。进入文明时代,宗教为国家的统治者所利用,就逐渐地变成"人为的宗教",它就少不了要欺骗,要伪造历史,当然这也有其历史的理由。

恩格斯特别研究了早期的基督教,说明基督教在古代世界为什么会成为世界宗教。他指出,罗马帝国消灭了各民族的政治和社会的独特性,同时也消灭了他们的独特的宗教。统一的帝国需要一种毫无差别地对待一切民族的世界宗教。而当时古代世界正处于"经济、政治、智力和道德的总解体时期"[1],人们产生了一种普遍抱怨的情绪,抱怨时代的败坏和堕落。这时,基督教的"原罪"学说正适应了时代的需要,这种教义"承认每个人在总的不幸中都有一分罪孽,这是无可非议的,这种承认也成了基督教同时宣布的灵魂得救的前提"[2]。基督教以为人类的祖先犯了罪,所以每个人生来都是有罪的,如何解脱呢?基督降生了,他牺牲自己

---

[1] 恩格斯:《布鲁诺·鲍威尔和早期基督教》,《马克思恩格斯全集》第19卷,人民出版社1963年版,第334页。
[2] 同上书,第335页。

的生命来为大家赎罪。基督叫人向上帝忏悔,都要说"罪在自己",经过真诚的忏悔和行善,灵魂便可得救,从堕落的世界中得到解脱。这样就找到了一条受苦受难的人可以超脱尘世到天堂去的道路。基督教虚构了天堂和地狱的神话,把世间和出世间对立起来,叫人信仰上帝,皈依基督,行善禁欲,从而达到彼岸世界。所以,理想的乐土是在天上,而人类要依靠在上者的权威才能由尘世达到天堂。这样的一种宗教,是世间的那种人的依赖关系的反映,它的盛行有其历史的理由。

对西方来说,中世纪的狂热的信仰,赋予了整个时代以巨大的力量,成为文化的强大的精神动力。当然,从唯物辩证法的观点看,它之所以有这种力量,不是来自外面的,而是出自人的本质的异化,由劳动异化造成的。在生产力很低的情况下,人依赖权威这是不可避免的,由于无知,人们认为只有依靠在上者的权威才能得到解脱。在中世纪,宗教或神学成了占统治地位的意识形态,哲学、艺术、道德和法都附属于神学,群众的政治性运动也带上宗教的色彩。这个时期在西方,信仰上帝、皈依基督就成为唯一的、最高的价值原则,天国就是真、善、美的理想境界,上帝就是真、善、美统一的本体。

二、儒学的权威主义

虽然在南北朝到隋唐这个时期,也出现了儒、道、释三教鼎立的局面,但从总体上说,自汉代以来,在中国的封建时代,占统治地位的一直是儒学。儒家也讲"神道设教",不过这是利用宗教作为工具,就是用功利主义的态度来对待鬼神,这是儒家(以及许多中国人)对待宗教信仰一个很根本的特点。儒家重视祭礼,但实际上他可能并不相信鬼神,如孔子所说"敬鬼神而远之"(《论语·雍也》)。祭祖祭天,都是出于功利的考虑、道德的需要。从统治者的角度说,祭祖可使人"慎终追远,民德归厚"(《论语·学而》),叫人敬畏天命,也是一种愚民政策。从老百姓的角度说,除了表示孝心、敬意之外,也往往抱有祈求鬼神保佑自己以谋取某种利益的想法。这样的一种态度或宗教观,是对原始宗教的破坏,也使人为的宗教不容易在中国占优势。当然,儒家讲天命也是变相的神学,但这不是粗鄙的鬼神迷信,而是精致化的唯心主义。纲常名教都出于天命,名教是世间而不是出世间的,儒家学说与基督教的那种原罪意识是格格不入的。《易·坤·文言》讲"积善之家必有余庆,积不善之家必有余殃",认为祖辈行善作恶,要影响子孙。在佛教传入后,有了因果报应、灵魂轮回的迷信。但这些都不同于西方基督教的原罪说。在明朝末年,基督教初入中国时,就已经有人感觉到,中国人在这方面与西方人有很大的不同。中国人的启蒙教科书《三字经》第一句便讲"人之初,性本善"。天性本善,哪有原罪?按照儒家的说法,"天命之谓性,率性之谓道,修道之谓教",因而儒家或持"复性"说,"存天理,灭人欲"而后可以"复性";或持"成性"说,经过教化修养积善以成性。这样的理论都说明,在现实世界中,人能实现人的理想和人的价值,灵魂不是在彼岸世界得到解脱的,而是在现实世界中践履纲常名教而完善起来的。所以,中国人是入世的,而不是出世的。佛教本来讲西方极乐世界,是有个彼岸世界的。可是到了中国,如禅宗就讲"西方只在目前",净土就是现实世界,人只要由迷而悟,当下即是净土,凡夫就成为圣人。禅宗在人性论上讲"自心是佛",实际上是与孟子性善论相一致的。

当然,儒家讲纲常名教的实质就在于维护君权、族权、夫权和神权,这也是权威主义。幸福要依赖在上者的权威,幸福要等待在上者来恩赐,就这点说,儒学和基督教没有区别,都是权威主义,都是人的依赖关系的反映。在中国的封建时代,儒家的名教与宗教一样,它也是劳动异化的产物,儒家的经学成了占统治地位的意识形态,一切学术、艺术、道德和法都成为附庸。"天命"就是真、善、美的本体,"知天命"、"顺天命"、与天命合一而"从心所欲不逾矩",这就是最高的人生理想;而体现"天命"的尧舜三代,就是"王道乐土"的理想世界。所以,封建时代的中国与西方有它共同的方面:价值观都是权威主义。不过也有其差别的地方:理想在现世与理想在彼岸,这是个不同;性善说与原罪说也是有差别的,原罪说的前提是意志自由,而性善说强调的是人的理性认识,人要认识天命、自觉地服从天命,意志就降到次要的地位。缺乏意志自由观念,与中国人难以进入近代是有关系的。

三、权威主义为什么能复活?

在近代西方,基督教受到了多方面的批判,英、法、德、俄等国在资产阶级革命时期,都展开了反对神学的斗争。启蒙学者在用科学反对神学的斗争中,功绩是伟大的,但也助长了一种怀疑论倾向。权威主义遭到了批判,它可能走向反面,走向怀疑论、相对主义和虚无主义。权威主义当然需要批判,但并不是说不要任何权威,权威与权威主义不是一回事。在任何的社会组合中,权威总是需要的。如家庭中,父母在一定意义上是孩子的权威。我们讲民主集中制,并不排斥权威,但权威应该是群众中的一员,不能驾于群众之上,搞权威主义。在资本主义条件下,人们自由竞争,人有了人的独立性,但这种人的独立性与对物的依赖相联系着,所以还是有一种外在力量在控制着人。人为积累资本而劳动,这样,人容易成为金钱的奴隶。人对物的这种依赖性,说明人的劳动目的是外在的,人的劳动仍然是不自由的。人为在上者、权威劳动,当然不自由,人为金钱资本劳动,这也是不自由。人对物的依赖代替了人对人的依赖,旧的价值观崩溃了,却使人产生了新的孤独无依的感觉。资本主义使每个人都自由了,但也助长了尔虞我诈、勾心斗角的关系。这种现象使得一些思想家感到失望,产生了这样一种理论:"失去了上帝,人也就失去了灵魂";"天"由于哥白尼学说和望远镜的发现,再也不神秘了,天国没有了,人也就失去了理想和信念,精神就感到十分空虚等等。因此,有的人就以为需要一种新的宗教。如卡莱尔提倡英雄崇拜、天才崇拜,他认为人总要有所依赖,或是依赖天才,或是依赖英雄,这便是叫人恢复权威主义,回到封建时代去,当然是错误的。

但由近代到现代,随着资本主义的矛盾的暴露,在价值观上许多人产生了彷徨的感觉。特别是产生了法西斯主义,造成了巨大的灾难,这应该怎样解释呢?艾·弗罗姆写了《逃避自由》一书。他试图把马克思主义和弗罗伊德的学说结合起来,一方面从社会条件,另一方面从精神分析来解释为什么在资本主义条件下产生集权主义。这有一定的道理,但他过分偏到弗罗伊德去了,因而有片面性。他认为近代有一种"逃避自由"的现象,人感到自己没有力量,需要依靠一个权威,服从一个权威,精神才有所寄托。正是这种"逃避自由"的心理,唤起了崇拜权威的宗教狂热,从而造成了巨大悲剧。这种心理无疑是存在的,但作为历史现象,应该首先从社会历史条件来解释,也应该看到文化传统所带来的思想上的影响。

在中国,产生个人崇拜的现象,是与中国进行革命时的小农经济状况以及长期的封建专制统治的影响分不开的。在这种情况下,产生向权威主义复归和产生个人崇拜的现象,可以说是难以避免的(当然,如果领导者清醒一些,就不至那么泛滥成灾)。同时,在群众中有那么一种心理:因为旧的名教的价值体系被破坏了,使人感到迷惘;拜金主义和实用主义的腐蚀作用,也令人厌恶,因此产生了"逃避自由"的现象,借社会主义之名来复活权威主义,从而造成了历史的倒退,使社会主义和人道主义统一的理想遭到严重的破坏。这确实是个很大的历史教训,搞理论的人应该很好地总结这个教训。

第三节 理性和非理性、意识和无意识

一、关于主体的精神力量

我们上面所讲的精神、宗教等现象,既有社会的原因,同时也有人性中的根据。人作为主体是复杂的,主体的精神力量有理性,也有非理性;有意识,也有无意识。这里"非理性"一词是指情感、意志等精神力量,而不是指"反理性";"无意识"或潜意识是指没有进入意识领域的精神力量。从认识论来说,理性思维的主体

就是"我思"的"我"。"心之官则思",这"心"就是指理论的理性,亦即狭义的理性。严格地讲,有思维才有理性,才有意识(明觉)。"自我"从"所与"取得意象,抽象出概念,以得自所与者还治所与,化所与为事实,这样才有知觉。所以如果没有意象概念,也就没有知觉。"觉"是指进入主体的意识领域,为主体所把握。没有思想,严格地讲也就没有"觉"。人类在知识经验的基础上发展出科学的理论,建立起人类知识的大厦,这知识大厦以"统觉"为最高原理。"统觉"用来统辖知识的,就是逻辑思维的范畴,这个领域大致就是康德所说的"纯粹理性"的领域。

但"觉"不仅是指知识领域而已,"自我"还有欲望、情感、意志、想象、直觉等等。这些精神力量都统一于"我觉",由一种"自我意识"统率着。而"自我意识"是与群体意识、社会意识不可分割的。这些意识活动都可以成为理性指导下的活动,或者说贯注了理性精神的活动。所以,我们可以说有实践理性、理性直觉和形象思维等等,并把这些都叫做理性的活动。这是广义的理性。如艺术的形象思维,不是科学的理论思维,但还是理性的活动;道德领域的实践理性也是如此。"自我"可以说是随着历史的发展越来越多地充实了理性的内容,不断提高了觉悟的程度,这样也就有了越来越多的自由。

从能动的革命的反映论来看,自我及其精神力量并不是一成不变的,而是随着实践的发展而发展着的。实践是存在和意识的桥梁,意识随实践的发展而发展,自我意识也是如此。从个体的发育来看,儿童到了一定的年龄就开始有了自我意识,以后的实践、生活遭遇和教育使其觉悟程度越来越高,意识的领域也越来越广,个性也就随着发展。就整个人类来说,群体意识和自我意识都是历史发展的产物。通常说人类在走出中世纪、进入近代之际,"自我"开始觉醒,这并不是说前人就没有自我意识。像龚自珍提出"众人之宰,自名曰我",章太炎讲"依自不依他",这种观念是近代的,强调了独立人格、个性自由,这样的自我意识确实与古代有所不同。所以,自我意识是在发展的,群体意识也是在发展的,对精神力量不能抽象地理解,而应作具体的历史的考察。

二、中国传统哲学的理性主义

中国传统哲学很早就开始讨论理性与情欲的关系问题。尽管孔子、管子、孟子、荀子等哲学家有唯物和唯心的区别,但他们都强调了人的本质的特点在于有理性,人与禽兽的区别在于人有思维,而且他们把"心之官"称为"天君",它对情欲来说是处于主导地位的,精神的本质就在于理性、思维,要用理性来指导感性,引导和节制情感欲望。这些大致是他们的共同的主张。中国从先秦起,哲学的主流一直是理性主义。当然也有主张放纵情欲的,如《列子·杨朱篇》;唯意志论倾向也有,如李筌;但这都属支流,在中国哲学史上没有太大的影响。但发源于神话,与宗教有联系,那种主张物我统一、天人交感具有神秘主义色彩的直觉主义的理论,在《易经》、《庄子》以来的许多大哲学家那里都可以看到。在这些哲学家那里,理性与非理性、科学与神话是交织在一起的。理性的探索和哲学的思辨最终是要达到天人合一的神秘境界,这种境界不是靠知识所能达到的,而要靠理性的直觉。中国的宗教,无论是道教还是佛教,都虚构了天堂地狱,当然要宣扬神秘主义,包含有许多非理性的东西。不过中国的宗教有其特点。如道教就有科学精神,对炼丹、医学、天文历法等有贡献。中国佛教的各个宗派都强调"转识成智",以为人的解脱要依靠智慧。隋唐佛教各宗派对精神现象作了很认真的研究。例如天台宗的"止观"说,提出"由定发慧"、"以慧照定",以内省的方法来把握禅定的体验,以理性的光辉来照亮非理性的领域,使之如实地呈现出来,这种方法也就是理性的直觉。禅宗讲精神的本质就是"灵明觉知",自我的"灵明觉知"就是佛性,它有整体性,需靠自己的力量,由迷而悟,顿然间把精神所固有的理性唤醒,使之明白起来,这就是"顿悟",亦即理性的直觉。禅宗与天台宗的这种学说影响到宋儒,宋儒所讲的"涵养须用敬,进学在致知",就是从天台宗讲"止观"演变而来的。宋儒强调用理性来节制情欲,通过"存天理,灭人欲"的功夫以求复性,一旦"豁然贯通"就一下子把握了本体。这种说法最后也归结到"悟",也具有神秘主义的倾向。这种神秘主义倾向后来遭到王夫之、黄宗羲等人的批判。尽管如此,王夫之等人并不否认认识中有飞跃、有理性的直觉。王夫之就讲"虚以生其明",人若能虚心,排除偏见就可以"思以穷其隐"①。这种说法实际上就是理性的直觉。② 总的来说,中国传统哲学的主流是理性主义,古代哲学家讲直觉,虽有神秘主义倾向,但多数并不是反理性的。

当然,这并不是说中国文化中没有反理性的东西,中国的文化中有许多反理性的东西,中国的历史充满着血污,充满着罪恶。

---

① 王夫之:《尚书引义·说命中二》,《船山全书》第二册,第312页。
② 在原稿这一行的右边,作者注有"德性之知"四个字。——初版编者

过去的理性主义,尤其是正统派儒家的理性主义,后来实际上成了理性专制主义,把以伦理为中心的实践理性绝对化,把情意等非理性因素,都贬到不重要的地位,甚至一概抹杀,造成"以理杀人"。进步思想家如王夫之、黄宗羲、颜元、戴震等人,实际上所强调的是理性与情意的统一,他们看到了正统派儒家的理性专制主义造成了很大的危害。因此,并不是讲理性一概都是好的,要全面地讲理性,重视理性与非理性的统一,这才是真正好的。

三、中国近代哲学中理性与非理性的矛盾

中国近代哲学,由于社会历史条件与古代不同,同时也受了西方的影响,于是有一些人把情意和理性尖锐地对立起来,宣传非理性主义。首先就是龚自珍,他提出了"心力"的说法,以为"报大仇,医大病,解大难,谋大事,学大道,皆以心之力"①。作为诗人的龚自珍,还主张"尊情",反对道学家的"忘情"。这种推崇情、意,反对理性专制主义的态度,是近代的观念。后来,谭嗣同主张以"心力挽劫运"②,更明显的有一种唯意志论倾向。章太炎讲"依自不依他",鲁迅早年也讲"摩罗诗力"③,他们明显地受了西方的影响,以为从西方取得唯意志论的火种来,可以推进中国的革命。④ 不过,西方近代的主流是强大的民主与科学的传统,中国近

---

① 龚自珍:《壬癸之际胎观第四》,《龚自珍全集》,第 15—16 页。
② 见谭嗣同:《仁学·四十三》,蔡尚思、方行编:《谭嗣同全集》下册,中华书局 1981 年版,第 357 页。
③ 鲁迅:《摩罗诗力说》,《鲁迅全集》第一卷,第 65 页。
④ 关于中国近代唯意志论,详见作者的《中国近代哲学的革命进程》(收入《冯契文集》第七卷)的有关章节。——初版编者

代的趋势也是如此。章太炎、早期鲁迅虽有唯意志论倾向,但他们都是富有科学精神的。科学当然要推崇理性。非理性主义的进步作用是有条件的,最初是一些革命者和先进人物用它来反对正统派儒学的理性专制主义,后来则向反面转化,唯意志论成了维护封建法西斯统治的工具。为了反对唯意志论,革命队伍中产生了一种强调理性作用、强调自觉性的倾向,这也产生副作用,即导致片面强调历史决定论,把人看成是工具。

　　理性与非理性、宿命论和唯意志论的对峙,在中国近代,无论是从理论上还是从实践上说,都没有得到正确的解决,到"文化大革命"就暴露得很充分了。中国的这个问题,一方面有自己的历史原因,另一方面又有西方思潮的影响。在近代西方,确如王国维所说,在哲学上有两极对峙:"可信的不可爱","可爱的不可信"。西方近代的实证论思潮和非理性主义思潮的对立,集中反映了近代科学与人生的脱节、理性和非理性不协调。尼采把日神精神和酒神精神对立起来,把古典的和浪漫的、理性和激情意志力量对立起来,而且突出地给人指出了非理性的酒神的力量,这确有道理。尼采的理论显然具有二重性:一方面,它推动了浪漫主义运动,使人注意到非理性方面;另一方面,它强调权力意志,本身确是可以为法西斯所利用。弗罗伊德精神分析学派从事无意识的研究,以为人的精神里面除了理性和自觉意识之外,还有非理性的、本能的、无意识的东西,而且后者常常表现得力量很强大,是理性难以控制的。按照弗氏的说法,伊德(拉丁文 id)即"本我",代表了人的原始本能,它给人以内驱力,要冲破理性、道德加给的束缚。弗罗伊德使人注意到了无意识和潜意识的力量,而且他的研究确实是有成绩的。当然弗氏也有片面性,他过分强调了人的性本能。

怎样来看待意识和无意识、理性和非理性之间的关系？人的本能要求温饱、要求性爱,这无疑是人类的共同需要,这个领域确实是不能忽视的。但是人类已经受长期的文化的熏陶,这些本能的欲望也越来越成为人的需要,而与动物本能的欲望有所不同。在社会实践的基础上,人的理性发展起来,这是人区别于禽兽的本质。人的意识活动包括情感、欲望、意志等等越来越以理性作为主导,非理性的方面越来越具有理性的色彩、理性的精神。人的社会行为、交际方式,要求由实践理性、用法和道德准则来加以规范,人的感情越来越成为一种合理的情操,艺术创作要体现艺术理想,直觉越来越成为理性的直觉等等,这些都说明非理性的方面越来越多地渗透了理性精神。但这并不等于说理性可以代替非理性的东西,更不能由此导致理性专制主义;当然,反过来,如果放纵欲望,激发盲目的热情,也会造成很大的祸害。人的精神始终有着广阔的无意识领域,它与意识领域是相互联系和相互影响的。人是由动物进化而来的,而且成为人之后有了数百万年的历史,进入文明社会之后,人类还是遵循生物进化的规律(变异经过选择而遗传下来)。无意识的、本能的领域,有着生物进化的长久历史,是个很深广的领域。对无意识领域的研究,我们现在还只是开始。对这一领域的研究和对意识领域一样,用的还是理性的观察和理性的分析,离开理性也无法研究非理性。所以应该辩证地来看待理性和非理性、意识和无意识的关系。

人的精神主体是很复杂的,可以说既有人性,也有兽性;人既是天使，又是魔鬼。不要以为魔性、兽性就完全是要不得的，它在一定条件下起了反抗传统的作用。① 密尔顿《失乐园》写撒旦反抗上帝，便是如此。历史上所有的革命的群众运动，都需要唤醒自发的非理性的力量，这种力量在一定条件下倒是真正合理的。下层社会不能照旧生活时便起来造反，不一定有高度的自觉性，而是依自发的感情、欲望而激发起来的。当然，群众的盲目的自发的运动可能被野心家利用而走入歧途，因而需要理性的指导。在社会存在异化的条件下，对权力的渴望和金钱的迷信，本身都包含有非理性的、盲目的成分，独裁者和守财奴都不是自由人，他们早已成为自己的情欲的奴隶。人类是越来越以自觉来代替盲目，以科学来代替迷信，这是一个历史的发展过程，不能放任非理性的东西泛滥，也不能把在一定历史条件下是理性的东西凝固化、绝对化，从而导致理性与非理性割裂开来。那么怎样在理性的指导下使理性与非理性、意识和无意识统一起来呢？这就需要从整体上来把握人的精神力量，使人性得到全面的自由的发展。合乎人性的全面的、自由的发展的真理性的认识，就是智慧。

第四节　知识和智慧

一切的科学知识在用于指导实践时，都是认知与评价结合起来的，不是单纯的认知，其中也包含有评价。如果认知与评价不结合，知识就不能起到指导实践的作用。相对于实践的目的来

---

① 在原稿这行的左边，作者注有"《西游记》写孙悟空大闹天宫"，可能是认为这正表现了非理性在一定条件下的反抗传统的作用。——初版编者

说,科学知识是有工具价值的。人们现在从发展生产力的角度来讲科学知识的价值、效益,就是指它的工具的价值。但科学不仅仅是工具,其自身还有内在的价值。封建社会的一些儒者以科学技术为"雕虫小技",这当然是不正确的。中国传统中有个强调"学以致用"的传统,这种价值观有其两重性:注重实用,重视与国计民生有关的学问,这是好的,科学确实要发挥其作为工具的价值;但片面地强调"学以致用",对于纯学术、纯思辨否定过多,这也不正确。在一定意义上讲,学术就以学术本身为目的,是不计较功利的。科学给人以乐趣、智慧,这对于发展人的个性、能力具有极大的作用,这样就不是单纯地把科学看作只是知识,而且把它看作具有智慧。智慧就是合乎人性的自由发展的真理性的认识。科学知识是理论理性的成就,它作为工具当然有其功利性,但是人们为了功利而求知,知识对人是外在的,就会导致理性与情意的脱节、科学与人生的脱节,甚至会造成理性与非理性的对立。

在资本主义条件下,运用近代科学来发展生产力,求得利益,确实促使了科学的迅速发展,但同时也造成了科学与人生的脱节,理性与非理性对立。要克服这种对立,就要使科学合乎人性地发展,就要使技术成为技艺,使理论富于智慧。所谓"技术成为技艺",就是要使技术成为乐生要素,如同儿童的游戏,显得是无所为而为;但通过游戏活动学习了技能,锻炼了手和脑,培养了情操,这正是一种人性发展的需要,游戏中学的技能具有类似于艺术的性质。

所谓"理论富于智慧",就是说它具有哲理的性质,包含有对宇宙人生的某种洞见,并且理论取得了理想的形态,被灌注了爱心,充满了想象,因而和人性的自由发展密切相联系。这样的智慧是理性的,同时也是整个精神的,它有一种具体性的特点。

人类的认识归根到底是要把握具体真理,要达到一定历史阶段上的主观和客观、理论和实践、知和行的具体的历史的统一,当达到这样的目标时,就仿佛向原始的具体状态复归。当然,原始思维的具体是很初级的,《庄子》、《易传》哲学的具体,比起原始思维的具体,已经提高了一步,我们现在要达到的唯物辩证法的具体乃是更高的了。但就具体这点而言,人们确实要不断复归到原始思维,复归《庄子》、《易传》那个时代的哲学。它们虽是原始的、朴素的,但由于是具体的,其中的智慧对后人很有启发作用。讲知识,现代的中学生所懂的天文、地理、数学、物理、化学、生物方面的知识,比起孔孟、老庄都要丰富得多;但就智慧而言,就不能这么说,古代著作中所包含的智慧,值得后人不断地回顾。这是因为智慧是合乎人性发展的真理性的认识,具有具体性的特点。有些思想也只有在人类的幼年阶段上它才会产生,这种思想如同马克思所说,具有"永久的魅力"[①]。一定历史阶段上达到具体的哲学虽然有历史局限性,但唯其具体,所以它富有生机,潜藏着许多还没有充分展开的合理的因素。

如庄子对言意能否把握"道"的这一问题的责疑,揭露了逻辑思维中抽象与具体、静止与运动、有限与无限的矛盾。我们不必同意其怀疑论的结论,但其责难中包含有丰富的智慧,包含有辩证思维的因素。庄子讲了许多寓言,其中有一些如"庖丁解牛"、

---

① 参见马克思:《〈政治经济学批判〉导言》,《马克思恩格斯全集》第 46 卷(上),第 49 页。

"轮扁斫轮"等,都讲的是劳动的技艺达到了一种神化的境界,这样才真正由"技"进入"道"了,在这样的劳动中,人才是真正自由的。在其中所把握的"道",确实是难以用语言传达的,这是在自由劳动中把握了具体的东西,这种与原始的技艺相联系的辩证思维是很富有启发性的。

再如《周易》、《老子》,也都包含了辩证法的思想、"物极必反"的原理。《老子》说:"反者道之动,弱者道之用。"(《老子·四十章》)《易》则根据"一阴一阳之谓道",得出"天行健,君子以自强不息"(《周易·乾象》)的人生态度。《易》、《老》都是富于智慧的,但《易》的雄健精神更为可取。"易道"(变化之道)被看作为螺旋形发展的无限前进的运动。《易经》讲"物极必反",认为变化有循环往复的现象,但变化发展不是封闭的。六十四卦最后两个为"既济"和"未济","既济"即完成,而"未济"是未完成,为什么"未济"列在"既济"之后?《序卦》说:"物不可穷也,故受之以未济终焉。"这就是说,一切的完成都是未完成的,所以发展是无穷的,完成的形态只是相对的。《易经》的螺旋形发展的观念与黑格尔不同。黑格尔讲绝对精神的发展,经异化又复归绝对理念而达到自觉。这个发展是封闭的。按黑格尔的理论,一切都是预定的,世界有终极目的,所以黑格尔的哲学是目的论的。对此章太炎已作了批判。[1]黑格尔虽是辩证法的大师,但其整个体系则是形而上学的。《周易》在"既济"之后以"未济"终,这就摒弃了超验的终极目的。或者说,终极目的内在于过程中,"既济"是相对的,每个历史阶段上

---

[1] 参见作者的《中国近代哲学的革命进程》中关于章太炎的章节。——初版编者

的完成都是相对的,这一阶段的目的完成了,新的阶段又开始了,所以"易"是个开放的体系,不是封闭的体系。汉朝人讲宇宙形成论,从《易纬》到张衡,大都认为宇宙是未完成的,它开始于"无",经过若干阶段,形成现存的天地万物,但宇宙是未完成的。就如张衡所说:"未之或知者,宇宙之谓也。宇之表无极,宙之端无穷。"[1]天文学所考察的是可以度量的天,他当时度量得出的天文数据今天看来并不正确,但这样一个"既济"而又"未济"的宇宙观念,这确实是个富于智慧的观念,对后人很有启发。

哲学是时代的精神的精华,当然要不断地新陈代谢。人类要求自由的本质是历史地发展的,人们对宇宙人生的洞见也是历史地发展的。每一时代的智慧要与该时代的文化各领域保持巩固的联系,因此必须清除独断论,当然也要反对以"处世妙诀"为价值原则的实用主义。真正的智慧是理性自由活动以及理性与非理性协调发展的成果,它内在于科学、道德、艺术各领域,使得这些领域也具有智慧的性质,给人以哲理的境界。我们将在以下各章说明这一点。

---

[1] 张衡:《灵宪》,严可均辑:《全上古三代秦汉三国六朝文》第二册,上海古籍出版社2009年版,第79页。

第六章
真与人生理想

在价值领域,真理性的认识不仅具有工具性价值,更重要的是,它和人性的自由发展密切相联系,为人们提供了人生理想(社会理想和个人理想),引导人们在实现理想的活动中改变世界和发展自己。

第一节 作为价值范畴的"真"

一、"真"的涵义

在汉语中,"真"一词有多种含义,如真假、真俗、真妄、真伪等等,都讲"真",但它们之间的意义既互相联系,又有差别。真与假、真与俗(真谛与俗谛)是从认识论意义上讲;真与妄(真实与虚妄)是从本体论角度来讲;真与伪(真诚与虚伪)是从人的德性来说的。

这里讲的是在真、善、美三者并列的意义上使用的作为价值范畴的"真"。从价值范畴讲,"真"指符合人们利益、合乎人性发展的真理性认识。事实命题的"真假",通常只有认知意义,因而它不是价值范畴。事实与价值有区别,真假、好坏并非一回事。

然而，在认识过程中，认知和评价又不可分割。人的认识不仅是对事实秩序的把握，而且也是对事物与人的需要之间关系的反映。人能利用知识为人类谋福利，同时，评价作为认识活动的组成部分，起着推动认识、提高觉悟的作用，这种作用不仅是理智的功能，它与情感、欲望、意愿等精神力量相互联系着。所以，理论理性（理智）不是"干燥的光"，它与情意互相促进，使理论认识取得理想形态而成为行动的动力和鼓舞人的力量。真理性认识符合人们的利益，合乎人性的发展，它便不是光溜溜的"真"，而且同时是好的、美的，于是"真"成为价值范畴。

真假与真妄互相联系着。学知识、求智慧都旨在获得真理性认识，使主观与客观真实相符合，如实地而非虚妄地反映真实——包括现实的真实面貌和人生的真实意义。全部哲学和科学的任务就是要认识世界，认识自我，认识世界与自我之关系。科学是分门别类地研究物质世界和精神现象，哲学则从整体上考察物质和精神之间的关系。一切科学的理论都具有双重价值，一方面要求合乎人类利益，能够成为人们求利谋幸福的工具，另一方面在于锻炼思维能力、培养人的科学精神和理性力量。可是在某些理学家（道学家）那里，科学被看成是"雕虫小技"，搞科学研究被说成"玩物丧志"。他们把科学看成对人的德性修养毫无用处的东西，而教人只从本原（心体）上用功。这种看法是不正确的。科学不仅是为人们谋福利的工具，而且还可以培养人的科学精神和理性力量，这正是人的德性的组成要素。而哲学却往往被人认为没有那种作为工具的意义。冯友兰就说过"哲学无用，"哲学不能给人以积极的知识，不能给人们谋利益，不是工具（当然，他说哲学有一种"无用之用",即给人以"天地境界")。这种看法也是不正确的。哲学作为一种世界观,作为一般方法论,也是一种重要工具,它是人们认识世界和改造世界的武器。同时,世界观、方法论是人的思维能力、评价能力的表现,反过来可以促进人的本质力量的发展,对促进人的思维能力、培养人的德性是很重要的。所以,哲学对人具有内在的价值。无论哲学还是科学,作为智慧,既然是真理性的认识,如实地反映了真实,就具有符合人类利益、合乎人性发展的价值。

认识真理,包括认识世界和认识自己,都要以实践为基础,即以"得自现实之道还治现实"。在这个过程中,主体对自己的能力、本性逐渐有了认识,逐渐使自我由自在而自为,由低级而高级地发展着。人的知识经验源于实践,在实践基础上,认识活动化本然界为事实界,使自在之物化为为我之物,这就是知识经验。事实界有条理、秩序,主体根据有秩序的经验事实进行推理,把握现实可能性,便能预计未来。在这个认识世界的过程中,主体对自我进行反思,对理论思维能力有了认识,对理论思维形式进行考察,这就有了逻辑学。人们根据科学理论提供的可能性,将其与人的需要结合起来形成理想,并运用想象力将理想具体化,以指导行动、改造世界。在这个认识世界、改造世界的过程中,人的精神整体——理性和非理性、意识和无意识得到表现,人的评价意识客观化为价值,从而在现实上打下了人的烙印,同时也提高了自己的能力、锻炼了自己的性情。这样,人类凭借其本质力量,化理想为现实,使可能的东西变为有价值的东西,创造了价值界,在评价经验与价值的创造活动中,人类实现了自我,培养、发展了自己的德性。

谈到德性、人格,真假便和真伪相连。当真理性认识化为理想,并得到实现,人凭着为我之物,同时也使自我之本质力量得到实现;也就是说,在客观规律与人性发展的要求相统一的活动中,人类实现了其价值。人的价值的实现表现为言行一致、表里如一的人格,用中国传统哲学的话来说,这样的人格不仅"知道",而且"有德",即有真实的德性,实现了人的理想。这样的人格是真诚、自由的个性,而决不是伪君子、假道学。真伪不等于真假,然而它们确实互相联系着。

二、利和理、性与理的关系

"真"作为价值范畴,它是符合人类利益、合乎人性发展的真理性认识,这样,它便包含有功利与真理、人性与真理的关系问题。

先讲利与理的关系。客观真理是客观规律的反映,它本来独立于人的利益。规律所提供的可能性及其认识,可以对人有利,也可以对人不利;当主体认识了规律,并运用它为人谋福利,这才有了价值。科学的真理作为理想,具体表现为物质财富、科研成果、合理的社会制度和组织机构等。促进社会进步、增进人们利益活动的成果,我们称之为"事功"、"事业"。在宋代,陈亮、叶适倡导"事功之学",并以此反对理学唯心论,痛斥理学家"自以为得正心诚意之学",其实都是"风痹不知痛痒之人"[①]。在陈、叶看来,

---

① 陈亮:《上孝宗皇帝第一书》,《陈亮集》,第9页。

重要的是把真理性认识化为功利、事功,而道学家的"正心诚意"之类则是迂腐之谈。当然,我们应正确地把事功和理论统一起来,不要偏废。脱离事功,空谈理论修养是不对的;过分地急功近利,忽视基本理论研究,忽视世界观、人生观的培养也是不对的。我们在前面已经说过,利害与善恶的评价应由理性来权衡。利有大小,有长远利益与目前利益,人的目光短浅,很容易犯只顾眼前利益忽视长远利益的错误。这样的例子很多,如为了目前的利益而砍伐森林,致使水土流失,土地沙化;为目前利益发展工业,造成环境污染,且影响人的身体健康等等。要真正趋利避害,"利之中取大,害之中取小"(《墨子·大取》),就需要科学的理论,需要运用理性来指导。科学揭示客观发展规律,能使人眼界宽广,只有看得更远一些,才能将眼前利益和长远利益结合起来。我们运用科学的理论来权衡利害,且据此创设条件,促使有利于人民的可能性成为现实,这就是为人民服务,即发挥科学理论的工具性价值。把科学理论视为工具,有一个理论为谁掌握的问题。在阶级社会中,不同的阶级在利害关系上相对立,所以,在社会领域中运用科学理论作为工具,是受阶级力量的制约的。

  以上说明:真理性认识的工具价值,从属于人们的趋利避害的目的,又转过来给行为以指导,起着权衡、指明方向与途径的作用。

  再讲性与理的关系。真理性认识不仅是为人类谋福利的工具,它作为价值,更主要的一方面在于其是符合人性发展的要求的。"趋利避害"本是人之本能、人之天性,但它随着社会历史的发展而发展着,不是固定不变的。在不同时代、不同文化背景下的不同的民族,对快乐、幸福的观念有差别。即使是天伦之乐、家庭幸福等观念,现代人与古代人、中国人与外国人也有差别。"食色,性也"(《孟子·告子上》),从生物本能看,它是普遍存在的,要求生存的本能和性本能确是根深蒂固、强有力的。然而,在长期的社会实践中,并由于受文化传统的影响,人们"习以成性",从而使不同民族形成不同的气质、心理,这也就是我们常常讲的国民性和民族心理。它是一种深层次的、具有自发性的力量,往往制约着人们对"真"的追求,规定着人们从事认识活动的方向。"行动在先"这句话是正确的。人类往往凭着本能和自发性力量去行动,然后才进入理论解释。这种解释可以是较正确的,使行动得到理论说明,从而主体的行动由自发而自觉;这种解释也可以对自己所作的坏事找借口、作辩护,即它也可以具有自欺欺人的性质。当然,后者最终还是会由实践来纠正的。

历史上许多重大的行动,往往都是自发性的。比如说农民起义,是由于饥寒交迫,出于求生的本能。农民对起义的认识也是逐渐深化的,开始倡导"等贵贱、均贫富",后来提出"均田"、"免粮"等口号,只有到了共产党,才对阶级矛盾、阶级斗争等有了比较科学的认识。从能动的革命的反映论来看,总是社会存在决定社会意识,社会意识又反作用于社会存在,这样逐步经历由自在而自为、由自发而自觉的过程。如果社会意识如实地反映社会存在的本质,那么这就是真理性认识,这样的认识包含着对人的本质力量的认识,体现了人的本质力量的发展。

中国近代反帝反封建的革命斗争也经历了自发到自觉的过程。它从洪秀全开始,经历了维新派、资产阶级革命派,直到以李大钊为代表的中国共产党人提出了"大同团结和个性解放统一"的理想,后来又形成毛泽东的新民主主义理论,从而达到比较自觉的地步,包含着科学的真理性认识。这样的认识是一定时代人的本质力量的体现;它转过来又使革命人民受到教育,培养了一代具有革命品格的战士。这种理论之所以能对培养革命品格起那么大的作用,在于它并非外加于人性,而恰恰是人性中自在地萌发出来的,逐渐取得理论形态。中国人自鸦片战争以来,不断地进行自发的反帝反封建的斗争,"通过群众的革命斗争来改变世界",这种革命世界观,起初是不自觉的自发的要求,通过实践与教育而逐步达到自觉,才取得实践唯物主义的形态,这种革命世界观的自觉,在一定意义上就是唤醒了人本身所固有的自在的东西,也可以说是"人性的复归"。故化理论为德性,把理想化为现实,归根结底是由自在而自为的过程。在这个意义上,每次自觉都是一次人性的复归。当然,这不等于理学家所讲的"复性"说。"复性"说的错误在于:它讲"天命之谓性",人性中一切乃天所赋予,生来俱备,一旦复性便可成为圣人。因此,这是形而上学的。我们把人性看作是随社会实践的发展不断由自在而自为,并且把它看作是螺旋式、无限前进的过程。每次自觉、自为,并非是外加的,而是在实践中自发、自在的东西之被唤醒。我们不能把人的觉悟的提高看作从外面输入的,也不能把自在而自为看作是一次完成的"复性"。

三、真与人生理想

符合进步人类的利益和合乎人性发展的真理,就其作为客观现实发展规律的反映而言,是不以人们的意志为转移的。但它既与人的本质需要相联系,体现人性由自在而自为的发展,因而又是主观精神的表现。作为价值范畴的真,与善、美不可分割,理性与情感、意志统一于人的精神。这种真理性认识即智慧,它既是客观存在的反映,又是主观精神的表现。智慧总要求取得理想形态,具有价值意义,真理性认识包括对自然、人生的认识,既包括局部的分门别类的科学认识,也包括整体的哲学认识。然而对于自然和人生,就它作为真理性认识来说,我们往往有所偏重。对于自然的分门别类研究,容易只注意其认知方面,忽略其评价方面。但我们不能由此得出结论:自然科学的认识没有评价与价值的意义。一个真正有成就的数学家会觉得数学含有一种美,他能体会到数学对发展人的逻辑思维能力的作用,他也可能说:"数体现了宇宙的和谐",等等。这里,数学家注意的是作为智慧的数学真理,数学不仅反映了客观世界的秩序,而且包含着巨大的精神力量,体现着人的主观精神。在这样的数学家那里,天人、物我达到统一,数的领域成了"安身立命"之地。数学是这样,其他自然科学也有这样的情况。至于人文科学,人们则往往注意和强调其评价方面,却忽视其认知方面。其实,社会历史、人的精神世界也是认识的对象,也具有其自然历程和客观规律。不过,社会现象离不开人的意识活动,人的意识活动都是精神力量的表现。人性的发展过程即人道。人道离不开天道,人性是在实践基础上,在与天道的交互作用中发展起来的,性与天道的交互作用是个自然的历史的过程。认识世界和认识自我都是要认识客观真理,而人总是根据对自身(社会和个人)的认识来提出人生理想,并力求在实践中间把理想化为现实。有关人性和人道的真理性认识,具有价值意义,同时也是客观的。人们正是根据这种对人性与人道的真理性认识来确立科学的人生理想,以求实现人的价值。①

每个人的人生理想总是以一定的价值体系为背景。价值体系涉及天人、理欲、群己的关系问题,因而人生理想亦牵连到这些关系。从群己关系说,人生理想包含社会理想和个人理想,下面分别从这两方面历史地进行考察。

第二节 关于社会理想

一、历史之"势"与古代的社会理想

人们总是将理论认识提供的可能性和人的需要结合起来,以形成理想。然而,人们对社会历史的认识长期以来并不科学,正如《墨经》所讲的"穷知而悬于欲也"(《墨子·经上》),如果知识不足,就很容易被欲望冲动所左右。历史上很多重大行动往往不是出于理智认识,而是由于欲望冲动。如农民起义是在饥寒交迫之下,为了生存而被逼上梁山;秦皇、汉武一统天下,是出于"私天下"的动机。当然,他们建功立业,在客观上起了推动历史发展的作用。历史性的行动,有的成功、有的失败,归根结底看它客观上是否符合社会发展趋势。历史上杰出人物,往往可以自发地与"天下之势"相一致,因此建立了不朽功业,起了推动历史前进的

---

① 在原稿本行的右边,作者注有"逻辑"两字。——初版编者

作用。但这种结果与其主观愿望往往并不相一致。秦始皇造长城、汉武帝开辟西域边疆在客观上起了很大作用,正如柳宗元、王夫之所说的是"天假其私以行其大公"。王夫之在评论汉武帝开辟西域边疆时说,客观上有这样一种"势",因而可以"以不令之君臣,役难堪之百姓,而即其失也以为得,即其罪也以为功"。①老百姓当然是痛苦不堪的,但从历史的眼光看,反而有所"得",以为"功"。这里包含着必然与偶然的矛盾,必然规律通过偶然性为自己开辟了道路。历史的真理与其理想性动机并不一致。造长城、开边疆、农民起义等历史上重大事件之理想性动机,自发性多于自觉性,它所包含的真理性内容在当时并不为人们所清楚地意识到。分别地来讲,一个个事件是这样,综合地看,社会理想亦然。

历史上的宗教家、哲学家提出的社会理想,在当时起什么样的社会作用,归根结底由历史规律来决定:看它是否符合历史发展趋势,是否合乎人类的利益。宗教家把天国与人世对立起来,以"天国"为理想社会,以人世为苦海,这实质上是个虚构的神话,但其中包括有反映现实生活的真实内容,在一定的历史条件下,可以为千千万万的信徒提供人生理想和生活目的。这可以用当时的社会历史条件以及人性的内在要求、愿望来解释,有其历史的理由,但宗教家自己对此并不是很清楚的。哲学上,不同学派勾画出了不同的社会理想,先秦诸子百家都提出了自己的社会理想。孔子向往尧舜三代,老子主张回到"小国寡民"的社会去,孟

---

① 王夫之:《读通鉴论》卷三,《船山全书》第十册,第 138 页。

子的社会理想是王道、仁政,庄子心目中的"至德之世"是"同与禽兽居"的远古时代。这些在现在看来,都是虚构、空想的。不过我们由唯物史观来分析,它们也反映了一定的社会集团在一定历史条件下的要求,也有它们的历史理由,我们不能因为它是虚构而一笔抹煞之。例如庄子"至德之世"的理想,要求回到人类的原始状态中去,是违背历史发展趋势的,但这种空想到后来演变成中国历史上"无君论"(如鲍敬言)的社会主张,具有反对、批评封建制度的作用。孟子讲仁政,主张"民贵君轻",后来中国的民主主义思想(如在黄宗羲那里)就是由此演变而来。《礼记·礼运篇》的"大道之行也,天下为公"的理想,对近代的影响则更为显著,甚至成为许多近代中国人的奋斗目标。先秦诸子的理想尽管是空想,但在当时有其历史理由,后来也有影响和作用,因而要具体分析。从当时的历史条件看,先秦诸子提出的社会理想中,最切合实际的是荀子在《王制》、《王霸》等篇中提出的社会理想:"隆礼尊贤而王,重法爱民而霸。"这种"王霸杂用、礼法兼施"的社会蓝图最合乎当时历史的演变规律和发展趋势,比之孔孟、老庄的理想较为合理。这是因为在一定的意义上,荀子的社会理想是先秦"礼法之争"的总结。当然,这个合理也是相对的。历史是否按荀子所规划的蓝图前进呢?事实上,汉朝是个封建专制主义的社会,统治者采用的是"德教"与"刑罚"两手并用的手法。因此,荀子的理想只是部分地实现。荀子原来认为,这样的社会形态最适宜于人的德性的发展和理想人格的培养。然而,在封建专制统治之下,人的依赖关系加强了,即人的异化现象加强,人性不可能得到自由的发展,到后来不可避免地会造成"其上申韩,其下佛老"①。专制统治者实行"居阴而为阳"的权术,公开打着儒术的招牌,实际上却采用申韩的严刑峻法,他们标榜的名教,变得越来越虚伪,甚至于"仁政"可以成为杀人的借口。在这种专制制度下,人们无力反抗,便到佛道中求得安慰。这种发展的结果并非像荀子所预期的,"隆礼尊贤而王,重法爱民而霸"的理想在荀子那里是真诚的,而其结果却导致"其上申韩,其下佛老"。这就说明在一定条件下比较合理的理想,其实现也并非如预期的那样,发展到后来可能会走到它的反面去,从而由合理的变成不合理的。古代的情况大致如此。

二、中国近代的大同理想

到了中国近代,对理想社会的观念发生了重大变化。中国近代哲学革命首先表现在历史观的变革,而历史观的变革决定着社会理想的变革。洪秀全在《原道醒世训》中引用了《礼记·礼运》篇一段话:"大道之行也,天下为公",在近代第一个重提大同理想。不过,洪秀全心目中的大同理想,实际上是个农业社会主义方案,一方面他(在《天朝田亩制度》中)把儒家教义作了平均主义的解释;另一方面,在太平天国领导人对新世界的憧憬中,确实包含了新的社会理想的萌芽,即关于理想在未来、且可以通过人民群众的革命斗争来实现的观念。康有为写《大同书》,他以进化论为根据,明确指出了理想不是在古代,而是在未来,这是一个观念的根本变化。《大同书》以天赋人权反对封建等级制度,主张建立

---

① 王夫之:《读通鉴论》卷十七,《船山全书》第十册,第 653 页。原文作:"其上申、韩者,其下必佛、老。"——增订版编者

自由平等博爱的乌托邦,这终究还是空想。但以进化论为理想之根据,成了近代许多进步思想家所共有的观念。孙中山用进化论讲大同,他所说的"天下为公",起初是强调"三民主义"要实现"民有、民治、民享"的社会,后来强调民生主义与共产主义的一致性(新三民主义)。同西方一样,社会主义在中国近代也经历了一个由空想到科学的发展过程。到了李大钊那里,开始把大同理想建立在唯物史观的基础上,提出科学的社会主义与人道主义的统一。后来,中国共产党人找到了一条中国革命的道路:由新民主主义到社会主义、共产主义,也就是毛泽东在《论人民民主专政》中所说的,中国到达大同之路,必须经过人民民主国家来实现。

中国近代哲学的革命进程,可以说是中国人民的革命世界观由自发到自觉、由自在到自为的进程,它突出地表现在社会理想这个问题上面。可以说,整个中国近代哲学的革命,就是围绕着"通过群众的革命斗争来实现理想社会"这个观念而展开的。这在太平天国那里尚是潜在的,是包裹在神学的外衣之中的。它所蕴含的革命性的内涵,以及农业社会主义和皇权主义的糟粕,对后来整个近代中国都产生了很大影响。革命性的积极内容后来得到了发展,原来在洪秀全那儿是潜在的、自发的大同的社会理想,经过康有为、孙中山,到共产党人那里成为自觉,取得科学的形态,走"以农村包围城市"的道路的中国式的革命,后来确实成功了,开辟了经过人民共和国而实现大同理想的道路。这确是个历史性的总结。我们应充分肯定大同理想在近代中国的积极性。然而自太平天国以来,农业社会主义和皇权主义的糟粕,事实上一直未清除掉,以至演变为人民公社的空想,导致"文革"的巨大灾难。

在中国历史上，"王霸"、"德力"之辩是个一直未得到解决的问题。荀子主张二者应该统一。但封建统治者两手并用，并未真正从理论上以及实践上解决这个问题。暴力一直掌握在少数剥削阶级手中，其中包含的不人道的因素发展成为强制人性的枷锁，剥削者所讲的"仁义"、"道德"，必然包含虚伪性，他们用德教来掩盖其暴政的本质。因此，"王霸"（德力）之争在中国历史上不可能得到解决。人民共和国的建立，使权力掌握在人民大众手中，对少数反动派实行专政、运用暴力；对广大人民来说，运用民主方法进行自我教育，人民民主专政理论确实使"王霸"之争得到解决。应该说，通过这样的途径，人类向着大同理想即社会主义与人道主义统一的社会进了一步。不过，这只是理论原则上的解决。人民如何当家作主，如何克服由旧政权带来的官僚主义的弊病，在实践中如何区分两类不同性质的社会矛盾，如何由人民自主地运用民主方法进行自我教育等等，这都是非常复杂的问题。

理想与现实交互作用，表现为曲折的发展过程。历史的进程并不像人们在新中国刚刚诞生时所预想的那么简单。毛泽东在《论人民民主专政》中的某些提法，本来应该随着历史的发展而有所改进，有很多重大的问题有待于进一步的理论研究。《论人民民主专政》、《新民主主义论》对经济分析是有其不足之处的。"严重的问题是教育农民"，这个问题是提出来了，但是缺乏严密的经济分析。在中国这个半封建半殖民地社会中，革命的胜利是通过"农村包围城市"的道路取得的。中国新民主主义革命胜利了，然而在农民、小生产者及自然经济占主导地位的国家中，行政权力支配社会以及皇权主义的残余、官僚主义的现象很难克服，农业社会主义的空想、平均主义也难以避免。所以，经人民共和国来实现大同理想，易受小农眼界的歪曲。经济方面的问题很需要重新研究。又如关于人民自我教育的问题，以为有了人民共和国，便可以在全国范围内、在全体规模上进行群众自我教育，以克服内外反动派的影响。当然，在建国初期，这样的提法原则上是不错的，但在人民共和国的掌权者的官僚主义、皇权主义流弊未得到清除时，把人民内部的许多问题都归结为内外反动派的影响或阶级斗争的反映，并且自上而下地发动群众来进行批判，这就导致了阶级斗争的严重扩大化。

三、理想展现为过程

中国近代，从洪秀全到毛泽东，确实是提供了一个很好的理想，但由于历史的局限性，还显得不够自觉。当然，由人民共和国走向大同社会，总的目标还是正确的。人类要奔向共产主义，奔向个性解放和大同团结统一的社会，这是人类历史发展的必由之路，是经过科学论证的社会理想，即建立在对历史发展规律和人性发展要求的真理性认识的基础上的社会理想，因而具有"真"的价值。然而，真理是个过程，理想也是个过程，或者说，理想在过程中展开和实现。理想决不是一形成就凝固不变，否则它就成了僵死了的东西。犹如"金无足赤"，理想也并非纯粹的。在人的认识过程中，知与无知、真实与虚妄、科学与神话总是难分难解的。历史的真理、科学的理想往往掺杂有神话、空想的成分，这种空想也可以导致迷信，它必须也只有通过实践才能逐步加以克服。理想是随着实践的发展，逐步充实其内容而具体化，逐步变成现实，而又有所改进,并进而被充实更新的内容,更深刻地反映现实的本质,具有更多、更丰富的真理性认识。从逻辑与历史相统一的观点来看,共产主义理想是符合全人类利益、合乎人性发展的;但共产主义理想的展开和实现是个过程,要经历许多阶段,每个阶段有具体的目标,而且每个民族、国家都有其特殊的途径。就我国来说,共产主义的理想的实现须经历新民主主义革命阶段。在这个阶段里,共产党人已把共产主义作为最高纲领,但这个阶段内并不要求实现共产主义,也并不要求立即实行社会主义。然而,新民主主义确实是向社会主义迈进的一个阶段。在经历该阶段后,我们未免急于求成。现在回过头来看,"跑步进入共产主义"是不对的,"跑步进入社会主义"也是不对的,我们为此付出了不小的代价。现在提出"社会主义初级阶段",理论上也尚未能透彻地阐明,具体目标和具体步骤如何,研究得还不够。"不断革命论"与"革命发展阶段论"相结合是正确的,当然,每个发展阶段都要经过由必然到自由的过程、由自在而自为的过程。真理总是具体的,理想的实现也是具体的。正如毛泽东所讲的,我们的结论应该是"主观和客观、理论和实践、知和行的具体的历史的统一"[①]。

第三节 关于个人理想

一、群与己、自我的存在与本质

通常讲人生理想主要指个人生活理想。每个人都有其人生

[①] 毛泽东:《实践论》,《毛泽东选集》第一卷,人民出版社 1991 年版,第 296 页。

观。个人理想总是依据个人对人生的认识及评价而提出来的,但要对人生有一种正确的认识,特别是从认识论方面要对群体与个人的关系(群己之辩)有个正确认识,实属不易。

群体与社会总是由许多独特的个体组成。个体处在一定社会关系中,受历史条件制约。一方面,人是历史的主体,历史是由现实、具体的人创造的,离开一个个活生生的人,无所谓社会历史。恩格斯说过,"'历史'并不是把人当做达到自己目的的工具来利用的某种特殊的人格。历史不过是追求着自己目的的人的活动而已"[①]。历史不以人为工具,历史的过程是追求自己的目的的人们活动的总和。一个个人的活动都是有目的的,目的即人本身。从这个意义上讲,人的活动目的在于实现人的自我价值。另一方面,人的历史又是个自然过程。无数个人的有目的的活动组成的历史有其自己的规律,它不以人们的意志为转移,个人的愿望只有当它与历史规律相一致时才能实现。当然,从整个人类历史来看,社会进步的目标在于人的自由、全面的发展,但这种目标能否实现,取决于一定历史条件下人的活动,即每个个人对社会的贡献(包括物质生产、精神生产等各方面的创造)。每个个人越能发挥自己的才能进行创造活动,则对社会、文化的贡献越大。由此来看,个人的活动有其社会价值,人的自我价值与社会价值应该是统一的。人生理想正在于通过创造性活动为社会作出贡献,同时实现自我价值。这是从群己关系、自我与社会关系上讲。

这里牵涉到"自我"。古代哲学家讲"自知者明,……自胜者

[①] 马克思、恩格斯:《神圣家族》,《马克思恩格斯全集》第 2 卷,人民出版社 1957 年版,第 118—119 页。

强"(《老子·三十三章》)。许多门学科研究人的需要、人的能力、人的精神,如心理学、生理学、人类学等等,这些都有助于人类认识自我。但从价值论角度来说,对自我认识有个很重要的问题:"自我"既是具体的存在,同时也具有作为自我之本质。对人生的真理性认识,要求把人作为主体,人生是"我"作为主体的活动。作为主体的"我",首先是个实践主体,人正是在实践中同周围环境进行物质变换,因而"我"是个实在主体,每个实体性的"我"具有本体论意义的同一性,有其自身绵延的同一性。"我"又不仅仅是个实在个体,而且具有自我意识。李白有句诗云:"弃我去者,昨日之日不可留;乱我心者,今日之日多烦忧"[1]。在"昨日之我"与"今日之我",不同的情绪变化中有同一个"我"贯穿其中。从本体论意义上说,"我"是具体的(concrete)、单一的(single),每个"我"都是独特的实体(entity)、具体的存在,都具有自我意识,意识到在时光的流逝和心情变化中有"我"为主体,这个"我",不同于你,不同于他。而这里所说的(自身绵延的同一性和自我意识,以及上面讲的个人与社会的统一等)也正是自我之为自我的本质特征,这是用语言表达的。

但是,一个生活中的"我",作为具体的存在,却总是有难以用语言表达的情况。对于一个个的"我",我自己、亲人、朋友,总要把他看作是有血有肉、有自我意识的具体存在,要诉诸体验、诉诸理性的直觉。因为语言总是要进行抽象,要真正把握作为具体存在的个体须用艺术的手法,诉诸形象思维与理性的直觉。不过,

---

[1] 李白:《宣州谢朓楼饯别校书叔云》,李长路、赵威点校:《李太白全集》,中华书局 1977 年版,第 861 页。

本质总是内在于具体存在,我们对本质的认识还是要用语言、概念的。由价值论角度来看,对自我的认识要求把直觉和概念统一起来,存在和本质统一起来,才能达到"自知者明"。人生理想所根据的真理性认识,应该是从个人与社会统一、存在与本质统一来把握人生的认识。这是哲学上一个很重要的问题。

二、由中国传统哲学来考察

同认识外在世界一样,人类认识自我也是个永恒的难题。长期以来,人们对社会历史的演变和群己关系、对自我的存在与本质有不同说法,莫衷一是。人虽都有人生,都对人生有着看法,但对人生的意义、对自己往往缺乏正确的认识与评价,或过于自卑,或过于自尊,或过于悲观而厌世,或过于乐观而陷入空想,等等。以正统自居的教条式的马克思主义者,长期以来没有认真考察"认识自我"的课题,现在看来,这是个缺点。人要正确地认识自我是很不容易的。过去的哲学家讲人生理想和理想人格,总是要考察自我问题,提出了各种人生观。对于哲学史上的曾有重大影响的人生学说,我们要作具体分析。

先秦儒家考察了自我与社会的关系,提出的人生理想,可以用一句话来概括,即"穷则独善其身,达则兼济天下"(《孟子·尽心上》)。《大学》中所讲的"格致诚正修齐治平",以修身为本,而修身是为了齐家、治国、平天下。要培养自我成为完善的人格,目标在于实现社会价值,自我价值与社会价值应该统一。但二者常常不能统一,当不能"达"而"兼济天下"时,便只有退而"独善其身"。儒家的这种理论,要求自我价值从属于社会价值,个人的存在从属于本质。孟子很强调个性尊严,他说:"万物皆备于我,反身而诚,乐莫大焉。"(《孟子·尽心上》)这个"我"可以成为"贫贱不能移,富贵不能淫,威武不能屈"的大丈夫。但他讲性善说,人性来自天命,个人是宇宙的缩影,故一个人由"尽心"、"知性"而可以"知天"。这样讲人性论,注意的还是在于人之异于禽兽的本质,是个性所包含的本质。在儒家那里,个人的具体的存在从属于本质;伦理道德关系是人类的本质,对这种本质的认识才是真理性认识,这就多少忽视个人的存在。后来发展到理学家那里,个性被降低到很不重要的地位,甚至被看成是"私欲",这种本质主义也就演变成为理性专制主义。

道家和儒家不同。庄子以为自由是人与自然合一,与社会无关;相反,社会只能给人以束缚。故庄子强调了自我价值,而忽视了人的社会价值,以为人只有解脱了社会束缚才能有自由。从认识论来讲,名言是分析的、抽象的、有限的,不能把握具体的、无限的"道",具体的东西是不能用语言来表达的。庄子认为,只有通过"坐忘"、"心斋"的途径,才可以达到"同于大道"、绝对逍遥的精神境界,才能实现自我与道合一:"天地与我并生,而万物与我为一",这样就叫"返其真",也就是真正把握了真理的人。此后,一些玄学家如嵇、阮、向、郭,禅宗一派佛学,都继承了庄子传统,推崇个性。他们以为可以通过理性的直觉来把握具体的存在,被西方学者称为"东方神秘主义"。现代西方的"反本质主义"哲学家从中得到启发。在中国哲学中,从认识自我这一点来说,儒道代表了两个主要传统:本质主义与反本质主义。儒家强调把握本质,道家强调把握存在;前者强调社会价值,后者强调自我价值。

当然儒道两派也相互影响着,许多中国封建士大夫在政治伦理关系上通常讲"孔孟之道";在个人生活上则讲庄子禅宗,向往闲适的田园生活。儒家讲社会价值,重人的本质,很明显是人的依赖关系的反映,其本质是等级制度的抽象和形而上学;而庄、禅的自由是逍遥、无为,以逃避社会束缚为自由,是消极的自由。从基本倾向来看,中国传统思想对自我和个人理想的认识大概是这样。

三、中国近代的个人理想

中国进入近代,情况有变化。龚自珍呼唤"不拘一格降人才"①,要求个性解放,认为普通的劳动者,只要有创造发明就可称之为"豪杰之士"。此后的谭嗣同、梁启超、章太炎等关于个人理想的观念与传统确有很大的不同。一般来说,近代进步思想家都认为不能像儒家那样一心成圣成贤,也不赞成庄禅那样的逍遥无为,他们关于个人理想的观念发生了根本的变化,可以概括为以下三点:

第一,理想不再是圣贤,而是要求培养多样化的、"不拘一格"的人才。各人的气质、性情不同,可以"因其性情所近"(因其自然)培养成为不同的人才。按照传统的看法,如孟子主张"人皆可以为尧舜",禅宗讲"即心即佛",王阳明说"满街都是圣人",都是有一个划一的标准,要求人成为纯金一般的理想人格。近代的观念不是用一个划一的标准来衡量人,不是要求每个人都成为那种毫无特色的"醇儒"(朱熹语),而是提倡多样化的人才。人都有缺

---

① 龚自珍:《己亥杂诗》,《龚自珍全集》,第521页。

点,这没有关系,重要的是要能成为"真性情的人",真才实学的人。龚自珍慨叹"薮泽无才盗"①,一个有才能的强盗比一个庸人要好,把人生理想的重心由"德"转向"才"。

第二,人应该如龚自珍所说的,"能忧、能愤、能思虑、能作为"②。章太炎讲"竞争生智慧",在竞争中增长智慧。一个有理想、追求自由的人,应该能谋大事,担负起社会历史赋予的责任,表现出自己的力量。这与道家讲的逍遥无为是截然不同的观念。马克思讲:"人不是由于有逃避某种事物的消极力量,而是由于有表现本身的真正个性的积极力量才得到自由。"③"自我"因其内在力量而实现自己、表现自己的积极力量,人的才能、智慧得到充分的发挥,并在活动(竞争)中不断发展自己。这是近代的自由观念。

第三,近代人认为理想在未来,要培养新人,所以要变革传统,而不能总是赞美古代。理想人格是立足于现实,而又面对未来。近代社会经济的发展,加快了时间的节奏,民族的危机使人意识到抓住时机的重要性,因而对于时间的看法,古今有很大的不同。近代化要求人立足现实,面向未来,而不是一味地回顾过去,所以有很多提法与传统明显不同。比如韩愈的《师说》一文开篇云:"古之学者必有师",首先一定要提"古之学者"如何如何,认为凡是古代的就是对的,值得学习的。这是传统的观点。而近代观念则要抓住"今",最为突出地表现在李大钊的"崇今学说",他说:"今是生活,今是动力,今是行为,今是创作。""今"是历史的火

---

① 龚自珍:《乙丙之际箸议第九》,《龚自珍全集》,第6页。
② 同上书,第6—7页。
③ 马克思、恩格斯:《神圣家族》,《马克思恩格斯全集》第2卷,第167页。

车头，所以重要的是抓住"现在"，即抓住现实的活动，那么人就可以通过现在的劳作，凭借过去的材料去创造未来。

这种多样化的、敢做敢为、具有竞争意识、抓住现在而又面向未来的人生理想，同古代那种受礼教约束的、无为无欲的复古主义的理想是完全不同的，可以说是对"自我"认识的一个飞跃。当然，强调自我的多样化，强调竞争意识、执着于今，会使自我与社会对立起来。这种对立在一定条件下有进步意义，尤其是当社会束缚自我发展时，它可促使人们去反抗传统、进行社会变革；它也使某些先进人物身上产生某种悲剧感、浪漫主义意识，甚至寂寞、孤独之感，如早期的鲁迅就是这样。

不过，个性主义也会产生一些流弊，如实用主义、无政府主义思潮。由于中国特殊的历史条件及革命斗争的需要，到后来，特别是到了30年代以后，革命者强调集体主义以反对个性主义，这在当时有历史理由，但因此却使"自我"、"个性"的意识未得到充分重视，理论上也未得到充分研究。尽管李大钊已经提出了个性解放与大同团结的统一，鲁迅也描绘了自由人格的精神面貌，很多革命者也确实为自由而奋斗，甚至于献身。但在30年代以后，在理论上把集体主义与个性主义对立起来，终于导致了一种片面性：在对待人的价值、人的理想方面，过分强调社会价值，忽视自我价值；对于"自我"，注意其本质规定，忽视作为一个个具体存在的自我；强调自我改造，而不敢讲或很少讲实现自我、发展自我。造成这种片面性，与商品经济不发达、缺乏民主制度和民主生活习惯有关，也与中国传统思想影响相联系。当然，这里也有国际共产主义运动(第三国际)的影响。对于"自我"与个性的忽视，是前苏联正统派马克思主义在理论上、实践上遗留下来的问题。这不能归咎于马克思本人，而是后来马克思主义成了居统治地位的意识形态而被扭曲了的结果。这里有重要历史教训需要我们认真地吸取。

第四节　改变世界和发展自我

实现人生理想，也就是要以合乎人类利益、符合人性发展的真理性认识为理想，使理想化为现实，从而改变世界，同时发展自我，这就是人的自由，这就是人的自在而自为的实践过程。统一的实践过程，包含着改变世界和发展自我两个环节。

一、实践标准

首先谈谈实践标准问题。实践是检验真理的唯一标准，而真理与错误是相对的，两者往往难分难解，界限不够分明。只有通过不同意见的争论，通过逻辑论证以及实践检验，才能逐步使是非界限变得分明。因此，错误在认识中不是完全消极的角色，每个人都要犯错误，但只要在错误中吸取教训、改正错误，就会使真理变得清晰明白起来，从而使人（主体）越来越自觉。实践是检验真理的标准，在认知领域里比较简单，即被证实的是真、被否证的是假。作为价值范畴的"真"，与人的利益有关，与人性发展相联系，作为真理标准的实践也就是改变世界和发展自我的统一的活动。在此，真理的检验问题变得比较复杂，人对社会历史的认识和评价、对自我的认识和评价，往往是真假、好坏掺杂、科学与神话难分难解,要把真理与谬误分清楚,往往需要一个复杂、曲折的过程。

实践作为真理标准之所以变得复杂,首先是由于评价牵涉到人的利益、人的主观愿望;其次,在这里,真理性认识与人性发展相联系,而人性是理性与非理性的统一,因此,是否合乎人性发展不单纯是个理论理性问题;第三,实践活动是改变世界和发展自我两者的统一。不过两者也可以不一致、相矛盾或有所偏重,从而使实践标准显得有很大的不确定性。当然,真理性认识总要以认知客观实在为基础,但认知之"真"不一定合乎人的利益及人性的发展。在文学上讲悲剧,有命运的悲剧(如古希腊戏剧)、有性格的悲剧(如莎士比亚的戏剧),这都说明环境与性格有冲突。这样的文学作品则真实地反映了这些冲突,因而它能有助于人性的发展,同时也恰恰说明了改造世界与发展自我之间有矛盾。尽管如此,从总的趋势来看,真理性的认识最终仍可以证明是有价值的,是合乎人性的发展的。既然有如上复杂的情况,在价值领域内,就特别要求我们有一种"兼容并包,自由争鸣"的态度。如科学社会主义理论,是科学的,但还存在一些空想成分;西方的一些社会学理论,是唯心论的,但可能掺杂有合理的成分。对于社会理想是这样,个人理想则更加需要宽容的态度,而不应该用一个划一的尺度,自封为真理。

作为价值范畴的"真",与人性要求自由发展的本质内在地联系着,它的实现总是要通过人的有目的的活动,而人在有目的的活动中常常会产生错误,还得需要由实践来改正错误。然而,"自我改造"的提法,我认为需要商榷。过去只讲自我改造而不讲自我实现、自我发展,有片面性。"改变世界,发展自我",这才是积极的提法。这里讲"发展自我",包括自我实现、自我改造和自我发展。应该肯定每个人都有其独立的人格,才能自尊也尊重别人;每个人都要求自我实现,充分发挥自己的能力,自主选择自己的道路,这样才勇于为社会、国家担负起责任,做出自己的贡献。当然,在发展自我过程中,也包含勇于进行自我批评。首先肯定自己是独立人格,对自己一切作为是负责的,因此有错误就勇于改正。如果片面强调自我改造、自我检讨,外力的强迫只能使人感到失去了人的尊严,易产生抗拒心理。因此,尽管人的有目的的活动易犯错误,错误也需要作自我批评并由实践来纠正,但用"发展自我"的积极性提法更好一些。

　　真理是个过程,认识自我、发展自我也是个过程。不论从个体发育还是从历史发展来看,"发展自我"都是个由自在而自为、由低级到高级的曲折前进的运动过程。从性与天道的交互作用来看,人类总是用"天道"来塑造人性与自我,转过来又使环境人化,在自然上打上个性的烙印。这种交互作用最初是自在、自发的,实际上,所有的人都是在改造环境中认识世界、发展自己的。"认识自我,认识世界","改变世界,发展自我"是哲学的主题。考察性与天道、认识自我与认识世界之间的关系,使之逐渐变得自觉起来,这就是哲学的智慧。

二、中西哲学的不同传统

　　在"认识世界,认识自我"、"改变世界,发展自我"这个问题上,中西哲学有显著差异,有不同的传统。

梁漱溟在《东西文化及其哲学》里，把世界文化分成三种类型，以为由于人生态度不同，人生观、人生理想不同，决定着文化类型的不同，并产生不同的哲学。西洋文化以"意欲"向前为根本精神，追求科学，崇尚理智；中国人重心向内，其"意欲"持调和折衷的态度，崇尚直觉，着重研究人的内在生命。这种西方人重在物质世界，而中国人重在认识内心；西方人崇尚理智、科学和逻辑，中国人则讲直觉、重修养，是很流行的说法。但这种说法把理智与直觉、认识外部世界与认识自我对立起来，实际上贬低了科学知识在培养人的德性方面的作用，它包含一种用保守观点反对进取精神的人生态度，这不能认为是正确的。近代中国正是需要那种向前进取的精神，学习西方的进化论和竞争观念，反对那种"安分守己，调和持中"的保守的人生态度，这是由自然经济向商品经济过渡的必然趋势的反映。自龚自珍以来的许多中国近代思想家提出自由人格的理想，都是强调进取精神、竞争意识，以及自由、充分地发挥自己的才能。要求科学地改变世界和发展自己，这是中国近代思想的主流，而那种以梁漱溟为代表的新儒家的态度是违背这个主流的。当然，中西哲学传统有区别，中国人的思维方式与西方人的思维方式有不同之处，梁漱溟从哲学基础来探讨中西文化的不同，提出问题，是有意义的。

在思维方式上，中国人较早地发展了朴素的辩证逻辑，西方则较早地发展了形式逻辑的公理系统，而且较早地提出了实验科学方法。中国人习惯于用联系、整体、矛盾发展的观点来把握世界，考察天人关系；西方人则富有分析精神，习惯于把天人分开来作细致的考察。

就存在和本质而言,先秦儒道各有所偏重:儒家偏重以理性来考察自我之本质,道家侧重于以直觉把握具体存在。后来发展趋势是儒道合流,要求由存在和本质的统一来考察自我。尽管如此,但还是各有所偏:占统治地位的儒家用本质主义、理性主义考察人性,对个性、人的具体存在有所忽视;庄、禅讲个性自由,比较重视人的存在一面,可他们所讲的自由是消极的。而我们刚才所讲的近代化,要求的是"改变现实"和"发展自我"的积极态度。但中国的传统中,倒是有个老百姓的尤其是革命时期的农民的传统:认为"命运可以改变"。不过如鲁迅所说,其改变方法是迷信的方法,受道教影响较大,而不是科学的方法。要求科学地改变世界、发展自我,这是近代观念。

三、智慧的具体性

中国传统的智慧有一个倾向,就是比较具体、朴素。智慧即合乎人性发展的真理性认识,智慧是具体的。从对客观世界的认识来说,科学认识由具体到抽象、再上升到具体,达到主观与客观的具体、历史的统一,从而在一定领域内达到比较全面的具体真理,使理论取得理想形态,能够较有效地控制自然。这是个认识规律。哲学总是经历具体到抽象再上升到具体的反复运动。哲学要求成为科学的具体真理,通过全面的互相联系的范畴体系来把握辩证运动,而且要诉诸人性、诉诸自我,把认识世界与认识自我、改变世界与发展自我统一起来,因此哲学智慧必须是具体的。所谓智慧,是对宇宙人生的某种洞见(insight),它与人性的自由发展内在联系着,所以这种洞见仿佛是人的理性本身所固有的。智慧来自外在经验,但当主体获得智慧,因为它符合人性的发展,所以也可以说是一种"精神自得"。我们不是唯心论者,但把孟子所讲"君子深造之以道,欲其自得之也"(《孟子·离娄下》),放在唯物论的基础上,也就是王夫之讲的性与天道交互作用的意思。

中国哲学的主流,就是要达到性与天道交互作用的哲理境界,这是个由自在到自为反复发展的过程。世界是无限的,自我亦不可穷尽。每个人都是有限的存在,但有限中有无限。虽然人对自我之本质了解甚少,但应从本质联系来理解自我,而且把本质看作是发展的。精神主体随着实践的发展而发展,凭着改造世界的实践活动、凭着为我之物,不断地丰富和发展着自我。但每个"我"又都是具体存在,具体地理解别人、理解自己,并非是件容易的事情。但在此须有个基本的态度和出发点:应该把人当作目的,当作一个个独立的人格,这样才能自尊无畏,同时也尊重别人。没有这个出发点,便不可能真正了解人。

人生中有些重大问题使历代思想家感到难以解决,如人知道自己会死,知道生命短促。许多哲学家、宗教家、文学家对生死问题作过探讨;各种科学(如社会学、生物学、心理学等)也从不同方面研究人生。人之生死、性爱、母爱等许多人生重大问题,可以作科学的研究及理论探讨。但牵涉到个人、牵涉到自己最亲近的人,总感到什么科学都未能最终解决问题,理性无法回答。人作为具体存在,要求被看作个体,而不仅仅是类的分子和一个社会细胞,也不只是许多"殊相"的集合。人作为独立存在的个体是"单一"的,而殊相是指一般的特殊化。具有本体论意义上的实体(entity)是个体,而不是殊相的集合。这样的个体是个有机整体,是生动发展着的生命,是具有绵延的同一性的精神。它作为"自我",是意识与无意识的统一,是理性与非理性的统一,这种统一要凭理性的直觉来把握。

自黑格尔以后的西方近代哲学,产生了本质主义与非本质主义的对立。当然,对于"人"这个具体存在,是可以也应该由本质联系来把握,而不是说可以忽视其本质联系;但又不能陷于片面,因此而忘掉了具体存在。马克思是很强调本质与存在的统一的。后来所谓正统派马克思主义,却把"存在"丢掉了,有一种本质主义倾向。在中国,不仅受前苏联正统派马克思主义影响,而且也由于传统儒家的影响,使得中国的马克思主义者过分强调了"本质"。当然,中国的马克思主义者讲普遍与特殊的结合,马克思主义普遍真理同中国革命具体实践相结合,是有道理的。但中国的马克思主义者自30年代以来,有过分强调阶级、集体而忽视个性、忽视每个人的具体存在的偏向,以至于后来对个性、自我采取极粗暴的态度,造成相当严重的后果。现代西方哲学中有一种反本质主义倾向,维特根斯坦由经验论、实证论的角度反本质主义;海德格尔、萨特则由存在主义立场反本质主义。他们分属不同流派,但在反本质主义这点上是共同的。

就哲学范畴来说,单一、特殊、一般应该是统一的,不论是具体的单一事物还是具体的运动形态发展过程,其现象与本质应该是统一的。不同的哲学学派互相争鸣,促使哲学多元化,这是一个进步。但应看到,哲学应该实现一种更高阶段的综合。中国传统的智慧向来主张天与人、内与外的统一,不是把外在的强加给自我,也不是把内在的强加于外界,而是性与天道交互作用。人性凭着相应对象(为我之物)由自在而自为地发展,并且在儒道合流中,包含着存在与本质相统一的思想。这是我们今天应当吸取和借鉴的。当然,我们不是简单地回到传统。刚才讲到,近代观念要求科学地改变世界、发展自我,新儒家、东方神秘主义决非哲学的发展方向。但中国传统的智慧,由联系、整体的观点看问题,讲天与人的交互作用,存在和本质的统一,这样的思维方式对哲学的进一步发展会起作用的。我们可以在唯物辩证法的基础上吸取实证论、非理性主义的合理因素,用中国传统智慧(近代化了的)来科学地认识世界、认识自己,在改变世界和发展自己的统一中,使哲学达到一种新的更高的境界。

第七章
善与道德理想

人生理想不论社会理想或个人理想,都要通过人们的社会行为来实现,这就要进一步考察行为主体在人际关系中的自由,即善与道德的问题。

第一节　道德意义的善

一、善和利

广义的善就是"好",平常这两个字往往通用。"可欲之谓善"《孟子·尽心下》),这个"善"从广义讲就是"好"。一切可欲,一切可以使人快乐、给人幸福的对象,都可称为"善",称为"好"。但是这里大量的是非道德意义的"善"或"好",如一个人锻炼身体,当然是"好",但身体健康、身体好,并不是道德意义上的"善"。在饮食、服饰方面有爱好、比较喜欢什么,这都不是道德意义上的"善"。一个人如果善于处理私生活方面的事,这当然是好,但在私生活上的很多问题,并不涉及道德意义的善恶。人的行为的目的在于利益。满足人的物质的、精神的需要,就是利益。合理的利益,就是广义的善。道德意义上的"善",是狭义的,是指涉及人伦关系的好的行为。

这种道德行为上的"善",其本质特征必然涉及利与义的关系。墨家下了个定义:"义,利也。"(《墨子·经上》)道德内容是利益,这种利益实际上是指一定社会集团的利。墨家讲"利",归结到感性上的、物质上的、生活上的满足。但是,"义,利也",是说"志以天下为芬(分),而能能利之"(《墨子·经说上》)。"义"就是以利天下为自己的职分,并且能力求做到。所以,这里讲的是"公利"而非私利。合乎一定社会集团的公利,就被这个社会集团的人称为"义",称为"道德"。儒家下了另一个定义:"义者,宜也。"义,即应当做的("宜也"),就是说,应当做的行为就是道德。讲"义,利也"是功利论的观点,讲"义者,宜也"是道义论的观点,这是两种不同的道德学说。

人们在劳动生产的基础上结成社会关系,人的一切行为都是在社会关系中进行的。人的一切有目的的活动都涉及人和人的关系,这种人和人的关系就有应当遵循的准则,这即是道德准则、道德规范。遵循道德规范,确实就是为了一定社会集团的利益。因此,"义,利也"或"义者,宜也",这两种说法,都是有道理的。不过,他们各自强调一面。正确的说法,应当是二者的统一,而且"义"和"利"都应看作是历史范畴,都是相对于一定的社会关系说的。

荀子讲"义"的产生是为了"明分使群"。荀子认为,人要依靠社会组织,才能利用和控制自然,创造财富。人的欲望、人的利益彼此之间往往有矛盾。个人与个人之间、群己之间、社会集团与社会集团之间、国家与国家之间的利害,往往不一致,因此,需要制定社会规范,包括法律、道德等等来处理这些矛盾,使社会能保持比较合理的社会秩序,使社会集团和个人的利益能得到适当的满足。这就是荀子所说的"明分使群"的意思。不过,荀子当时讲"明分使群"是要建立封建等级制社会,这有其历史的局限性。

我们认为"义"和"利"、道德和利益是应该统一的。任何社会都需要有一定的道德规范来维护社会的合理秩序,使群和己的利益,都能适当得到满足。"利,所得而喜也","害,所得而恶也",人的一切有目的的活动就在于免苦求乐、趋利避害,这个观点是正确的。但为了要处理这些利害、苦乐之间的矛盾,即人与人之间、个人与集体之间的矛盾,就有一些应当遵循的准则,这就是礼义、法度。荀子把礼义和法度都看作度量分界的标准。不过法与道德有区别:法更多带有强制的性质。法家强调暴力的原则,倚重于法,认为人之天性都要趋利避害,所以可以用赏罚来制约人的行动,用带有强制性的法使人不敢为恶。道德行为的特点,是要把合理的人际关系建立在"爱"的基础上,建立在自愿自觉的基础上。

所谓爱,正如斯宾诺莎所说,"爱无非是去享受事物,并与它结合"①。"凡爱一物的人,必然努力使那物能在他的面前,并努力保持那物。"②这是"爱"的一般意义。道德的主体是人,以道德的准则处理人与人之间的关系,一个一个的人都是主体,都是目的,所以要肯定人的尊严、人的价值,这就是人道(仁爱)原则。在道德领域,要求利人和爱人是统一的(当然有的哲学家并不同意这种说法,如法家并不讲"爱")。道德的行为要符合一定社会集团的功利,正确解决集体利益和个人利益之间的关系。道德行为要

---

① 斯宾诺莎著,洪汉鼎、孙祖培译:《神、人及其幸福简论》,商务印书馆1987年版,第193页。
② 斯宾诺莎著,贺麟译:《伦理学》,商务印书馆1983年版,第110页。

利人,但这种对人有利,要求出于爱心。《礼记·檀弓上》里讲了"嗟来之食"的故事。你给人恩赐,给饿肚子的人吃饭,用带有侮辱的口吻说:"嗟!吃罢!"结果他就拒绝,宁肯饿死。给饥饿的人填饱肚子,当然是一种"利";但如利人带有侮辱之意,不是出于爱心,人家就不接受。从孔子、墨子以来,中国许多大哲学家,都认为道德要出于爱心,儒家讲"仁",墨家讲"兼爱",都包含这种人道原则。儒家讲"推己及人"、"己所不欲,勿施于人"、"己欲立而立人",包含对人的尊重。墨家讲兼爱、爱人如己。爱一个人不像爱一匹马,对于马就是使用它,视其为工具;对人则不能有使用的观点,把人看成手段。尽管孔、墨两家,一个是理性主义,一个是经验主义,立论有差别,但是强调人道原则,即仁爱原则,这是一致的。道德涉及个人与个人之间、群己之间的关系。"与人为善",真正要给他人谋利益,便一定要对人有爱心、有信任感。孔子讲:"爱之,能勿劳乎?忠焉,能勿诲乎?"(《论语·宪问》)孔子讲的这一点,确实是很好的。孔门师生之间有一种非常坦率的、友爱的关系,从而形成了一种道德凝聚力。这样一种关系有利于人的培养,他的教育确实很成功。

中国传统讲道德,以仁义并举。孟子说:"仁,人心也;义,人路也。"(《孟子·告子上》)"居恶在?仁是也;路恶在?义是也。居仁由义,大人事备矣。"(《孟子·尽心上》)"仁"出于人性,出于爱心,"义"是应当遵循的准则。就是说,人的道德行为,一方面出于人性的自然的要求,出于爱心;另一方面,又是必须遵循的当然之则。按照儒家或墨家的说法,仁与义二者不能割裂开。从总体上讲,道德既是反映社会关系的准则、规范,同时又是发自内心的要求。这两种要素缺一不可。

二、善与真

"善"与"真"的关系,按中国传统哲学的说法,也就是"义"和"理"的关系。正当的道德规范和社会规律,归根结底是统一的。道德规范在一定历史条件下形成,有其客观规律的根据,它才是合理的、正当的。不过,义和理的统一不能简单化,二者之间往往有矛盾。道德准则是当然之则,客观规律是必然之理。必然和当然有区别:必然之理提供的可能性,虽也可以选择,但其必然性、可能性都是不以人们的意志而转移的,谁也不能违背或破坏这个规律。但是道德规范、准则包含意志、愿望的成分。规范是人制定出来的,人以规范来要求自己,要求在行动中间贯彻。人把规范看成是应尽的义务,是应当做的。规范与规则一样,人制定规则,有其客观依据,但是因为规则是人制定的,就包含随人的意志安排的成分,所以人可以破坏、可以违背,但违背、破坏共同约定的规范要受处罚,如打球犯了规,就要受罚。人在行动中,应努力自觉地遵守规范。但规律和规则显然是不同的。

同时,道德规范的合理性,不仅在于有社会历史规律方面的依据,而且在于合乎人性发展的真实的要求。人性表现于情、欲,有种种矛盾,要用规范来加以调节,正确地加以处理,这样就可以使情欲不至过分,并使人性得到培养,人的要求得到正常发展。人的本质力量是多方面的,人性有理性,也有非理性;有意识成分,也有无意识成分。人的本质力量,随着社会历史的演变而演变着,所以不能把人性简单化地说成就是社会历史的产物,不能忽视人性中有一种比较持久的因素,尤其不能忽视人是一个个的人,即不能忽视人的个性。对人,当然我们要把他看成类的分子,即每个人是人类的一分子。但这是最低层次的说法,如果停留于此,那么人与动物就没有多大差别(狗和猫都可以看成是类的分子)。把人看作是群体的成员,这已是进一步了。人的本质在其现实性上是社会关系的总和,人是群体成员,是社会历史的产物,这是唯物史观的观点。强调这一点是必要的,但还不够。每个人是一个主体,有其个性,都有其自身目的。在价值领域,如果忽视人的个性,价值都是抽象的。所以讲到"善",讲到"美",讲到"智慧"这样的领域,每个人都是具有内在价值的主体。马克思所说的,超越于必然王国的彼岸,真正自由王国的开始,指的即是这个领域。在真正的自由王国里,每个人都有个性,都应受到尊重。马克思讲社会形态的演变,其发展的方向是要从对人的依赖性、对物的依赖性解脱出来,这样个性就能获得更自由、更全面的发展。这是人的最本质的要求,也就是人道原则。孔子讲"推己及人",墨子讲"爱人如己",先秦儒家、墨家都讲仁爱原则,是比较正确的。人性表现于"情"与"欲",其中有矛盾要调节,但并不是"情"与"欲"本身不好。大王好色,公刘好货,但他们推己及人,便使得"居者有积仓,行者有裹粮","内无怨女,外无旷夫"(《孟子·梁惠王下》)。我们不是清教徒禁欲主义者,而是应该像戴震说的"以情絜情",使"情"合乎"理"。如何才能"以情絜情"? 需要"去私"、"解蔽","去私,莫如强恕;解蔽,莫如学"。[1] 也就是通过道德实践

---

[1] 戴震:《原善》卷下,《戴震全集》第一册,第20页。

和教育,使人道主义精神和清明的理性结合为一。

　　道德规范的合理性、正当性,就在于一方面符合社会发展的规律,有客观规律的根据;另一方面,合乎人性的发展的要求。合乎人性发展的要求,其本质就在于把人看成是有个性的,把每个人看成目的。把这两方面结合起来,我们可以说:善以真为前提,要有客观规律作依据,要以人性发展的真实要求为前提。冯友兰替程伊川所说的"饿死事小,失节事大"辩护,认为在以家为本位的社会里,家庭一定要由妇女来维持,女子不守节,家庭就会破坏了。所以他认为"饿死事小,失节事大"在当时是对的。这很显然是片面的。因为即使在一定历史条件下,寡妇守节以维护家庭有其客观历史规律的依据,但它却违背了人性、违背了人性自由发展的人道原则。礼教的虚伪性就在于它从根本上违背了人性发展的真实要求。虚伪的礼教和真实的人性相冲突而造成悲剧,这在一定历史阶段成了文学的重要主题。当然,在劳动异化的条件下,人性也同样会异化。这种异化的现象也可以造成在伦理道德方面异常的、反常的现象,如要求寡妇守节,实际上就是异化的现象。

　　长期以来,对社会历史的规律、对人性的研究,都缺乏科学的认识;有了唯物史观和现代的社会学、心理学等,我们应该可以比较科学地来解释这些问题。但是对社会历史规律的认识,对人性的发展要求的认识,还是在不断发展,不能用教条主义的态度来对待之。历史上的道德规范,总的来说,在最初往往是自发地形成的,然后获得某种程度的自觉,这样经历由自在到自为、自发到自觉的发展,在一定历史阶段上对维护社会伦理关系和对人性的发展起着积极的作用,但这些作用也都是有条件的、相对的。不过相对之中有绝对。从发展的观点来看,总的趋势是趋向于人道主义和社会主义的统一、个性解放和大同团结统一的价值体系。

这里我们着重讲了"善"以"真"为前提,道德规范就有其合理性。当然,"善"转过来又成为求"真"的巨大动力。许多科学家、学者都是献身于自己的祖国,献身于人民的解放,献身于正义事业,以此作为自己的目标,所以就有巨大的道德力量来促使他们去追求真理,表现出百折不挠的毅力。以上讲的是"真"和"善"的关系。

三、善与恶以及道德规范的相对性

既然"善"以"真"为前提,道德规范有其合理性,当然不能对道德采取相对主义、虚无主义的态度;不过,也不能用独断论的态度来对待道德。在价值领域,我们尤其需要一种兼容并包、自由争鸣的态度。因为这一领域的问题不像认知领域那样简单,反复几遍证实而无反证便可断定为定理。科学社会主义理论是科学的,但也掺杂有些空想。西方某些社会学者的理论,也可能包含有一些合理的东西。社会理想是如此,就个人理想来说,就更加需要宽容,不要用、也不应用一个尺度自封是真理,去压抑其他意见。

毛泽东提出区分两类社会矛盾,以此作为区分大是大非的标准,是正确的。利人、爱人是道德的基础,这个"人"是指自己人,不是敌人。在存在敌我矛盾的条件下,在你死我活的斗争中,对敌人确实不能讲仁慈,只有敌人放下武器成为俘虏时,我们才可以跟他讲人道主义。但是在人民内部,那就需要不遗余力地发展爱和信任的关系。在人民内部不能尔虞我诈、耍手腕搞欺骗,而且在为人谋利益时,也要真正出于爱心,要尊重人格,尊重每个人的个性。从区分敌我来说,在道德领域要坚持原则,要爱憎分明。

"善"以"真"为前提,所以社会发展规律和人性自由发展的要求,比道德规范更有力。历史发展到一定阶段,原来认为是神圣的道德规范,就可能向反面转化,成为束缚人性、违抗规律的东西,这时就必须用革命的力量对旧的神圣事物进行批判、反叛,以求改变社会习俗所崇奉的道德秩序。这样,如恩格斯所说,"恶"成了历史发展的动力。道德上的"恶"在一定历史条件下起积极作用,主要是两条:一条是在一定历史条件下,道德已过时了,成了束缚社会发展、束缚人性的东西,这时就需要对旧的东西进行反叛。这种反叛被流俗认为"恶"、视为"大逆不道",其实是进步。另一条,在阶级对立以来,人的恶劣的情欲(贪欲和权势欲),就成了历史发展的杠杆。在劳动异化的条件下,人性异化而产生权力迷信、拜金主义,权势欲和贪欲在封建统治者和资本家身上获得恶性发展,这有其历史的理由。社会的规律正是通过这些贪欲、权势欲起作用,所以恩格斯说它成为历史发展的杠杆,如秦皇、汉武统一中国,实际上是出于自己的权势欲。西方的资本家在原始积累阶段,实际上是为了自己的贪欲。但是这种道德上的"恶",从更深的本质上看,从历史发展的规律来看,确实如柳宗元所说的:"天假其私以行其大公。"

所以,对"恶"在历史上的作用,要具体分析。对善与恶、爱与憎、道德上的是非,都应辩证地来看。而在善的领域,切忌把"善"绝对化,固执一"善","善"可变成"恶"。其实"善"的领域很丰富多样,因为人们的关系有多方面,所以道德也是多方面的,而且人的觉悟水平、认识水平有差别,所以道德也表现为多层次的。同时,每个人的德性有一个发育的过程,人并非天生就是好人,道德要靠培养,要把德性看成是培养发育的过程。而且只有在人格受到尊重的条件下,在有自尊也尊重别人的人际关系中,人的德性才可能得到健康的发展。所以,应该造成一种互相尊重、互相信任的环境,使每个人每一点道德的进步都得到鼓励,都受到尊重,这是很重要的。尽管人道是历史地发展着的,道德规范是历史地有条件的,但人只有在得到尊重的时候,德性才能够健康地发育,这有绝对意义。所以孔子讲忠恕之道,墨子讲爱人如己,康德讲人是目的而不是手段,他们都是强调这一点,这就是人道原则。

第二节 道德理想和自由

道德理想是人生理想的重要方面,是关于善的伦理和品德的理想。伦理即指人和人之间(个人之间、群体和群体之间、个人和群体之间)应当有的关系,品德即指道德主体的品质。道德理想包括两方面:一方面是社会伦理,另一方面是每个人的品德。社会伦理应当有的关系,即"义"。义与利、义和仁爱不能分割。道德理想在总体上说,即是要求建立以人民利益为基础的正义和仁爱的伦理关系,养成具有正义和仁爱品德的人格。这是一般的或抽象的说法。历史发展到今天,就是以社会主义为正义、以人道主义为仁爱这样统一的理想,这可以说是全部人类道德生活和伦理思想历史发展的结果。

一、道德理想与规范

道德理想表现于人的行为中,便具体化为处理人和人关系的准则,即道德规范。道德规范是分开来说的道德理想,道德理想具体化,即是一条一条道德规范。如中国封建社会讲"五常"以及忠孝等,我们现在讲"五爱"(爱祖国、爱人民、爱劳动、爱科学、爱护公共财物),都是一定社会中共同的规范。当然,每个群体也可以有自己的规范,如党内有党纪,各种职业有职业道德,学生有学生守则,这里有些是成文的,大量是不成文的。我在这里不讲这些特殊的规范,只讲一般的原理。所有道德规范,如果是正当的、合理的,总是有其客观条件和人性方面的根据,而且有现实的可能性,也合乎人的利益;为人所掌握是出于爱心,并或多或少形象化了,这样才能有效地规范行动,在行为中化为现实。道德理想分化为规范,每一规范又一定要取得理想形态。道德规范在规范行为的时候,不能是死板的教条和框框,要出于爱心来掌握它,生动地构想出来,灵活地贯彻于行动。如"爱劳动"这一条道德准则,如果只是嘴上讲,而对劳动并无热情,甚至并不劳动,那么,谁也不会说他掌握了这一条道德准则。用准则具体地规范自己的行动,要真正表现于自己的行动才行。"言必信,行必果",这是一条道德规范,近代的人认为是一条很重要的道德规范。如果一个人说了话不算数,行动中并不贯彻,我们就批评他不负责任,或者说他没有"肩胛"。规范一定要取得理想的形态,并且要有主体(人格)掌握它,并出于爱心力求见之于行为;也只有当贯彻于行动时,才能说真正具体掌握了道德规范。人类一切有意识、有目的的活动,都是根据现实的可能性和人的需要来确定目的,这个目的就作为法则贯彻于行动之中,并且按条件和运用手段来制定规则,以便使目的的实现为结果。物质生产也是如此,规则在物质生产中就是操作规程。道德行为不同于一般的求利益的行动,主要在于它的目的是巩固、改善人与人之间的伦理关系,这种行动是出于爱心和利人的活动,它以道德规范作为准则,不是像生产中那样的操作规程。我们可以用《墨子》对仁、义下的定义来说明:"仁:爱己者,非为用己也,不若爱马者。"(《墨子·经说上》)"义:志以天下为芬(分),而能能利之,不必用。"(《墨子·经说上》)按墨家所说,仁义作为道德规范,有几点可注意:第一,要爱人如己,把别人看成是如自己一样的主体,而不是像牛马一样供人使用的手段,这是人道原则的基本点。第二,把利于别人作为自己的职分、自己应尽的义务。而为了利人,要培养自己的才能,使自己有能力来从事利人的行为。第三,墨家主张"合其志功而观焉"(《墨子·鲁问》),把动机与效果统一起来评价道德行为。"能能利之",我有能力来从事利人的行为,但是人家是不是用我,那还不一定。对主体来说,行为一定要出于爱心,一定要有从事利人的行为的能力。我相信会得到同情和了解的,但是究竟是不是可以得到,那是另一回事。

二、道德行为的自由

用道德规范来规范自己的行为,这种行为就是道德行为,道德行为就是合乎规范的行为。人往往是按本能或习惯去行动而合乎道德,这时行为便带有自发性质。教徒按宗教的教规去做了,自发地合乎道德规范,也应该看作是道德行为。但这种自发的、出于本能的善行,是合法的道德行为,不是自由的道德行为。这种合法的道德行为也应该说有"善"的价值。个人素质比较善良,自发地倾向于行善,当然是好的,但他这种道德行为的自由的程度还不高。真正自由的道德行为就是出于自觉自愿,具有自觉原则与自愿原则统一、意志和理智统一的特征。一方面,道德行为合乎规范是根据理性认识来的,是自觉的;另一方面,道德行为合乎规范要出于意志的自由选择,是自愿的。只有自愿地选择和自觉地遵循道德规范,才是在道德上真正自由的行为。这样的德行,才是以自身为目的,自身具有内在价值。这样的道德行为才是真正自律的,而不是他律的。

中国的哲学家比较强调自觉的原则。孟子以为,人之所以异于禽兽者,在于人有理性;有理性,对人道就能明察。"舜明于庶物,察于人伦,由仁义行,非行仁义也。"(《孟子·离娄下》)他区别了"由仁义行"和"行仁义"。一般人也能行仁义,但"行之而不著焉,习矣而不察焉"(《孟子·尽心上》),是缺乏明察,不自觉的。要像舜那样明察,具有理性认识,才是自觉地"由仁义行"。冯友兰讲人生境界,讲人与禽兽不一样,在于人有觉解。所谓"觉解",就是人做一件事时,理解这是一种什么事。就道德行为来说,理解应当如何去做,才是符合道德规范;他不仅了解应尽的义务是什么,而且自觉地在尽义务,就是说有明觉的心理状态。这里有两层意思:一层是他理解,道德行为出于理性认识;另一层,他不仅理解,而且自己意识到掌握了这些规范,按照这些规范去做。他有一种明觉的心理状态,并还要用涵养功夫保持这种明觉。道德领域里讲理性认识,就是这两点:一点是对道德规范的明察,这是教育的结果。明察有程度的不同,从唯物史观来说,就是要求从社会的规律和从人性发展的要求来认识道德规范的合理性。另一点是以明觉的心理状态遵循规范行事。这种心态也有程度不同,要从涵养上用工夫来提高。我们说人的觉悟水平高,就是指他有自觉性、有涵养。中国古代哲学家讨论"为学之方",主要也就是这两条。

另一方面,道德行为必须出于自由意志。如果行为不是出于意志的自愿选择,而是出于外力的强迫,那就谈不上"善"或"恶"。道德行为是人的意志的活动。意志具有自由选择的功能,就像荀子讲的是"出令而无所受令"(《荀子·解蔽》)。外力可以强迫你的肉体屈伸、嘴巴开闭,但是外力不能强迫一个人坚定的意志,它"是之则受,非之则辞"(同上),所以意志有自愿选择的品格。这是道德责任的前提。一个人行善或作恶,是出于个人的自愿的选择、出于自主的决定,他对自己行为的后果就具有道德的责任,因为造成善或恶的后果,其原因在于行动者自主的选择。规范和规律的不同,就在于规范本身包含意愿的成分,这里有"应当"的问题,因此一定要出于意志自愿的选择。在道德行为中,人不但凭意志选择,而且还在行动中发挥意志力量,始终一贯地贯彻下去、坚持下去。所以,意志有双重的品格:一是自愿选择来作出决定;二是专一,即选择了以后在行动中一贯地坚持下去,表现为不畏困难、努力实现自己的道德责任。一个人选择了自己的人生道路,如他真正具有坚强的意志,一贯地坚持下去,就像魏源讲的"天子不能与之富,上帝不能使之寿"①。意志就有这样的力量,真正做自己的主宰。从这个意义上讲,在道德行为中,命运是由自己掌握的。

真正自由的道德行为,应该是自愿和自觉原则的统一、理智和意志的统一,二者不可偏废。不过,二者是有区别的:"自觉"是理智的品格,"自愿"是意志的品格。在哲学史上、伦理学上往往会产生不同的偏向。我不止一次说过,中国的儒家是更多地考察自觉原则,而比较少地讨论自愿原则。他们也注重道德行为要由意志力来贯彻,但对意志的"自愿"的品格没有作深入的考察。后来,从董仲舒讲"顺命"到程朱理学讲"复性",这些理论对自愿原则都有所忽视。朱熹强调只要自觉,即使是痛苦的事也会变成自愿的。他举例说,如针灸是痛的,可是人认识到针灸能治病,所以也就情愿了。可见,只要自觉,就会自愿的。因此,他教人忍痛做"存天理,灭人欲"的功夫,以为初时勉强,久之便情愿了。理学家实际忽视了自愿原则。西方的基督教讲原罪说,原罪说包含意志自由的思想,认为人在道德和信仰领域,意志选择都是自由的。亚当、夏娃在伊甸园中违背了神的命令,这是出于他们的意志自由。基督教认为人服从神或不服从神、信仰基督或不信仰基督,都是自愿选择的。按照这种观点,一个人没有信仰或信仰异教,便是自愿作恶,要受神的惩罚。这样强调意志自由,也会变成独断论,变成专制主义。因为照这种说法,没有信仰或信仰异教,都应受处分。这种专制主义,与中国道学家的专制主义是一样的,

---

① 魏源:《默觚上·学篇八》,《魏源全集》第十二册,岳麓书社 2011 年版,第 21 页。

只是专制的理由不一样,理论的依据不同。以儒家的教义为文化背景的道德观和西方以基督教为文化背景的道德观,是有着差别的:遵守礼教往往自觉但并不自愿;信仰上帝往往是自愿的,但又是盲目的。这就使中国的伦理学的特点比较强调自觉,而容易陷入宿命论;西方伦理学说比较强调自愿,容易陷入唯意志论。二者都有片面性。

三、实践精神或善良意志

道德的主体,我们通常把它称之为实践精神,或用康德的话说,叫实践理性。实践理性也就是善良意志,或合乎理性的意志。人的有目的的活动,都要由意志来发动、来贯彻,如"善"就是自觉、自愿地遵循道德规范。出于爱心而为他人、为群体谋利益,要有善良意志作为动力。这种善良意志或实践精神通过行为使理想变为现实,形成合理的伦理关系,提高人的品德。意志当然不能离开理性,意志就是实践中的理性。中国古代哲学家讲"明"与"志"。"明"是明察,"志"是意志,二者是相互促进的,这种相互促进的过程,应看成是由低级到高级的发展过程。张载已区分了"志"和"意",即志向和意向(动机),他是以公私来区分的:"志公而意私"①,志向是公的,人的个别行动的动机、意向是私的。王夫之也是作这样的区分。他说:"苟有志,自合天下之公是。意则见己为是,不恤天下之公是。故志正而后可治其意。"②因一时的感动而产生的意向或动机,是和个人的意见相联系的。个人的意见可能是正确的,也可能

---

① 张载:《正蒙·中正》,章锡琛点校:《张载集》,中华书局1978年版,第32页。
② 王夫之:《张子正蒙注·中正》,《船山全书》第十二册,第189页。

是错误的;可能是善的,也可能是恶的。随意行动则常常是盲目的,它可能是自发的道德行为,也可能产生罪恶。所以一定要首先立志。"正志"就是使志向与对道的理性认识相一致,并锲而不舍地坚持下去;志向端正,并乐于坚持,则"志定而意虽不纯,亦自觉而思改矣"①。张载、王夫之都认为志、意之分是和理与意见的区别相联系的,他们讲"正志而后可治其意"固然是对的,但应该看到,"正志"本来也是一个过程。从认识论说,人们通过不同意见的争论来明辨是非,从而获得真理(包括当然之理);与此相联系,一个人"志于学",便有一定的自愿,但要通过多次意向或动机的斗争,才能确立志向(孔子说:"十有五而志于学,三十而立。"《论语·为政》),并在实践和认识的反复过程中,以正志治其意,使志向越来越坚定起来。在道德实践中,理智与意志互相促进。我们因为要解决现实问题而自愿地接受马克思主义的教育,有了初步理解,有了一点自觉,这是自愿促进自觉;后来受的教育多了,对马克思主义的了解比较深入了,觉悟有了提高,在自由讨论中经过比较,作出肯定的选择,自愿地走上革命的道路,这又是自觉促进自愿;而后理智与意志、实践与认识不断地互相促进,便逐步地确立了革命的世界观和人生观,有了革命者的品德。

第三节　社会伦理关系

道德理想化为现实,包括两个方面:一方面是社会伦理关系,

---

① 王夫之:《张子正蒙注·中正》,《船山全书》第十二册,第189页。

另一方面是有道德品德的人,即人的品德。

一、社会伦理的凝聚力

道德理想化为现实,规范体现在人际关系之间,就成为伦理关系。用中国传统哲学的范畴讲,主要是"仁"和"义"的关系,也就是人与人之间公正的、正义的关系以及人与人之间爱和信任的关系。这种关系得到增进,得到发展,对社会组织就起了极大的巩固的作用,就具有道德凝聚力。一定的伦理关系,首先是在客观的经济政治条件下自发地形成的,"仓廪实则知礼节,衣食足则知荣辱"(《管子·牧民》),这句话还是正确的。具体来说,在社会经济发展到一定阶段产生了家庭,在这个基础上产生了维护家庭、维护一夫一妻制的伦理,如孝道、贞操之类的道德。社会伦理都有其客观基础。社会的组织都是在一定的历史条件下形成的,不论劳动组织、家庭组织,还是学校、教会、政党、国家等社会组织,既形成后就需要一种道德的凝聚力,都有其伦理的性质。适应一定社会集团的道德理想、道德规范,通过人们有意识的道德行为反作用于现实,就起了极大的积极作用。如孝道对家庭、对宗法制起了巩固作用,爱国主义对国家组织起了极大的巩固作用。

道德凝聚力具体表现在三方面:第一,使群体有明确的正义目标,大家同心同德为这一目标努力奋斗,来维护这种社会组织。第二,使这个社会组织中的个人与个人之间有一种爱和信任的关系,个人在集体中受到尊重,有一种幸福感。第三,形成道德风尚、社会舆论,渗透到社会生活的各个方面。如在中国旧社会中的孝、节等观念,凭借社会风尚、社会舆论维护着宗法制和家庭,这种力量是很大的。在近代反帝斗争中,爱国主义深入人心,谁要有叛国行为、当汉奸,则全国共讨之。

这种道德的凝聚力有很大的作用,它起着把一个民族、一个阶级发动起来进行伟大行动的作用。伟大行动当然有客观的社会经济、政治根据,但是能够使全社会动员起来的道德力量是很重要的。进行革命、战争等伟大的行动,就要使参加行动的群众都意识到自己参加的是正义事业,自己在道德上是合理的,于是就受到道德风尚、社会舆论的鼓舞。如抗日战争中,中国人有一种巨大道德力量的支持,感到我们反对侵略战争是正义的。爱国主义使中国人受到极大鼓舞,在战争中间成为团结全国人民的伟大力量。战争的胜利确实使中国人扬眉吐气,觉得我们反侵略战争的正义事业得到胜利,大大提高了民族自豪感,提高了爱国主义的精神。后来,在反对蒋介石集团的斗争中间,在抗美援朝的战争时期,我们民族的道德凝聚力不断地得到加强,这是很重要的。但是很可惜,后来中国人犯了很大的错误,"文革"期间以至最近,道德凝聚力遭受到很大破坏。这里蕴含着极大的危险。如果民族所从事的事业不能加强道德凝聚力,不能使大家同心同德,反而离心离德,那是很危险的。其实任何一个团体、任何一个社会组织,它要坚强的话,就需要一种道德力量。小到一个家庭、一个学校、一个劳动组织,都需要道德力量,需要爱和信任、公正和正义的关系把大家团结起来,同心同德地去工作。

二、文明的交际方式

道德行为就其内容来说,在于巩固和发展合理的人际关系,使社会组织具有道德的凝聚力;它还有形式的方面,即文明的交际方式,亦即中国人讲的"礼"。封建礼教需要批判,但文明礼貌、文明的交际方式,在任何社会都是需要的。道德的内容、合理的人际关系要用语言、动作、仪式等等表现出来,而用语言、动作、仪式来表现的方式,应是文明的,而不是没有文化的、落后的、愚昧的、封建的方式。中国过去讲"礼",以为礼有"节"和"文"的双重作用。一方面是节制,因为人们之间的欲望、爱好、意愿往往有矛盾,个人利益与集体利益之间也常有矛盾,这便需要有适当的节制;要用道德规范来作为权衡的标准,运用意志力量来对自己的情感、欲望有所节制,以便使自己的行为真正能起到巩固合理的人际关系的作用。另一方面是"文",即文饰、美化。荀子解释礼说:"称情而立文,因以饰群。"(《荀子·礼论》)这就是说,礼是和人的"情"相称的,有文饰、美化的作用。人们在交往时讲礼节、礼貌,讲仪式,对群体、个人的行为都有美化的作用,甚至可以说使伦理关系取得了艺术的形式。儒家是把"礼"和"乐"放在一起讲的,为什么要礼乐并举?因为"乐"使"礼"成为美化的艺术形式,可以陶冶人的情趣。封建礼教中许多是糟粕,儒家的礼教讲得很烦琐。但我认为,以"节"和"文"的双重作用作为"礼"的基本精神是好的,各个社会都需要文明的交际方式,发挥"节"和"文"的作用。

"节"和"文"也有心理学方面的依据。人生来具有一种内在的本能冲动,通过社会生活,对人的本能的欲望就要有所节制,也要美化。按弗罗伊德的学说,这些本能受到抑制,就会产生变态。过分的压抑是不好的,但要适当的节制;同时,如果能加以美化,把它升华到文学艺术,就可以在文化的创造中起到作用。所以,正是有这种节和文的作用,就会使出于本能的欲望越来越成为文的,越来越成为合理的,使人的情感、欲望越来越取得文明的形式。我们并不赞成禁欲主义观点。如果我们仍然用传统的"仁"和"义"的范畴,仁是以"爱"为内容的,"爱"当然在人的本能方面有根据;"义,利也","利"的最后的根据是快乐。所以,讲仁、义决不是以禁欲主义去压抑自己,但是作为仁义根据的爱心、情感和避苦求乐的欲望,确实需要加以"节"和"文"。所以这个学说,包含合理的见解,我认为"节"与"文"的学说是儒家的一个贡献。在批判了儒家封建的、烦琐的东西后,我们今天还是讲交际方式要文明。这种文明的交际方式,对于培养人的品德和建立合理的人际关系是必要的,应该通过教育,从小培养儿童、青年的文明习惯,使这种交际方式习以成性,道德规范取得现实的形态。

三、礼和法、伦理和法制的关系

中国古代哲学有礼、法之争,即伦理和法制之争,是伦理重要,还是法制重要?后来演变为王霸之辩,或者说人道原则和暴力原则的争论。儒家强调以德服人,反对以力服人。法家主张用暴力,用刑法使人民服从统治者的权威,以为只有这样才能有好的道德风尚。按法家的理论,首先要有法制、刑法,然后才有道德。后来,汉代统治者讲"霸王道杂之",即采用暴力与德教并用的两手策略,对人民一方面欺骗,一方面镇压。在封建社会剥削阶级统治的条件下,道德和法制的关系不可能真正得到解决,即使王霸杂用,这并不等于说是从理论上、实践上真正解决了德教和暴力二者的关系。因为剥削者对劳动人民讲德教,总是包含有掩盖残酷剥削的非人道的性质；而说用法制就能加强社会伦理更显然是骗人的，事实上，镇压劳动人民，最后的结果总是官逼民反。所以，在旧社会这问题不可能真正解决。但要建立一个合理的新社会，也需要解决法制和伦理的关系。英国哲学家边沁讲社会制裁，包括经济、宗教、道德、法律。经济和宗教的制裁作用，我们这里不去讲它；但讲到道德、伦理领域，道德约束和法律制裁的关系，确实是很重要的问题。

法律规范和道德规范有区别，法律规范是国家颁布执行的。国家对敌人是暴力机关。在人民的国家，维护国家安全的法也有其暴力的一面，用以对付敌人、对付破坏人民国家的罪犯。同时，法律对于国民也有强制性质，违背法令要受处罚，这就是法律的制裁。但是真正的人民的法律，应该贯彻道德的精神，体现人道的原则，对人民进行法制教育，要使人民自觉自愿地来遵守。人民国家的法律与过去的法律不同。过去的法家"以吏为师，以法为教"，即还是统治者讲了算数，广大人民只能被迫遵守。我们进行法制教育，要人民以主人翁态度自觉自愿地遵守，这才是真正的教育。但尽管如此，法律总是具有外在的强制性。侠以武犯禁，有些义侠行为在道德上可赞赏，但犯了禁也要受法律制裁；有些行为不道德，但只要守法而不违法，就会受到法律的保护。

而道德对人的约束力是内在的，它诉诸良心。当然，道德的约束是依靠社会舆论来鼓励和制止的。社会舆论对违背道德的行为要谴责，对有道德的人则给予荣誉。但舆论对行为的道德评价总是诉诸人的理性认识，通过教育的方法来唤醒人的良心。人如在道德上有所违背，则人自己内心就觉得惭愧、感到羞耻，这就是受到良心的责备；而遵循道德规范行事，则使人心安理得。所以，道德的评价不是法律上的赏或罚。法律由司法机关执行，因而一定要明文规定，制订法令要求合乎文法、逻辑严密，以免产生歧义。道德却只有少数的明文规定，如党纪，在党章中有规定；一些社会团体里，也可以规定一些守则、规则，如教会有教规。但道德规范大量的不是明文规定的，而是在习惯中形成的，在一定的社会组织中得到公认。因为道德规范、文明礼貌多数是不成文的，所以极容易被曲解，曲解了就可以造成虚伪，可以产生假道学。近代社会联系越来越复杂，不像以自然经济为主的古代社会那样单纯，从整个社会来说，需要实行法治。民主与法制不可分割，法制不健全，政治也不可能民主化，所以社会越是近代化、民主化，法制就越重要。但在民主社会中，法制一定要贯彻道德精神。近代社会人际关系越来越复杂，社会就更需要道德的凝聚力，所以进行道德教育、提高全民族的道德，这是非常重要的。

四、中国近代的伦理变革

中国过去称为"礼义之邦"，有一套非常完备的封建宗法制度的道德规范体系。古代的帝王标榜"以孝治天下"，就是把家长制下形成的家庭伦理，扩大到国家、扩大到政治组织，把君臣关系说成是和父子关系一样，这就使得当时的政治有了道德的内容，显得温情脉脉。在中国的传统观念中，"君为臣纲"、"父为子纲"是相互联系着的，政治与伦理有其一致性，哲学家再用天命来给它作论证。这一套是在自然经济基础上的人的依赖关系的反映。近代思想家对这种旧的伦理关系发动了多次的抨击和批判。近代思想家感到中国旧伦理对人的束缚非常大,因为旧伦理强调人的依赖关系,在下者要依赖在上者,依附于在上者。"君为臣纲、父为子纲、夫为妻纲",片面地强调依附关系,就使人失去了人的独立性。旧的封建伦理强调人的依附关系,而近代进步思想家则强调人的独立性,这是根本不同的。孔孟说"言必信,行必果"并不重要,认为这仅仅是小人之事,孔孟的这一论点受到近代进步思想家不断的批评。严复说,在民主制度下,你说我说话不算数,是侮辱我的人格,我马上与你决斗;如你自己言不信、行不果,就表明你不自尊也不尊重别人。对近代人来说,人格独立,对自己的言行负责,应摆到第一位。这同旧时代的纲常名教确是根本对立的,所以近代思想家都认为要进行道德革命,如梁启超提出道德革命的口号,章太炎写《革命的道德》等著作。五四时期新文化运动中那些主将,用新道德反对旧道德,集中对旧礼教进行批判,鲁迅的《狂人日记》抨击礼教"吃人",陈独秀讲伦理的觉悟是"最后的觉悟"[①]。就整个价值领域的革命来说,道德是首当其冲的。当然,道德问题的真正解决,需要改革政治制度,变革经济基础,后来的认识比较深入了些。但在道德伦理领域,究竟如何进行变革?虽然激烈的言论甚多,但是其成绩现在看来并不很大。尽管讲道德革命讲了很久,要言必信、行必果、讲独立人格,可是理论上的探讨也不够。由于道德与政治关系密切,马克思主义者产生过分强调阶级性的倾向,对旧道德作了许多"左"的批判,结果还是搞个人崇拜。个人崇拜就是变相的家长制,变相的"君为臣

[①] 陈独秀:《吾人最后之觉悟》,任建树主编:《陈独秀著作选编》,上海人民出版社2009年版,第179页。

纲"，仅这点就可以说明社会伦理观念和习惯势力的顽强。对道德的批判继承问题争论了很久，可是在理论上和实践上没有得到解决。在我看来，主要问题在于把道德和政治捆绑在一起，忽视了道德的特殊性。有一种流行观点，认为德育就是进行政治思想教育，而政治思想教育要服从于政策，可是政策又是经常在变，这怎么能从道德上培养人？政策总是在变，思想教育今天这样讲，明天那样讲，结果只能培养随风倒的人，这对道德伦理是破坏。有一个观念是梁启超提出来的，他说，君使臣以礼、臣事君以忠"全属两个私人感恩、效力之事"[1]，根本不涉及个人对国家、对群体应尽的道德责任。讲感恩效力的私人关系，把社会伦理变成了私人之间的关系网，便没有了个人对群体、对国家的道德责任，便不是真正的爱国主义、集体精神。中国人过去的伦理观念，一方面缺乏人格的独立性，忽视自愿原则；另一方面，讲人的道德义务并不是个人对国家、对集体负责，而是看成应服从有恩于自己的个人、服从在上者。

　　道德变革的问题很复杂。因为道德规范与社会习俗、习惯势力密切相关，而社会习俗、习惯势力的惰性很大，用疾风暴雨的方式难以奏效。长期在自然经济基础上形成的宗法观念，当然会随着商品经济代替自然经济、工业社会代替农业社会而逐步改变，但还是需要大家从理论上阐明这个问题，同时从教育各方面来培养新的伦理关系。道德革命的目标，主要是要反对那种与人的依赖关系相联系的规范，与此同时，也要反对与对物的依赖关系相

---

[1] 梁启超:《新民说·论公德》，《饮冰室合集》专集之四，第13页。

联系的规范。中国问题的复杂，恐怕就在这里。在半殖民地半封建社会，权力与金钱结合在一起，官僚和奸商结合在一起，权力迷信与拜金主义结合在一起，这样就使得道德革命、思想革命的任务非常艰巨。从积极的建树方面说，道德革命要求建立李大钊提出来的人道主义和社会主义统一的、个性解放和大同团结统一的那样的伦理关系，这是十分艰巨的事业。李大钊提出的这一理想和鲁迅所说的那种觉悟知识者的人格，是我们奋斗的目标，要从这样的高度来看近代社会的伦理改革。当我们方向正确的时候，社会确实进步很快。如抗日战争、解放战争、建国初期，在革命群众中间，权力迷信和拜金主义受到蔑视、受到批判，整个社会的道德凝聚力在增长。但是后来个人崇拜受到鼓励，权力迷信大大增长，发展到十年动乱，干部被迫作假检讨，无数群众迷信权威。后来发现是受骗上当，所以许多人都感到自己受到了侮辱，受了良心的责备，道德的凝聚力受到很大损害；干群之间、党和人民之间的伦理关系遭到破坏，离心力增长了，助长了一盘散沙的状态。在"四人帮"被粉碎以后，有一段时间确实又感到民族的凝聚力有所恢复，但没有很好地吸取教训，忽视了如何在建设中培养全民族的凝聚力的问题。这种情况如不改变，是很危险的。

第四节 道德品质

道德理想化为现实，一方面是建立合理的社会伦理关系，另一方面是培养个人的道德品质。

一、品德和实践精神

品德一词,主要指人的道德品质。社会伦理关系和个人品德是统一的,又是有区别的。我们讲"仁人义士","仁人"有仁爱的品德,"义士"有正义的品德;有这种品德,并不等于说他们在社会上处在爱和信任的关系、公正和正义的关系中,显然社会伦理关系和个人道德品质不是一回事。古代人讲智、仁、勇是"三达德",从道德规范化为现实来说,仁义是人的最主要的道德品质,或者说应该有的品德,"智"和"勇"则可以是道德意义的,也可以是非道德意义的。一个人知识丰富、一个人很勇敢,这不一定表现在道德行为上。但是对于有道德的人来说,智与勇确实是重要的道德品质,因为真正的道德行为要出于理性认识而有自觉,也要出于自由意志而见义勇为。所以,与仁义相联系的智、勇,是属于品德的范畴,不过不是社会伦理关系的范畴。

我们讲理想人格要真、善、美统一,热爱真理、爱美也是品德,但讲品德,总是首先在于"善"。如果一个人缺乏应有的道德品质,那么他的聪明可能被误用,知识可帮助他做坏事,美貌也可以用来欺骗;一个普通劳动者,他的知识水平不高,长得也不漂亮,但是他为人忠诚朴实,令人敬爱,便是有品德的人。特别在关键时刻,看一个人是不是坚持道德原则,是不是有操守,就可以看出这个人的品德如何。

一个真正有道德品质的人,是一个在道德上自由的人,他的道德行为一定是自觉自愿的。自觉,是说他对道德规范有理性认识,并且有明觉的心理状态,这就是"智"(知)。苏格拉底讲美德即是知识,孔子讲仁智统一,这是有道理的。孟子讲仁义礼智,也把"智"摆在品德里讲,他说:"仁之实,事亲是也;义之实,从兄是也;智之实,知斯二者弗去是也。"(《孟子·离娄上》)对仁义有明确的认识,并进行"必有事焉而勿正,心勿忘,勿助长"(《孟子·公孙丑上》)的修养,保持着它,这就是"智"的品德。实践精神是一种合理的意志。道德的主体有意志力,这首先表现在自愿地作道德选择上。因为动机总是有善、有恶,善的动机之间也可能有矛盾,通过动机的斗争(有时是很剧烈的,如母亲送子出征),经过权衡作出选择,要靠意志力。其次,意志力也表现在行动中。人格应是坚定的、有操守的,能够凭意志力把道德原则始终如一地贯彻在自己的行动中,如果他不能一贯地坚持,言行不符,那就不能说有坚定的品格。意志的独立和坚定,是实践精神或合理的意志的本质特征,也就是一个有道德的人的性格特征。看一个人是不是具有某种品德,不是根据他自己所说,而是要看他的行动,看他的动机与效果是不是统一,是不是自觉自愿地选择了道德规范,是不是在行动中一贯地坚持下去,能够克服困难、障碍贯彻下去。不过,这个问题比较复杂,不应把实践精神、善良意志绝对化,将它同本能感情、欲望割裂开来。有一些非理性、无意识的力量,还有在社会实践中形成的自在的习性,往往对人的性格起着重要的作用。如母爱、性爱,有着深厚的非理性的本能;又如长期在苦难中被迫害的人们中,蕴藏着一种自发的反抗精神,这种自发的、非理性的本能,往往表现出难以估计的道德力量。当然,这可以从社会历史条件进行分析,是可以理解的。我们讲品德不能离开人的实践精神,就道德规范化为人的品德而言,也要注意其历史性。在一定的历史阶段,在一定的社会组织之间,有一些共同的道德原则和规范,要求大家共同遵守。如今天在人道主义和社会主义统一的原则下,爱祖国、爱人民、爱劳动、爱科学、爱护公共财物以及自觉遵守纪律等等,都是道德规范,或说是道德理想的具体化。但是如前所述,道德是多方面的、多层次的,而且每个人的品德的养成,都要经历培养的过程,所以不能用形而上学的态度对待。如一个人对祖国要有爱国主义,对自己的工作要有职业道德,与一般人的交往要有文明礼貌,在家庭里要彼此亲爱体贴;一个人可能满怀爱国热忱,但在职业道德上有欠缺;可能是劳动模范,但对人不够礼貌等等。而且无论哪一种道德品质,可以有程度、层次上的差别。如就劳动态度而言,在社会主义阶段,勤劳的人可能是为谋生而劳动,也可能是为集体而劳动,以至于可能不计报偿义务劳动;但无论什么人,只要有勤劳的品质,都是好的。劳动致富也是合法的、被允许的,不能要求大家都是大公无私地贡献自己的劳动。在道德上要有宽容的精神,不要强求一律。

二、异化的品质

"品德"这一词,常是用于作为正面意义的,但有时也用作负面意义。如某个人做了坏事,批评者就说:这是品德问题。在社会存在异化条件下,人的本质可以异化,人的创造物可以转过来成为支配人的力量。如安徒生的童话《影子》里所写的,有个人忽然丢失了影子,后来影子穿着黑大衣回来了,它发财发福了,成了很体面的绅士,就转过来叫原来那个人做它的影子。人和影子换了位置,人就被残酷虐待、受践踏,当他挣扎起来喊"我是人"时,没有人相信他了,这就是异化。异化的力量,从社会发展史来看,主要是两个:一个是基于人的依赖关系的权力迷信,另一个是基于对物的依赖关系的拜金主义。在这两种异化力量支配下,权势欲和贪欲发展起来了,成了剥削者的品质,这就是最主要的异化品质。这种品质在一定历史条件下,也有其历史作用,如恩格斯所说的成了历史发展的杠杆,但终究是违背人的自由发展的要求的。在专制的独裁者心目中,权力就是一切,他对任何人都不相信,实际上这样的独裁者自己也是权力的奴隶。一个守财奴,固然可以用金钱来奴役人,但是他自己也是金钱的奴隶。所以,归根结底,这种异化力量是违背人的自由发展要求的。

不仅是贪欲、权势欲,还可举中国人的"面子"观念为例。中国过去讲纲常名教,要求在下者片面地服从在上者的权力,并按照礼教规定,不同等级有不同的身份、受不同的礼遇,于是养成了所谓"面子"观念。面子、面具、名目等本来是人制作出来的东西,可是在等级制度下,习惯成自然,看面子而不重视实际,简直成了一种国民心理。在最初,礼教确实有节、文的作用,但是发展到后来,却虚有其表了。在道学家以及鲁迅所说的那种"做戏的虚无党"那里,存在着心口不一、表里不符的状况。这种"面子"本来是外加的东西,是人扮演的角色;可是扮演久了,就正像是他本人,而真正的面目失去了,这就是异化的现象。正如鲁迅所说,面子是"中国精神的纲领"[①],这是中国人长期在礼教下造成的。

异化的品质虽然归根到底是虚弱的,但既经异化了,就具有极大的破坏作用,使人们之间失去了凝聚力,失去了应有的正义

---

① 鲁迅:《说"面子"》,《鲁迅全集》第六卷,第130页。

和友爱的关系。品质的异化使人失去了爱心,失去了正义感,表现为对人的残忍、迫害等恶行。当品质异化的时候,智和勇就可能被利用来做坏事。因为有这个情况,所以章太炎讲"俱分进化":善也进化,恶也进化。科学发展了,战争就更残酷。当然我们不应当这样悲观,从整个人类发展史来看,人类总是要走向自由、克服异化现象的。马克思讲的社会历史发展的三种形态理论是正确的,人类社会总的发展方向,使人摆脱对人的依赖关系和对物的依赖关系,达到每个人的自由发展是所有人自由发展的条件的社会,即共产主义社会。

三、道德境界和智慧

道德品质在不同人的身上以及同一个人的不同阶段上,可以有层次的差别,所以人的品德和他所处的道德境界可以有高下之分。人的"善"的品质是一个发育过程。孟子讲:"可欲之谓善,有诸己之谓信,充实之谓美,充实而有光辉之谓大,大而化之之谓圣,圣而不可知之之谓神。"(《孟子·尽心下》)就是讲人的道德品质有高下之分。当然,在今天不会像孟子那样讲有圣人、神人,但是人的道德境界有差别:有的人道德境界比较低,有的人道德境界比较高,这是要承认的。不过,如爱国主义、勤劳这些品德,尽管有层次上的差别,但都是道德,而且经过实践和教育都可以提高,这样,实践精神也就可以由比较低的境界发展到比较高的境界。中国过去的哲学家认为有一种最完美的道德境界,即圣、神的境界,如孟子讲的"浩然之气"那样的境界。照他说,"浩然之气"是"塞于天地之间"(《孟子·公孙丑上》),人可以上下与天地同流。这种理论，在历史上有其积极作用，如文天祥的《正气歌》也讲天地有正气，显然受到了孟子学说的影响。人在道德上很坚定，可以达到以身殉道、杀身成仁那样的崇高境界。但道学家讲"存天理、灭人欲"，最后可以达到至善的境界，"吾之心正，则天地之心亦正矣；吾之气顺，则天地之气亦顺矣"①，于是便"天地位焉，万物育焉"(《中庸》)，这当然是一种幻觉，具有欺骗人的作用。从理论上来说，理学家有一个错误，即是把当然之则形而上学化为天命，把当然之则等同于自然的必然性。照他们的说法，人只要通过道德修养、道德实践，就可以和"天命"合一，这就是正统的儒家的"天人合一"论，这是形而上学。

我们从人道原则与自然原则的统一、从性与天道交互作用的观点来看，也认为品德与智慧、道德境界与哲理境界是可以达到统一的。我们根据科学的世界观(智慧)来提出人道主义和社会主义的统一的社会理想，也是道德理想；它为实践精神所把握，贯彻于道德的行为，通过实践精神自觉自愿的活动，习以成性，最后可以达到自然；而出于德性自然的道德行为，又使现实世界成为合乎规范(具有道德秩序)的。这样，品德、道德境界与现实的社会伦理、社会的道德秩序是统一的，不仅是社会秩序，而且与社会相联系的自然界，也因为人的活动，当然也因为移情的作用，而具有某种道德色彩。这种道德色彩，又往往与艺术的境界相联系着。许多艺术作品表现了人和自然统一、人道原则和自然原则统一的境界，是富于道德色彩的，所以艺术也具有陶冶性情、培养品德的作用。

---

① 朱熹：《中庸章句》，《朱子全书》第六册，第33页。

第八章
美与审美理想

人生理想的实现通过人的活动,使人的本质力量对象化、形象化,使人能够从人化的自然中直观自身的力量,这就是审美活动的自由。所以,我们就进一步考察美和审美理想的问题。

第一节 美和美感的自由

一、美感

"美"的范畴有不同的意义。我们平常讲,美德就是善的品德,美味就是味觉上的快感。感性上的快感,像身体的舒适、味道的鲜美之类,不一定有美学上的意义。用康德的话说,美感是一种自由的快感[①],因此就牵涉到美感和快感的关系问题。仅仅是感官上的快感,诸如肉体的舒适、官能的享受,这种快感往往有所待,即有待于一定的条件,这种快感是相对的。庄子早就提出这个问题,鹿喜欢吃草、蜈蚣喜欢吃蛇、乌鸦喜欢吃腐败的老鼠,人们见了毛嫱、丽姬觉得是美人,而鸟见了她们就高飞、鱼见了她们

---

① 康德著,宗白华译:《判断力批判》(上),商务印书馆1964年版,第46页。

就下沉,到底什么是美色?(见《庄子·齐物论》)这种感官上的美和愉快有很明显的相对性,而且同一个人的感受,也因时、因地和因条件而不同,吃饱了的人对美味也就不觉得美了。梁启超强调美感是快感,讲趣味主义,他以为美的作用不外乎引起人的快感,艺术的功用就是要激发人的生活趣味。① 趣味因人因时而不同,各个时代趣味不一样,同一个人的趣味也在变化着。如果把美感等同于趣味(taste),就一定要引到相对主义去;若把相对绝对化,就不能令人信服。因为人的经验正像孟子讲的"耳之于声也,有同听焉;目之于色也,有同美焉"《孟子·告子上》)。人们的听觉、视觉确实有共同之处,存在着共同的审美经验。目之于色有同美,这还是符合日常经验的。审美经验要诉之于感性直观,这是大家都承认的;这种直观给人以愉快,这也是大家都承认的。问题在于这种审美经验中的愉快是一种什么性质的愉快,它的特点在哪里?康德强调这种愉快是自由的快感,说它是自由的,是指这种审美经验中的快感没有任何利害关系。一个关于美的判断如果夹杂着利害感,康德认为就要产生偏爱,不是纯粹的鉴赏判断。美感的特点就是超利害关系,是无所为而为的。康德这个说法有它的道理,确实,美感是自由的快感。不过康德以后的美学家从这里引导到形式主义,给"为艺术而艺术"的主张提供根据。后来,又有美学家作历史的考察,譬如普列汉诺夫认为艺术起源于劳动,最初的艺术形象是由原始人的舞蹈、音乐和巫术结合在一起而构成的,具有明显的功利性质。② 虽然演变到后来,人们在直观美的

---

① 见梁启超:《美术与生活》,《饮冰室合集》专集之三十九,第21页。
② 参见普列汉诺夫著,曹葆华译:《论艺术》,生活·读书·新知三联书店1973年版,第114页。

事物的时候往往不计功利,享受到自由的愉快,但是如果作科学的分析,还是能发现美感和艺术根柢里有功利性质。鲁迅翻译普列汉诺夫的《艺术论》,他的序里表达了这个意思。归根结底,艺术的起源不是超功利的。但是康德讲审美经验的愉快是自由的,这个考察大家还是觉得有道理,譬如庖丁解牛,解完牛后踌躇满志,这是一种审美活动的自由,这种愉快确实是自由的。但是,解牛本来是为了满足人的物质需要,这个活动本身是功利性的,只是庖丁能做到因其固然、合乎天理,动作与舞蹈一样有节奏,只有到了这种程度,解牛本身才成为自由的愉快。在这种活动中,人的本质力量对象化、形象化了,人在这样的活动中直观到自己的本质力量,这种活动以及艺术,对人的德性的培养发展有着重要的作用。因此我们可以说,艺术不仅就它的起源来说是具有功利性质的,而且艺术及审美经验对于培养人的性格和精神素质有着重要作用,"为人生而艺术"的口号是正确的。艺术有它的内在价值,美感经验对人的自由发展有重要意义,这是我们对这个问题的看法。

讲美感是一种自由的快感,还包含着一个问题,就是对悲剧的美如何解释。既然人都趋利避害、避苦求乐,那么为什么悲剧能给人以自由的愉快、给人以美感?从亚里士多德开始,就已经在讨论这个问题。亚里士多德认为,悲剧艺术能激起人的怜悯和恐惧,因此导致情绪的净化,[①]指出悲剧有净化作用,这就是试图从悲剧艺术对人性发展的作用来解释它。朱光潜写了《悲剧心理学》,探讨悲剧快感问题。朱光潜认为任何一种情绪,甚至是痛苦

---

① 参见亚里士多德:《论诗》,苗力田编:《亚里士多德全集》第九卷,中国人民大学出版社1990版,第649页。

的情绪,只要能够得到自由的表现,最终就会变成快乐的。他认为在观赏悲剧中,正是因为痛苦的情绪得到自由表现,唤醒一种生命力感,就使痛感转化为快感。人的痛苦情感往往不那么单纯,往往苦中有乐,乐中有苦;在观赏悲剧时,这种由痛苦到快感的转化之所以能够实现,在于悲剧使怜悯、恐惧的情绪净化。朱光潜还认为,悲剧本身就有形式美,给人欣赏、让人得到美感,也是一个条件。这些看法包含着某些合理的因素。

二、美和真、善的关系

康德区分了自由美和依存美。欣赏一朵花,倾听鸟鸣,流连于自然的湖光山色,往往不掺杂概念和道德评价,纯粹凭形象直觉,这样的美感在康德看来是完全自由的;康德认为,美感中如果掺杂有真理的追求、道德的评价,那就是依存美。不过,康德这个提法的问题在于把两者过分割裂,不能认为表现真理和德行的艺术所给人的美感就不是自由的。欣赏一朵花的美感是自由的,但不能说一部大的文学作品给人的丰富智慧和崇高道德意义的美感不是自由的。从总体上看,美是以真和善为前提,美和真与善之间,有着相互促进作用。就价值领域来讲,利是最基本的好,利可以归结为快乐、喜悦。人从事物质生产,求得物质利益以满足自身需要,这始终是个必然王国。在这个领域里,人可以按照规律来获得物质利益,这是人必须遵循规律的领域。在这个基础上,精神的价值,智慧、道德和艺术发展起来了,人于是就有理想的价值领域,这就是理想化为现实的领域。由此,人就发展了自由的智慧,用真理性的认识来发展自身、改变世界;发展了自由的德行,自愿选择和自觉遵循道德准则,用来规范行为;也发展了自由的美感,在人化的自然中直观人的本质力量,在主客观的统一中享受自由的愉快。这种真、善、美的领域统一于理想化为现实的精神自由,在这里,真、善、美决不是完全割裂的,而是有所区别。

在哲学史上,哲学家们对这个问题的看法往往各有所见,亦各有所偏。拿先秦儒家和道家作比较,孔孟强调"美"要以"善"为前提,"美"首先是人格美。孔孟所讲的自由,是人与天命合一,"七十而从心所欲,不逾矩"(《论语·为政》),"不逾矩"就是合乎天命,天命是道德规范的形而上学化。按孔孟的学说,天命之为性,人性是善的,仁义是人性的自然表现。孟子说:"仁之实,事亲是也;义之实,从兄是也;智之实,知斯二者弗去是也;礼之实,节文斯二者是也;乐之实,乐斯二者,乐则生矣;生则恶可已也,恶可已,则不知足之蹈之、手之舞之。"(《孟子·离娄上》)这是讲人按照他的天性,真正爱好仁义,体验到仁义出于人的本性,于是就毫不勉强地去做了,于是"乐则生矣;生则恶可已也"(同上)。孟子就这样谈艺术的产生,人的道德行为就像草木在春天生长,像水的流行那样自然而然,这样"恶可已",就不知不觉"足之蹈之、手之舞之",舞蹈、音乐和诗歌就诞生了。在孔孟看来,艺术以道德为前提,"美"是从"善"的前提而来的,所以说"人而不仁,如礼何?人而不仁,如乐何?"(《论语·八佾》)如果没有仁义就谈不上礼乐,那就没有艺术了。当然,孔子也知道"善"和"美"不是一回事,尽善未必尽美,尽美未必尽善,但是他认为"美"就是"善"的发展。用孟子的话说:"可欲之谓善,有诸己之谓信,充实之谓美"(《孟子·尽心下》),人的"善"出于本性而达到充实就是美,美无非是人的德性发展到充实的地步。孟子又以水来作比喻,水"原泉混混,不舍昼夜,盈科而后进,放乎四海"(《孟子·离娄下》)。水有文章灿烂的美,第一是因为有本源,第二是因为充分发展了,有波澜有文采。儒家孔孟讲自然美的时候,用水、山和玉石等拿来比人的德性,就是要在自然中直观人的德性,就是从美以善为前提的视角来讲自然美。

但是老庄就不同了。老庄讲自由,强调自然原则,以为真正的自由要否定人道,复归自然。仁义礼乐摧残人性,只有复归自然才能真正获得自由,这就是庄子讲的"逍遥"。庄子把天道说成"天籁"、"至乐",是黄帝在洞庭之野演奏的《咸池》之乐,是最好的音乐。《齐物论》所讲"大块噫气,其名为风",风的吹动便是音乐。自然界的变化运动就是最和谐的音乐,就是大美,"天地有大美而不言"(《庄子·知北游》)。孟子认为,美是人的善性的扩充和完善,而庄子认为美是自然界所固有的,美不是善的扩充而是善的否定。所以庄子书中就有一些反对艺术的说法,例如"灭文章,散五彩","擢乱六律,铄绝竽瑟"(《庄子·胠箧》),认为文章、彩色和乐器都是不必要的,应该把这些破坏,回到自然去。这是因为儒家把乐和礼结合在一起,在道家看来,这样的礼乐只能损害人性。但庄子本身是个诗人,在他那儿自然就是美,哲学就是诗。"圣人者,原天地之美而达万物之理。"(《庄子·知北游》)圣人不是别的,就是因为他能"原天地之美而达万物之理",与自然为一。那么,怎样才能达到这种逍遥的境界?庄子讲了许多寓言,像庖丁解牛、梓庆削木为镶,就是要达到"以天合天"(《庄子·达生》),以习惯成自然的技艺与自然的天性相合。譬如庖丁解牛,他的技艺已成自然,他的活动完全合乎天性。梓庆削镰也是这样,他的习惯成自然的技艺与树木的天性合一了。技艺达到神化的地步,这就是"技进于道",必然进于自由,这样的自由就是美感的自由。如果说,孔孟讲美是善的充实、是人格美,那么在老庄那儿,美就是与自然、与真实合一,美首先是自然美。

在先秦哲学史上,荀子对此作了总结。荀子不仅了解孔孟的学说,而且也了解老庄的学说。当然,荀子是站在儒家立场上,不过他确实初步达到了真、善、美统一的思想。他不仅注意到美和善的关系,也注意到了美和真的关系。荀子一方面讲"舞意天道兼"(《荀子·乐论》)。照荀子《乐论》的思想,人通过舞蹈的节奏,躯体"俯仰、屈伸、进退、迟速",这些动作使人筋骨的力和钟鼓的音在节奏上完全一致;这种一致使人深刻体会到"舞意",亦即舞蹈的意义、理想,于是从中直观到天道,这就叫"舞意天道兼"。他说:"君子以钟鼓道志,以琴瑟乐心。动以干戚,饰以羽旄,从以磬管。故其清明象天,其广大象地,其俯仰周旋有似于四时。"(同上)这就是说,用钟鼓琴瑟来演奏音乐是表现人的情感、表现人的欢乐的,还要以干戚作舞具、羽旄作装饰,以笙管伴奏,载歌载舞;这样的音乐舞蹈象征了天的清明、地的广大,"俯仰周旋"的舞蹈是和一年四季统一的。在他看来,天地之道作为理想,就体现在艺术里面了。另一方面,荀子又强调"美善相乐"(同上)。他认为奏乐、习礼可以使人情感净化,使人"耳目聪明,血气和平,移风易俗,天下皆宁,美善相乐"(同上)。艺术可以培养人的德性,习惯成自然,使人格不仅是善的,而且是美的。因此,他讲"成人"即理想人格的造就是"不全不粹不足以为美"(《荀子·劝学》),"全"是指全面的认识,"粹"是指纯粹的品德,"全"和"粹"是真和善,再加上礼乐的培养,就成为美。真和善是美的前提,达到"美善相乐"和"舞意天道兼",这就是真、善、美统一的境界。荀子达到了真、善、美统一的思想,虽然后来还是有人偏重于老庄和孔孟,但是总的趋势还是要求真、善、美的统一,尤其到了黄宗羲、王夫之,这一要求就更加明确了。

三、美和丑以及美的多样性

在审美领域,美和丑是相对的。"美"是美感的内容,美感就是在形象中直观到人的本质力量,体验到人的自由发展的愉快;"丑"是"美"的对立面,也是某种直观形象,和人要求自由的本质相违背或不一致。但是比之真和伪与善和恶,美和丑的界限更加具有相对性。丑在审美经验中不是完全消极的角色,它对美起陪衬、对比的作用,有的美特别是艺术美,要有丑的陪衬、对比,才能显得比较具体、突出。这是一个很值得研究的问题,尤其不能以教条主义的态度来对待它,把美丑关系简单化地说成美丑斗争。美丑问题比真伪、善恶的对立复杂得多。庄子描写了许多形体丑陋的人,瘸腿的、驼背的、长着大瘤的,这正是为了衬托他们精神的"美"。庄子认为,神比形更重要,一头小猪奔到母猪那里去,发现母猪死了,吃了一惊,就赶快逃开了。[①] 小猪爱它的母,不是爱

---

① 见《庄子·德充符》。原文为:"仲尼曰:'丘也尝使于楚矣,适见豚子食于其死母者,少焉眴若皆弃之而走。不见己焉尔,不得类焉尔。所爱其母者,非爱其形也,爱使其形者也。'"文意与作者所述略有异。——初版编者

它的形,而是爱"使其形者",爱它的精神。所以,在审美经验中,精神比形体更重要。法国的雕塑家罗丹讲,只有性格的力量才能造成艺术美。① 常常有这样的事,在自然中越是丑的东西,在艺术中越是美。罗丹的雕塑形体比较粗糙,但仔细看,它却有一种精神的美或性格的美。

不仅形体和精神有矛盾,而且人的性格、精神也并不是很单纯的,它本身常常有矛盾、有缺点。譬如猪八戒这么一个艺术形象,从他的外貌举止到他的精神,都是既丑又美的,但这是《西游记》中一个真实的性格。这个性格尽管有很多缺点:丑陋、自私、贪吃懒做等等,但是很真实,给人一种美的感受。许多丑角在戏剧中是既可笑又可爱,既丑又美的,譬如猪八戒、梁山泊的时迁,这些人基本上还是好人。而有的本来就是坏人,譬如《十五贯》中的娄阿鼠,是坏人,但在昆曲中扮娄阿鼠的演员却给人以美感,因为丑角的动作在形式上很美。人在欣赏艺术作品时,就像车尔尼雪夫斯基说的:美感在它的鉴别上是很宽容的,某一方面美,人们就欣赏它,而把别的方面就忽略了。② 舞台上的反面角色、坏蛋,精神上并不美,但是给他以形式上的艺术美,大家就欣赏他。所以,对美和丑的关系不能简单化,而美本身是很复杂的。

在美的领域,过去的哲学家、美学家已经探讨过许多范畴,譬如优美和崇高、喜剧和悲剧、滑稽和幽默等等,这些是一般的美学范畴。中国过去的文艺理论家批评诗和词,讲诗有雄浑、冲淡,词

---

① 参见葛赛尔著,傅雷译,傅敏编:《罗丹艺术论》,中国社会科学出版社 1999 年版,第 51 页。
② 参见车尔尼雪夫斯基著,周扬译:《艺术与现实的审美关系》,人民文学出版社 1979 年版,第 41 页。

有豪放、婉约,画有神品、逸品等等,都说明"美"有它的多样性。不仅美和丑的结合是多样的,就是美的领域本身,也是多方面、多层次的。对于艺术趣味不能强求一律,在各种艺术形式里,如造型艺术、音乐、诗歌等,可以有不同的偏爱,就是在同一艺术形式里也是这样。各人的教养不同,生活经验不同,在欣赏方面趣味也有所不同,不要强求一律,不能因为自己喜欢"阳春白雪"就不让别人欣赏"下里巴人"。有的艺术富于教育意义,这当然需要;但是有的艺术就是供人娱乐和消遣的,这也需要。就拿诗这种文体来说,中国人所写的诗从《诗经》、《楚辞》到汉魏乐府到唐诗,有多多少少?汉代无名氏的作品比较质朴,到建安就有曹氏父子、阮籍、嵇康这些诗人,他们的作品各有个性,各有不同的风格。再像后来的陶、谢、李、杜这些大诗人,他们的诗代表了一个时代,表现了崇高的人格和丰富的智慧。但是,不能因为有了李、杜,就说《古诗十九首》不足取,《十九首》还是给人一种美感;就是有了李、杜,普通的游女田夫之词像《子夜歌》,或是《古诗十九首》中"青青河畔草,郁郁园中柳"之类,还是能使人得到美的享受。总之,艺术领域是非常宽容的。

第二节 审美理想和艺术想象

一、审美理想

审美理想是人生理想的重要方面,它是关于人的本质力量的形象化的理想。人的本质力量有多方面,而且是历史地发展着的,是共性和个性的统一。审美理想通过人的鉴赏和艺术创作活动具体化,成为包括着意境、典型性格等的艺术形象。当然,人们欣赏自然美也是审美活动,也构成意境,不过我们将更多地讨论艺术理想。

艺术欣赏的对象总是人化的自然,而艺术作品则是人化自然的最重要部分。在艺术作品中,人和人的生活本质反映在艺术的典型形象之中,使审美理想具体化,成为现实的事物。这种理想不是抽象的概念,也不同于规则和规范,而是体现于生动的形象,渗透了人的感情。一个艺术形象譬如诗的意境,它是如叶燮《原诗》所讲的,由理、事、情三者组成。一篇诗总是有情有景,情景交融就表现了理想。我们可以把事和景叫做造型因素,把情叫做表情因素,一篇诗、一幅画、一座雕像总是有造型因素和表情因素,两种因素结合起来就表现了艺术理想。所以,王国维把情和景作为文学的两原素[①],朱光潜讲意境是形象的直觉,表现了一定的情趣[②]。艺术是这两种因素的结合,缺一不可,这是自古以来好多人的看法。这两种因素是不能分割的,不过在不同的艺术中可以有所侧重。莱辛的《拉奥孔》讨论了诗与画的区别,他强调的是区别,诗和音乐宜于抒情,而绘画和雕塑则突出了造型因素。但是,不能认为宜于抒情的就没有造型因素,譬如音乐,像交响乐之类宜于抒情,但它寄托于声音,声音本身也可以说是一种形象;绘画是造型艺术,但是中国的山水画具有非常浓厚的抒情色彩,画和

---

① 参见王国维:《静庵文集续编·文学小言》,《王国维遗书》第五册,上海古籍书店1983年版,第28页。
② 参见朱光潜:《诗论》第三章,《朱光潜全集》第三卷,安徽教育出版社1987年版,第53页。

诗、书法结合在一起,是诗中有画,画中有诗。如果只是单纯直率的表情,喊喊"我痛苦"、"我快乐",那不是音乐,也不是诗歌。哀乐之情要表现于形象,寄托于景物。咏物写景,当然是刻画形象,但是如果缺乏情感,那也不是艺术。形象和情感结合以体现一种理想,这就是张彦远《历代名画记》中所说的"意存笔先,画尽意在,所以全神气也"①。"意"就是理想,"画尽意在",体现理想,画才能够全神气。"意"统帅着整个创作过程,体现于作品之中,而情和景的选择、结合,都是从属于这个理想的。好的画总是一定情景的结合,表现了某种理想,于是显得气韵生动,形神皆备,有意境、有性格。不过,这里讲的"意"并不是抽象的概念,而是体现在艺术作品中的"意",或是表现于画"咫尺有万里之势"的"势"中的"意",是具体的。

上面讲到美以真、善为前提,是互相促进的,那么讲到艺术,可以说,艺术美是艺术理想的现实。艺术理想和真、善不能分割,因而它就要求有真实性,和道德评价相联系着。就艺术的真实性来说,艺术理想有两个方面的物质前提:一个方面,艺术理想的源泉是社会生活以及人本身;另一方面,艺术理想要成为现实,一定要取得物质外壳,一定要有物质媒介来把它表现出来。从形式方面来看,艺术对声音、形体和色彩这些自然属性有一种依赖关系。画总是要有色彩、形体,音乐总是要有声音,如果音乐不讲和声、节奏,就不可能有音乐美。从内容方面来看,不论是写景还是抒情都要求有真实性,艺术理想要反映生活的本质。如果没有真实

---

① 张彦远:《论顾陆张吴用笔》,《历代名画记》,浙江人民美术出版社 2011 年版,第 26 页。

性，那就没有艺术。当然，这不是要概念化，也不是以琐碎的情节为真实。真实性是指人的生活的本质、人的本质力量，有这样的真实性，就能给人意境、给人性格，让生活逻辑通过艺术表现出来。艺术理想不等于生活中现成的东西，艺术家凭借理性的直觉，抓住了现实生活中处于萌芽状态的东西、现实生活中的可能性，并加以典型化、理想化，这样，艺术可以使人看到生活的本质，看到它的发展趋势。譬如《红楼梦》描写了那些反封建的、富于个性的人物的悲剧，揭示了中国封建社会没落、崩溃的趋势。又如屠格涅夫的《父与子》写了巴扎洛夫这样的形象，揭示了俄国当时两代人之间的冲突，预言了俄国虚无党人的出现。艺术当然不是科学，但是它给人提供真理性的认识，提供智慧。艺术理想不仅要具有真实性，而且还要体现一定社会集团的要求和道德理想。在艺术创作中间选择形象、抒写感情，通常总是同时作了道德评价的。道德理想与艺术理想的结合，是优秀艺术作品的内在要求。写正面人物、写人民，总是包含有道德上的肯定，写反面人物、写敌人，总是包含有道德上的否定。艺术要反映社会生活的真实，总是既要写正面人物，又要写反面人物。反面人物也可以成为艺术形象，但是怎样写反面人物？这就需要在道德上谴责，揭露他本质上的虚伪和虚弱。无论是塑造性格还是创造典型，都需要有一种道德理想，如果缺乏先进的道德理想，没有爱国主义，没有体现人道原则，那么这样的艺术总是无力的，不会有持久的生命力。

二、艺术想象的特点

艺术理想由艺术想象或者说形象思维形成，形象思维不同于理论思维。理论思维或抽象思维用概念、范畴来把握现实,它要求尽可能地客观,排除主观情意的干扰;而艺术想象却是每一步都需要形象直觉和感情的灌注,每一步都需要"情"和"景"即表情因素和造型因素的结合。要通过情、景来体现艺术理想,就会有它的一些特点。首先是像古代陆机、刘勰所讲的,要做到有无、动静的统一。刘勰《文心雕龙·神思篇》就是讲的形象思维,这样的思维是"神与物游",是"寂然凝虑,思接千载;情焉动容,视通万里"[1]。陆机《文赋》里讲是"课虚无以责有,叩寂寞而求音"[2]。他们都很强调这么一点,就是有无、动静的统一。这里说艺术想象,既要有形象又要超脱形象,既要有感情又要超脱感情,要能入能出,善入善出,这样,情景结合才能体现理想。"神与物游"总有一个"物"就是形象,但是"游"又是要超脱形象与时空的限制,只有这样,才可以像陆机所说的"观古今于须臾,抚四海于一瞬"[3]。把握的是"须臾",但是在这个"须臾"中间贯通了古今;把握的是"一瞬",但是这个"一瞬"实际上超过了自身而包容了四海;既据于形象又超脱了形象,这就是有限中揭示了无限。当然,理论思维也要求像荀子所说的"虚壹而静",但是形象思维因为密切结合着形象,而且形象又灌注了感情,就越发要求每一步都要有形象直觉,但又要超脱形象。因此,精神就要像《文心雕龙》所讲的"澡雪精神"[4],澄心凝思[5],思维要善于把握有无、动静的统一。因为密切

---

[1] 刘勰:《神思》,黄叔琳等注:《增订文心雕龙校注》,中华书局2000年版,第369页。
[2] 陆机:《文赋》,金涛声点校:《陆机集》,中华书局1982年版,第2页。
[3] 同上注。
[4] 刘勰:《神思》,《增订文心雕龙校注》,第369页。
[5] 陆机语,原文为:"罄澄心以凝思,眇众虑而为言。"见《陆机集》第2页。

结合形象进行想象活动,就特别需要让心灵摆脱意见、情欲的限制,特别需要超脱,只有澄心凝思,才能像刘勰所说的"登山则情满于山,观海则意溢于海"①。形象思维要观山观海,但是观山观海的目的是要"笼天地于形内,挫万物于笔端"②。把握的形象是很有限的,但是却"笼天地于形内",即在具体的形象中把握天地万物本质的东西。魏晋南北朝时期的美学理论与当时哲学家讲有无、动静之辩有密切的联系,而有无、动静之辩在思维上的成就,对当时的美学理论的影响很大。

艺术创作作为一种精神生产,特别要求个性化,精神生产都是从现实吸取理想,又化理想为现实。但是艺术理想的特点是要表现个性,艺术作品要富于个性色彩。艺术创作和物质生产、科学研究相比较,有一个明显不同的特点。在科学研究、物质生产中,人们从实践经验中总结出科学理论,又把它通过技术用于生产。这个过程可以分为若干个阶段,可以由不同的人来进行,譬如理论工作者、技术工作者和直接生产的工人可以在不同的岗位上互相配合,就是在同一个工厂里,不同的工种也可以分开进行。但是在艺术领域就不同了,艺术家要把生活和理想、构思和创作统一于一个人。剧本作家、作曲家和表演艺术家三者可以分开,但是写剧本的人、作曲的人、唱歌的人、演戏的人,每个人还是一个完整的创作过程。表演艺术家尽管只扮演一个角色,但本身还是一个完整的创作过程;一个演员不但要把角色演活,而且还要表现自己的特色,不然我们总觉得这个演员比较差。在艺术创作

---

① 刘勰:《神思》,《增订文心雕龙校注》,第369页。
② 陆机:《文赋》,《陆机集》,第2页。

过程中,内容和形式、构思和创作统一于一身,表现出个性,因此,艺术理想的现实都是个性化的。

艺术创作中,构思和表现、形式和内容是统一的。就语言艺术来说,正像《文心雕龙》所讲的"意授于思,言授于意;密则无际,疏则千里"①。思维形成理想,把它用语言表达出来,表达得好就是"密则无际",构思和表现是一贯的。当然,概念思维也是言意统一的,但是理论思维主要用语言、符号(如数学符号),而艺术不仅仅用语言。作为第二信号系统的语言主要是用来表示概念,那么语言艺术怎么用语言来表现形象?这就需要艺术技巧,而且诗歌、小说、戏剧和曲艺所用的技巧都不同,这些艺术技巧都需要培养,也需要有天赋。除了语言艺术,艺术部门还有音乐、绘画、雕塑和园林等门类,这些艺术门类在各自的领域内都要求一定的技巧和表现手段。每一种艺术都需要使用特定的物质媒介来使它的内容取得形式,如果不懂得运用笔墨色彩就不可能作画,如果不懂得和声节奏就不可能作曲。艺术创作这种精神生产本来是从劳动发展而来的,所以一定要懂得技巧,不懂得艺术表现的技巧,就不可能进行形象思维,也就不可能把握艺术内容和表现艺术理想。所以,形式问题很重要。当然,内容和形式的关系还是以内容为主,言和意还是以意为主,文学作品如果"理不胜辞",太注重词藻华丽,太注重外表,不是好作品。但是就艺术领域来说,内在结构或者如黑格尔所说表现了本质的形式,这是必须的。每一种艺术的内在结构如何掌握,这是一个很重要的问题。所以陆

---

① 刘勰:《神思》,《增订文心雕龙校注》,第369页。

机、刘勰都讲"意匠",艺术家要有"意匠",就是以"意"即理想作为图样来加工艺术形象。譬如写诗,就像刘勰所说,"玄解之宰,寻声律而定墨;独照之匠,窥意象而运斤"①,一定要懂得声律,那么这个"独照之匠"才能"窥意象而运斤";"意象"是 image,怎么对形象作剪裁、取舍? 就一定要掌握这种技巧。形象思维把构思和表现统一起来,如果在运用内在形式结构方面缺乏技巧,就不可能成为艺术家。

三、形象结合的方式

艺术理想要表现于灌注了感情的形象,没有表现就不是理想,那么形象之间是怎样结合的呢? 心理学家早就注意到了,形象结合遵循联想律。但是如果仅仅是联想,那还不是艺术想象。艺术形象要体现艺术理想,必须形成一个有机整体,这就需要依靠想象力,而通常的联想很可能是偶然的、散漫的,没有形成整体。形象结合的方式到底有哪些? 中国人早就提出用赋、比、兴,②这就是形象结合的三种方式。"赋"是直陈其事,用陈述句铺叙事实,而事实是在时空之中的,联想律就按时空的接近和运动中的展开而把形象结合在一起。语言艺术是这样,造型艺术、音乐等,也是利用时空秩序的。"比"是比喻,明喻、隐喻和象征等都包括在内。"比"总是要牵涉到类的问题,而文学艺术中的比喻比逻辑思维中的类比要宽广得多。形式逻辑是"异类不比"(《墨子·

---

① 刘勰:《神思》,《增订文心雕龙校注》,第 369 页。
② 赋、比、兴最早见于《周礼·春官》:"大师……教六诗:曰风、曰赋、曰比、曰兴、曰雅、曰颂。"其具体解释,可参见《毛诗正义》和朱熹的《诗集传》。

经下》),像《墨经》说:"木与夜孰长?智与粟孰多?爵、亲、行、贾,四者孰贵?"(《墨子·经说下》)它以为这是不可比的,但是从文学语言来说,却完全可以比;说农民的智慧和他的粮食一样丰富,说某人的地位尊贵但是他的灵魂卑鄙,本来不可比的就变得可比了;古代人常以金玉来比德,说"我心匪石,不可转也。我心匪席,不可卷也"(《诗经·邶风·柏舟》),那就是用非石、非席来比意志的坚决。拿物和心、拿形象和情意作比较,从形式逻辑来看是不可类比的,但在艺术上则是常见的形象结合的方式。只要在某一点上有相似,就可以比,但要求比得新颖。"兴",起也。朱熹说:"兴者,先言他物以引起所咏之词也。"①这个"引起",在逻辑思维上就是因果联系,客观上是引因起果,推理上是理由和推断的关系。在艺术中,这个"引起"比逻辑思维的因果联系和推论关系要广泛得多,可以因比喻某种意义而引起一件事情,可以因某种景物而引起某种感情,若即若离,但很自然。譬如古诗《饮马长城窟》以"青青河畔草"引起"绵绵思远道",大家觉得很自然,但是否有逻辑关系这就很难说。又如"孔雀东南飞,五里一徘徊",下面就引起焦仲卿、刘兰芝的悲剧故事,也是这样。总之,艺术中的"兴"比逻辑中的因果联系要广泛得多。

除了上面讲的赋、比、兴之外,形象结合还有对照和补充等方法。中国人写诗讲究对仗,往往采用形象对照,像左思《咏史》"郁郁涧底松,离离山上苗",用自然界景物的对照来比喻社会上的"世胄蹑高位,英俊沉下僚"②,既是对照又是补充,在形象上将自

---

① 朱熹:《诗集传》卷一,《朱子全书》第一册,第402页。
② 左思:《咏史》,逯钦立编:《先秦汉魏晋南北朝诗》,中华书局1983年版,第733页。

然景物与社会关系相互补充。一部大的小说,譬如《红楼梦》写林黛玉和薛宝钗,可以说体现了中国传统文化中儒和道、名教和自然原则的对立,这是一种对照。另外,还借用许多形象加以补充,譬如用自然形象如芙蓉、湘妃竹及《楚辞》和《庄子》中的形象来补充林黛玉,还用有些人物如过去人称为林黛玉"影子"的晴雯来补充;又用牡丹、厚重的家具和种种温柔敦厚的形象来补充薛宝钗的形象,还用人物如袭人作为她的"影子"。因此,儒和道、名教和自然两种原则在书里显得非常丰富,这种形象的对照和补充在所有重要的艺术作品中都要采用。

包括赋、比、兴和形象的对照、补充在内的这些方式,把形象结合成一个有机整体来体现艺术理想。这种形象思维,如果把它和理论思维作一个比较,实际上体现着时空形式和类、故、理的范畴。形象思维不是用概念、范畴,而是用形象结合的方式来表现理想,其中时空形式和类、故、理的范畴也起着作用。这说明形象思维和逻辑思维有它们相通的地方,逻辑思维遵循着概念的辩证法,形象思维也有辩证法,如刚才讲的利用有无动静的统一、内容形式的统一、构思表现的统一,以实现个性化;利用赋、比、兴以及形象对照和补充作为形象结合的方式,通过这些方式来反映形象的矛盾运动,反映现实生活的本质和人的本质力量的矛盾运动。形象思维是凭理性的直觉、艺术的想象来把握具体,给人暗示、启发,用形象来揭示生活的趋势,也就是揭示现实的可能性。艺术形象所提供的现实的可能性和科学理论的预见是不同的,科学理论的预见经过逻辑论证,并且设计实验以求证实。但艺术不是用逻辑论证,而是用形象结合的方式。艺术作品本身就是理想的现实,现实的可能性在艺术作品中已经形象化、具体化了,如果不现实就不叫艺术。科学的理论经过逻辑论证而形成数学模型或公式,在还没有实验证明以前,我们也可以承认它是一个科学假说、一个科学学说;而艺术如果不表现,它就不是理想,因为它没有使现实的可能性形象化。艺术作品如果深刻地揭示了现实生活的逻辑,提供现实生活发展的趋势、可能性,那么这种作品就是富于智慧的,有助于对真理的认识。在大作家的作品中,艺术境界和哲理境界可以达到统一。

第三节　艺术意境和典型性格

艺术理想一定是表现了的,艺术理想表现在艺术作品之中,就取得意境和典型性格这样的形象。因为艺术是通过造型因素和表情因素结合而表现理想,这两种因素不可分割,但可以有所侧重。因此,理想的表现就有偏重抒情的意境和偏重造型的典型性格。

一、言志说和意境理论

抒情艺术,按照中国的传统说法在于"言志",音乐和语言艺术中的抒情诗,都比较侧重于抒情。"诗言志"这个理论在《尚书·尧典》开始提出,庄子的《天下》、荀子的《儒效》都讲到了。《诗大序》说:"诗者,志之所之也,在心为志,发言为诗。情动于中,而形于言;言之不足,故嗟叹之;嗟叹之不足,故永歌之;永歌之不足,不知手之舞之,足之蹈之也。"这是很有名的话。诗歌、音乐和舞蹈都在于"言志","在心为志,发言为诗",表现为唱歌、舞蹈等等,这个理论在荀子《乐论》和《礼记·乐记》中都有阐发。在这些著作里,讲"言志"包括情和志,就是吟咏情性和抒写怀抱,感情和志向这两个方面。首先,讲怀抱就离不开政治和教化,离不开社会作用,这就要抒发对现实的美刺,或如孔子所讲:"诗,可以兴,可以观,可以群,可以怨。"(《论语·阳货》)其次,强调吟咏情性,写爱情和其他各种情感,就是后来陆机所谓"诗缘情以绮靡"①。吟咏情性和抒写怀抱,两者可以有所侧重,但常常不可分割。人的德性或本质力量表现为人的情感,表现为喜怒哀乐,都是人性感于物而动,离不开事物形象和人的动作;应感而动,总要有物的形象,总要形于声、色,所以抒情要寄托于形和声这些形象。艺术家、诗人用灌注了感情的形象来表现人的本质力量,这样就构成艺术意境。

"意境"这个词唐朝人王昌龄开始使用,皎然《诗式》讲"取境",也已经有意境的意义,但意境这个理论可以追溯得更早。这里对魏晋六朝理论中对情志在艺术作品中如何表现的理论探讨作点考察。照传统的说法,情志首先表现于"气","气"这个字的用法,如孟子讲的"夫志,气之帅也;气,体之充也"(《孟子·公孙丑上》)。"气"紧跟着"志","气"指人的勇气、气魄、气势,是一种道德的精神状态,"浩然之气"即大无畏精神。后来人们讲文气,是指作品的气势。曹丕《典论·论文》说:"文以气为主,气之清浊有体,不可力强而致。譬诸音乐,曲度虽均,节奏同检,至于引气不齐,巧拙有素,虽在父兄,不能以移子弟。"②说文章气势是作者个

---

① 陆机:《文赋》,《陆机集》,第 2 页。
② 曹丕:《典论·论文》,《全上古三代秦汉三国六朝文》第二册,第 387 页。

性的表现,就好像音乐中吹奏一样的曲子,但各人引气不齐,于是"巧拙有素"。"气"有刚有柔、有巧有拙,是由作者才性决定的。以后许多人讲艺术,就讲气、文气或者气韵。嵇康的《声无哀乐论》是关于音乐的理论,在这一篇著名的论文中,他强调艺术美要和道德区别开来。音乐讲究和声节奏,音乐美在于自然之和,是超越名教和伦理的,是客观的。嵇康在音乐上也主张"言志"说,"歌以叙志,儛以宣情"。那么"志"如何表现呢?他说:"和心足于内,和气见于外。"一个音乐家有内在和谐的精神,表现于外就有和谐的气。他说:"心与理相顺,气与声相应,合乎会通,以济其美。"[①]心(情志)和理想统一,气和声律节奏相应,这样就构成艺术美。音乐要表现人的理想,不表现理想就不叫音乐了,所以一定要讲究音律、节奏、和声,研究它们的数量关系。《声无哀乐论》这篇著作的重要性,就在于强调研究艺术美本身的特点。

  以后,六朝人对艺术美的研究越来越深入,对于志和气的关系考察得更多。到了《文心雕龙》,刘勰在探讨诗文时说:"神居胸臆,而志气统其关键;物沿耳目,而辞令管其枢机。"[②]"神"就是精神、情志,"神"表现为气势,叫"志气统其关键"。艺术创作中的精神如何表现? 就是情志表现于气。"物沿耳目,而辞令管其枢机",是说诗文要用语言文字来把握形象。由此,《文心雕龙》提出了一个范畴,叫"风骨"。《文心雕龙·风骨篇》中说:"怊怅述情,必始乎风;沈吟铺辞,莫先于骨。""练于骨者,析辞必精;深乎风

[①] 嵇康:《声无哀乐论》,戴明扬校注:《嵇康集校注》,人民文学出版社 1962 年版,第 222 页。
[②] 刘勰:《神思》,《增订文心雕校注》,第 369 页。

者,述情必显。"①这里讲了两个方面:首先,如果情志能够很好地表现,就是有"风"。什么叫"风"? 气动,物就有风,好比诗文有感染力,只有志气昂扬爽朗,抒情沁人心脾,真正能感动人,才叫有"风力"。这是从表现情志的内容方面来说的。其次,内容的把握离不开形式,如果用语言艺术形式来描写形象,"结言端直",能把思想很明确地表达出来,照刘勰的说法,就是能够形成"文骨"。"骨"指艺术品的内在结构,不是指表面形式。一篇文章有"骨",那就是说它的内在结构是挺拔、劲直的;如果只是注意表面的词藻,他就说这是"瘠义肥辞,繁杂失统,则无骨之征也"②。真正有"骨",是指作品内在结构坚强,就作家来说,情志表现为气势;就作品来说,气势就是风骨。"风"就是情志动人的感染力,而"骨"在于作品的内在结构,就是前面所讲的形象结合的逻辑。所以《文心雕龙·附会篇》说:"必以情志为神明,事义为骨髓,辞采为肌肤,宫商为声气。"③"情志"表现为作品里的神,叫神韵、气韵或者风等等,"事义"在语言艺术里表现为形象的结合,形象结合得好就有骨,叫"事义为骨髓";而辞采、音律这些是更表面的东西,所以说"辞采为肌肤,宫商为声气"。这样,就作品来讲是有风骨,就作者来讲是情志表现为气势、气韵。所以,清代纪昀说:"气即风骨"④,艺术作品中的"气"就是"风骨"。

"风骨"这一个词,不仅刘勰的《文心雕龙》专门讲了,而且同

---

① 刘勰:《风骨》,《增订文心雕龙校注》,第388页。
② 同上注。
③ 刘勰:《附会》,《增订文心雕龙校注》,第519页。
④ 纪昀:《风骨》评,刘勰著,黄叔琳注,纪昀评:《文心雕龙辑注》,中华书局1957年版,第282页。

时代的谢赫《古画品录》也讲"风骨"。谢赫说画有六法:第一是"气韵生动",第二是"骨法用笔",然后才是"应物象形"、"随类赋彩"、"经营位置"和"传移模写"①。"气韵生动"和"骨法用笔"就是讲风骨。画能感动人就叫"气韵生动",或者说作品有神气;画还要求有骨劲,"骨法用笔"就是说用笔来树立作品的"骨"。气韵和骨法、内容和形式的统一,是好作品最根本的要求,在这个前提下,才有"应物象形"、"随类赋彩"等等。唐代张彦远评谢赫六法说:"本于立意,而归乎用笔"②;又评顾恺之的画说:"意存笔先,画尽意在,所以全神气也。"③"意"就是理想,理想表现为"神气",而"神气"又靠"骨法用笔"来表现。一幅画既有感染力,又有骨劲,于是形似也就有了。中国画首先重在表现神、意,六朝人论画虽然还是指人物画,但已经强调要给人意境、要有神韵。

上面这些就是魏晋六朝人所达到的对音乐、绘画,尤其是语言艺术美的考察水平。但是艺术美又不能离开善和真。意境要求有风骨,这主要是就吟咏情性方面说的。但言志还要抒写怀抱,从诗"可以兴、可以观、可以群、可以怨"这方面来说,美要以真、善为前提,所以艺术要有兴寄,艺术要为人生。艺术理想与道德理想不可分割,诗人托物起兴、因物喻志,这样,他写的诗对认识、教化和移风易俗就有积极作用。六朝人讲抒情艺术理论,最主要的是情志表现为气势、气韵,要求艺术作品有"风骨";同时提出艺术要为人生,提出"兴寄"。"风骨"和"兴寄"是当时艺术意境

---

① 张彦远:《论画六法》,《历代名画记》,第 16 页。
② 同上注。
③ 张彦远:《论顾陆张吴用笔》,《历代名画记》,第 26 页。

理论的两个核心概念。但是在艺术实践中,当时出现一种不健康的倾向,因此齐、梁人的诗为唐人所不满意,对它们进行批评。主要就如陈子昂所说:"汉魏风骨,晋宋莫传","齐、梁间诗,彩丽竞繁,而兴寄都绝"。① 唐人批评齐、梁诗,就主要指这两点:一个是缺乏"风骨",一个是没有"兴寄";而从美学理论来说,"风骨"和"兴寄"恰恰就是这个时期的理论家提出来的。六朝人在文艺理论上,写出像《文心雕龙》、《诗品》、《文赋》和《古画品录》这些著作,替唐代的艺术繁荣作了理论准备,但是六朝人本身实际上没有做到。唐代人强调的理想就是要有"风骨"、"兴寄",这个就成为中国文学艺术的主流。

中国人写了几千年的诗,没有一个民族像中国人写了那么多的诗,有那么深厚的抒情艺术的传统,与此相联系,在美学上也长期发展了言志说和意境理论。这个传统是丰富多彩的,有儒家的"温柔敦厚"的诗教,这种诗教与礼教相联系着,注意诗的抒写怀抱的作用和兴、观、群、怨的功能,主张"兴寄"就是属于这一类。但是这个传统也可以由此而产生"文以载道"的倾向,变成教条化。另外,也有接近于庄子、禅宗的,讲诗在于妙悟的传统,譬如司空图、严羽的诗歌理论。严羽说:"诗有别趣。非关理也……所谓不涉理路、不落言筌者,上也。诗者,吟咏情性也。盛唐诸人惟在兴趣,羚羊挂角,无迹可求。"②讲"别趣"、"吟咏情性"和"兴趣",这种美学理论注重理性的直觉,看到了形象思维的特点,但是往往忽视了美要以真和善为前提,忽视了艺术要为人生;过分强调

---

① 陈子昂:《修竹篇(并序)》,徐鹏校点:《陈子昂集》,上海古籍出版社2013年版,第16页。
② 严羽:《诗辩》,张健校笺:《沧浪诗话校笺》,上海古籍出版社2012年版,第157页。

羚羊挂角，就不可能有盛唐那样的风骨、气派。真正盛唐的传统，要求艺术具有风骨、兴寄，讲艺术是为人生的。这个传统在唐人那里演变到后来，就成为白居易、韩愈的理论，白居易说"歌诗合为事而作"①，强调诗的美刺比兴作用；韩愈讲"不平则鸣"②，因为这时社会矛盾加深了，他们就强调文学艺术要反映社会矛盾，有批判现实的作用。后来的大作家都强调这个传统，认为诗文要干预现实，反映社会矛盾。一直到黄宗羲讲"文章，天地之元气也"③，强调风雷之文，鲁迅强调"金刚怒目"④，都是这个传统。

二、模仿说和典型性格

造型艺术以及语言艺术中的叙事作品、戏剧，着重于叙事，着重于造型因素这一方面。艺术理想表现的具体化，就在于描写典型性格。中国人长期热衷于写诗，一直发展了"言志"说；而希腊人早就写叙事诗、喜剧、悲剧，造型艺术在希腊人已经很完美了。希腊人最早提出"模仿说"或"再现说"，"再现说"实际就是要描写典型性格。亚里士多德提出，悲剧是对于比一般人好的人的摹仿⑤，这就是一种典型性格学说的开始。黑格尔把人物性格看作"理想艺术表现的真正中心"⑥，理想艺术就是要写典型性格。至

---

① 白居易：《与元九书》，谢思炜校注：《白居易文集校注》第一册，中华书局2011年版，第324页。
② 见韩愈：《送孟东野序》，马其昶校注：《韩昌黎文集校注》，上海古籍出版社2014年版，第260页。
③ 黄宗羲：《谢皋羽年谱游录注序》，《黄宗羲全集》第十九册，第29页。
④ 鲁迅：《且介亭杂文二集·题未定草（六）》，《鲁迅全集》第六册，第436页。
⑤ 参见亚里士多德：《论诗》，《亚里士多德全集》第九卷，第644页。
⑥ 黑格尔著，朱光潜译：《美学》第1卷，商务印书馆1981年版，第300页。

于大家都熟悉的恩格斯关于现实主义的定义则说:"现实主义的意思是,除细节的真实外,还要真实地再现典型环境中的典型人物。"①典型人物也是通过造型因素和表情因素的结合来表现一定的审美理想,但是这和抒情作品不一样。抒情是以"情"作为"性"的表现,把"情"灌注于形象的结构之中。但是在叙事作品像小说、戏剧中,性格通过动作和情节展开,人的动作、生活的情节在一定的环境中发生,对动作、情节、场景的描写,虽然也渗透了情感,但是注重的是造型因素。在叙事作品像长篇小说、戏剧中的人物,往往通过若干场景和情节来表现其性格,譬如《水浒传》中豹子头林冲这样的人物性格,就通过一系列情节,如受高俅迫害、发配沧州、野猪林、火烧草料场,后来又逼上梁山、火并王伦等等而得到表现的。这些情节在不同的场景中发生,而这些场景则是典型环境的反映,长篇小说、戏剧里面的性格描绘就是这样展开的。有的艺术如雕塑、绘画,往往只能选择一个场面、一个情节来表现人物性格,这是因为艺术手段有限制;但是一个场面、一个情节也可以表现人物性格,如莱辛讲的拉奥孔,就是一个情节。不论是绘画、雕塑、小说还是戏剧,它们所描绘的情节、动作都渗透了感情。不过,叙事作品形象结合的逻辑,通过情节、场面来展开。如戏剧讲究结构,清初李渔《闲情偶寄》讲戏曲结构要"立主脑"、"密针线"、"减头绪"等等,都是讲的情节怎么在场景中间展开。在情节的发展中,通过人物之间的矛盾的展开,人的本质力量也就表现出来,这样人物性格就形成了。这样的性格是一般和

---

① 恩格斯:《致玛格丽特·哈克奈斯》,《马克思恩格斯全集》第 37 卷,人民出版社 1971 年版,第41页。

个别的统一,是形神皆备的性格,所以叫典型。典型具有一般意义,但必须是一个活生生的个性,有完整的具体性,有独特的个性特点,如林黛玉就和薛宝钗、史湘云不一样,阿Q和小D也不同,每个人都有他(她)的个性。通过典型性格,生活的逻辑展开了。

中国的艺术和美学传统与西方相比,有很显著的差别。中国人写诗写得特别长久,叙事作品要到宋以后才得到比较大的发展,到清初李渔、金圣叹的著作中,才有比较完整的小说、戏剧理论,才有关于怎样写典型性格、叙事作品结构怎样形成的理论。金圣叹讲:"《水浒》所叙,叙一百八人,人有其性情,人有其气质,人有其形状,人有其声口。"[1]说明人物形象应该有他的个性。李渔说:"欲劝人为孝,则举一孝子出名,但有一行可纪,则不必尽有其事,凡属孝亲所应有者,悉取而加之。"[2]写孝子可以把许多孝子的行为集中于一个人而有他的个性,所以他说"传奇无实,大半皆寓言耳。"[3]这是塑造典型的方法。

因为中国人长期发展了表现说和意境理论,所以造型艺术和叙事作品都受了抒情的影响,中国画就用来抒情,特别是山水画抒写意境。这里也有一种偏向,即人物画起初强调意境,重神似而对形似未免有所忽视。中国人没有像西方人那样去重视对人体解剖和色彩作科学研究,所以人物画的成就不及西方。戏剧、小说发展得比较晚,但由于前面有一个很长的抒情言志的传统,

---

[1] 金圣叹:《贯华堂第五才子书·序三》,曹方人、周锡山标点:《金圣叹全集》第一册,江苏古籍出版社1985年版,第10页。
[2] 李渔:《闲情偶寄·词曲部上·审虚实》,《李渔全集》第三册,浙江古籍出版社1991年版,第15页。
[3] 李渔:《闲情偶寄·词曲部上·审虚实》,《李渔全集》第三册,第15页。

因此，中国人的戏剧小说也讲究意境，富于抒情色彩。中国的戏剧不像西方的戏剧，结构不太严密，戏可以一折一折演，每一折都给人意境。这一点王国维已经注意到了，他说："元剧最佳之处……曰：有意境而已矣。"[1]中国人的小说像《红楼梦》这样的作品，处处都体现了叙事和抒情、性格和意境的统一，这就使这部作品达到了很高的造诣，可以说世界上没有一部作品能够像《红楼梦》那样，把叙事和抒情、性格和意境结合得那么好。

三、近代的艺术革命

中国近代是一个社会变革的时代，有很多人提出文艺革命的问题。梁启超提出小说革命、诗界革命，主张"以旧风格含新意境"[2]，大概是用旧形式来写新内容的意思。黄遵宪的诗就是这样的。五四时期陈独秀、胡适倡导文学革命，提倡白话文，成绩很大。启蒙作家强调艺术为人生，并且强调用艺术的手段来改良人生，这个主流是健康的；不过同其他文化领域一样，后来有过分强调文艺为政治服务的偏向，几乎与"文以载道"的老调一样，严重破坏了创作的自由。现在可以说又有另外一种偏向，那就是拜金主义影响到艺术领域，这同样要破坏创作自由。

各个领域都面临古今、中西之争。艺术总是要求有民族特色，所以应当继承传统；但是同时也必须要借鉴外国的东西，来反映时代。要反映复杂的现代生活，有些旧形式一定要改造，要利

---

[1] 王国维：《宋元戏曲考·元剧之文章》，谢维扬等主编：《王国维全集》第三册，浙江教育出版社、广东教育出版社 2009 年版，第 114 页。
[2] 梁启超：《饮冰室诗话·六三》，人民文学出版社 1959 年版，第 51 页。

用活的语言、新的艺术手段创造新的艺术形式,这些都是很复杂的问题。从语言来说,由文言变为白话,这是一个飞跃,但它带来的一系列问题,不能说艺术家都已经解决得很好。譬如说新诗,至今未解决格律的问题,声乐也是如此;有些外来的体裁如电影、电视剧、话剧等,要熟练地掌握它,使它中国化也需要一个过程。从艺术形式方面考虑,各种形式的发展是很不平衡的;就内容方面来说,究竟抒情、叙事哪个为主,这也是个问题。闻一多认为,要反映现代复杂的社会生活,在一个新的时代可能还是需要叙事作品。现代生活很复杂,要用戏剧、小说、电影、电视这些艺术形式来反映。商品经济发展了,原来那种牧歌式的诗情画意没有了,不过,由于中国人的民族传统,叙事作品仍旧可能带有丰富的抒情色彩。刚才讲的《红楼梦》,成绩就很大,戏剧如京剧仍然以意境取胜,园林、山水艺术也是如此。但是究竟如何使意境具有现代气味,使叙事和抒情更好地结合?这些是很复杂的问题。

在美学理论上,近代是有成就的,王国维、朱光潜、宗白华等借鉴西方的美学理论,对中国传统的意境说作了研究,作出了新的贡献。不过,因为王国维讲意境偏重于司空图、严羽和王渔洋"羚羊挂角"的传统,近代美学理论又有一个倾向,似乎一讲艺术意境就是"羚羊挂角"的传统。这是片面的,鲁迅已经指出了这一点。鲁迅总结了自己的创作经验,研究了小说史,发展了"典型性格"的学说,同时,他强调在意境方面要继承"金刚怒目"式的传统。近代的美学有许多人做了开拓性的工作,但是还需要进一步发展。六朝人给盛唐作了准备,他们的美学理论,即关于神思、风骨、兴寄的学说,以及对于艺术形式如格律、画法、书法的考察,这两个方面为盛唐的繁荣创造了条件。历史可以借鉴,现代的中国也需要这两个方面的准备,现在做得还很不够。

第四节 现实的美化和美的个性

一、感性形象的个性化

审美活动的自由,就是在人化的自然中直观人的本质力量,这种人和自然、性和天道的交互作用,要以感性形象作为中介。这种感性形象一定是个性化的,是个性自由的体现。王夫之说:"色声味之授我也以道,吾之受之也以性。吾授色声味也以性,色声味之受我也各以其道。"① 讲性与天道的交互作用,就是以色声味这些感性性质为媒介的。自然界的秩序,包括人类社会生活的秩序,是客观的"道"(自然过程),这种客观的"道"表现于形色、声音。自然界的山间之明月、江上之清风,这些自然界的事物以及人类社会生活,都有它们的"道",都有它们的必然之理、当然之则。这些客观过程的秩序要通过感官的大门,才成为授予人的"所与"(Given),这也就是所谓"目得之成色,耳得之成声"②。通过这些形形色色,客观过程才成为我的"所与",而我也通过这些感性活动,才接受了天道、人道,并在主客体交互作用中来塑造自己的性格。同时,在这交互作用中,我的"性"就显现为情意;情意通过语言、动作和容貌表现等等,与客观事物以及社会中的人互相沟通。以这些感性形象为中介,客观秩序、节奏就体现了我的

---

① 王夫之:《尚书引义·顾命》,《船山全书》第二册,第 409 页。
② 王夫之:《尚书引义·太甲二》,《船山全书》第二册,第 300 页。

个性,打上了我的个性的烙印。不仅是我进行审美活动和艺术创作,都表现为个性化的形象;而且性和天道、自然和人的互相作用,都是要通过个性化的感性形象。

这些感性形象都是特殊的,而情意也是特殊的。这些感性的东西是生动的、有直接性的,但却是零碎的、殊相的,它转瞬即逝,有特殊的时空限制。如何来超越这种限制?科学的办法是从殊相中概括共相,把殊相看作共相(类、规律)的例子;而艺术运用想象力,把殊相结合为个性来揭示理想。科学和艺术采用不同的方式,但都是要求超越时空限制,从有限中揭示无限。黄宗羲早就表述过这个意思,他说:"诗人萃天地之清气,以月露风云花鸟为其性情,其景与意不可分也。月露风云花鸟之在天地间,俄顷灭没,而诗人能结之不散。"[①]自然的形形色色、各种声响,如王国维所说都是"须臾之物"[②],而人的情感、形态、动作也是不断变化的,但是艺术家能使它们"结之而不散",成为艺术形象,"结之而不散"就具有永久的性质。那么怎么能做到这一点呢?这就要做到黄宗羲所说的"景与意不可分"。"景"本来是特殊的东西,但把它贯注了"意",体现了理想,形象就成为人的性情的流露,从而个性化了,这就叫"以月露风云花鸟为其性情"。

艺术意境就是审美理想的个性化,典型性格也是如此。这些个性化的感性形象,就是性和天道、人和自然交互作用的桥梁,是

[①] 黄宗羲:《景州诗集序》,《黄宗羲全集》第十九册,第13页。
[②] 参见王国维:《人间词话·附录十六》,《人间词话》,江苏文艺出版社2007年版,第75页。原文为:"夫境界之呈于吾心而见于外物者,皆须臾之物。惟诗人能以此须臾之物,镌诸不朽文字,使读者自得之。"——初版编者

人的本质力量的对象化和形象化。这种自然的美化或现实的美化有许多途径,而且是多层次的。艺术家创作诗歌、音乐和绘画,对自然进行艺术加工,是纯粹的艺术创造;建筑艺术、园林艺术和工艺美术,既有艺术加工,又有实用价值,美的依存性比较大;另外,宗教仪式、神像雕塑和庙宇都与宗教相联系,儒家的礼乐也与礼教相联系,这些都有教化作用和功利性质,也都是人对社会生活的美化;农民种庄稼、造林工人造林,自然而然地要求行列整齐,通过劳动来美化自然,这些活动更多地要求创造财富,个性化色彩更少一些;自然界也可能没有人予以加工,仅是由于人的移情作用而显得美。总之,现实生活和自然的美化,有多种方式,有不同的层次,个性化程度也有差别,但总是或多或少的是感性形象的个性化。

二、美的个性

感性形象的个性化的特点,对于培养人的个性、发展人的个性自由有着特别重要的意义。主体、"我"总是凭借相应的对象(为我之物)而发展的,人在劳动中培养技能,在学习研究中锻炼思维,在艺术鉴赏中发展审美的能力。培养美的个性,需要个性化的形象的滋养。不能要求每个人都成为诗人、画家,艺术需要天赋和勤奋训练;但是,每个人都可以成为美的个性,如具有欣赏能力,在对美的自然景色和艺术品的鉴赏中享受到自由。一个没有美的个性的人是不自由的,是不会令人觉得可爱的。

个性是人这种精神主体有别于其他物质的东西的本质特征,离开了精神主体,就谈不上自由的个性。在自然界中,个性被看作类的分子、群体的细胞,这严格说来都不是个性,只有人的精神才真正是个性的,或要求成为个性的。人的个性表现在他的活动、事业和交往关系中,这些活动、事业和交往关系都是以感性形象作为中介的。人的精神要求使感性形象个性化,具有艺术的性质,只有这样,精神主体才能感到真正自由的愉快,如庖丁解牛时的踌躇满志,就是技艺成为了艺术。劳动领域是如此,别的领域也是如此。如果真正深入把握了科学理论,就会感到理论的美,就能在理论活动中感受到审美的自由。科学上的发明、理论上的创造,也要生动的想象,而且真正有所发明、有所创造的时候,总是伴随着激动人心的灵感,这时精神处于最自由的状态,会感到个性得到了最充分的表现。人的德性要求既自觉又自愿,真正达到乐于从事,像孟子所说的"乐则生矣;生则恶可以已也"(《孟子·离娄上》),到了这种地步,就会感到人的德性有艺术的性质,这就像心理学家马斯洛讲的"高峰体验"。随便在哪个领域,只要真正达到高峰体验,它的活动就会具有审美的自由。

有的时代比较有利于个性和艺术的发展,有的时代则比较不利。黑格尔在《美学》中讲到,牧歌式的黄金时代和市民社会对艺术不利,他向往希腊的英雄时代。人不可能再回到古希腊的英雄时代去,但黑格尔的话说明了在自然经济条件下人对人(在上者)的依赖关系,或者在资本主义条件下人对物(商品、货币)的依赖关系,是不利于艺术的发展的。纲常名教束缚人的独立性,资本主义社会的拜金主义使人屈服于金钱,这些都是摧残艺术、摧残个性的。如果过分强调思想性,概念化地把艺术作为某种教义的图解;如果过分强调阶级性,把阶级作为类,而人作为类的一个例子,划分阶级成分;如果过分强调群体性,把人视作群体的细胞、螺丝钉或驯服工具,都足以扼杀个性,这一类的教条主义往往和权力迷信、和人的依赖关系相联系着。当然,如果走到另外一种偏向,过分强调经济利益,甚至于达到"人不为己,天诛地灭"的地步,也是对个性的摧残,这种利己主义必然导致价值的虚无主义,走向对理想、信念的否定。不论教条主义、实用主义还是价值虚无主义,都摧残个性、损害艺术。所以,如何使社会和上层建筑更适合个性和艺术的发展,这是一个需要大家努力来解决的问题。

艺术品中的个性区别于现实中的个性,艺术作品要写个性是一回事,现实社会的人要求美的个性,这又是一回事。道学家是束缚个性的,但是在艺术作品中把道学家的精神面貌和内心矛盾具体地写出来,那么这个道学家就成为一个艺术形象,如《儒林外史》中的王玉辉就是这么一个艺术形象。专制统治者玩弄权术,这种人摧残个性,令人深恶痛绝,但《三国演义》中的曹操却成为一个活生生的奸雄的形象。艺术要反映生活的真实,既要写正面人物,也要写反面人物。对反面人物要从道义上给予谴责,从本质上揭露其虚弱,这是美以真和善为前提所提出来的要求。把反面人物的性格生动地描写出来,写出他的个性,并且赋予艺术的形式美,那么,这样的艺术形象就有助于读者的个性自由的发展。

三、艺与道

艺术以个性化的形象来揭示生活的逻辑,有助于人的个性的自由发展。艺术尽管可以虚构、夸张,可以写梦境、幻景和鬼神,但是归根结底,艺术不能违背生活的逻辑。一切真正的艺术作品都是既个性化,又符合生活的逻辑。近代美学家宗白华喜欢讲"艺中之道",认为唐代画家张璪讲的"外师造化,中得心源"是意境创造的一个基本条件。他从"造化"和"心源"两者的统一来说明艺术意境中有它的"道",因此艺术意境和哲理意境是统一的。他讲"道尤表象于艺,灿烂的'艺'赋予'道'以形象和生命,'道'给予'艺'以深度和灵魂"[①]。宗白华的理论有一种泛神论色彩,这一点可以不管它,但他要求"道"表现于艺术,艺术形象的节奏韵律使"道"具象化、肉身化,于是,真理在艺术家所创造的秩序的网膜中闪闪发光。艺术家通过"外师造化,中得心源",能够既体现宇宙的意识,又表现自己内心的生命,这也就形象地体现了性和天道的统一,也就是艺中有道,认为宇宙生命的节奏和自我内心的节奏是统一的。宗白华的这种理论有其缺点,不足以说明艺术意境的多样性,也会使人脱离人生和现实。在他的心目中,艺中之道主要是庄子、禅宗的"道",他所欣赏的意境主要是司空图、严羽所说的"超以象外,得其环中"[②]的那种意境。这种意境确实是艺术和哲理的统一,但是艺术表现"道"不止这种意境。鲁迅讲还有"金刚怒目"的意境,那是更重要的。"金刚怒目"的意境也是"外师造化,中得心源",要求诗和艺术要把握时代精神,反映现实生活的逻辑。事实上,大作家都是如此,如杜甫的诗非常丰富多样,给人丰富多样的意境,构成了时代的巨幅画卷,替时代立言,所以被称为"诗史"。大诗人如屈原、陶渊明、李白、杜甫,他们的诗都构成了时代画卷。长篇的戏剧、小说如《水浒传》、《红楼梦》,写了

[①] 宗白华:《美学散步》,上海人民出版社1981年版,第68页。
[②] 司空图:《二十四诗品》,浙江古籍出版社2013年版,第1页。

许多典型人物,这些人物和他们的活动,都可以说构成了一个时代的巨幅画卷。这种时代的精神并不是抽象的,而是通过艺术家个人的遭遇、切身的感受体现出来的。作家感受到时代的矛盾,像韩愈所说的"有不得已者"[①],有非说不可的东西,于是借助一定的手段,把社会矛盾形象地表现出来。正如黄宗羲所说的,韩愈、欧阳修的散文,李白、杜甫的诗歌,师旷的音乐,王实甫、关汉卿的戏剧,都成为豪杰精神之所寓。时代精神通过豪杰精神反映在艺术中,这有其必然性,但是一个时代是否能产生伟大艺术,当然要取决于多种条件。艺术体现"道"、体现生活的逻辑,这是对的,但是不要作狭隘理解;实际上,"金刚怒目"的传统比"羚羊挂角"的传统更重要。

---

① 韩愈:《送孟东野序》,《韩昌黎文集校注》,第 260 页。

第九章
理想人格的培养

人类通过化理想为现实的活动来发展科学、道德和艺术,创造有真、善、美价值的文化,改变了现实世界的面貌,同时也发展了自我,培养了以真、善、美统一为理想的自由人格,使理论(智慧)化为德性。

第一节　中国传统哲学中的"成人之道"

中国古代哲学家早就在讨论人能否成为圣人,如何才能成为圣人?这就是一个理想人格的培养问题。在中国传统哲学中,正是这个问题把智慧学说和本体理论结合为一,把认识论、伦理学和美学沟通起来。以下我们就按历史线索作一些考察。

一、先秦:儒家论成人之道以及儒道的对立

首先讲先秦儒家的成人之道。孔子最先提出成人之道。《论语·宪问》:"子路问成人。子曰:'若臧武仲之知,公绰之不欲,卞庄子之勇,冉求之艺,文之以礼乐,亦可以为成人矣。'曰:'今之成人者何必然?见利思义,见危授命,久要不忘平生之言,亦可以为成人矣'。""今之成人者"云云,可能是子路的话,以为勇于行义、有忠信之德,便可以说是"成人"。而孔子则是说,有了智慧、廉洁、勇敢和才艺,还应该用礼乐来美化,这才是完美的人格。孔子这话包含有要求知、意、情和真、善、美全面发展的意思,而说"亦可",乃未足之辞,真正的理想人格应该是圣人。刘向《说苑·辨物》记载孔子和颜渊的一段对话:"颜渊问于仲尼曰:'成人之行何若?'子曰:'成人之行,达乎情性之理,通乎物类之变,知幽明之故,睹游气之源,若此而可谓成人。既知天道,行躬以仁义,饬身以礼乐。夫仁义礼乐,成人之行也。穷神知化,德之盛也。'"[①]这虽然是汉代人的记述,但可以看作先秦儒家的"成人"学说。完美的人格是一种真、善、美统一的人格,知天道、行仁义,还文之以礼乐,通过仁义礼乐这些"成人之行",来达到穷神知化的圣德,这就是圣人。

　　这种成人之道即关于培养理想人格的途径,是儒家的理论和实践所要解决的主要问题。尽管孟、荀两派有唯心论、唯物论的差别,但是他们心中理想人格的观念还是相似的,都以为理想人格要求全面发展。孟子讲仁、义、礼、智四端,又说"充实之谓美",荀子也讲"不全不粹之不足以为美",都是包含以真、善、美统一,知、意、情统一为理想人格的德性这种意思。那么,这种理想人格怎么培养呢?儒家认为要通过学习、教育和修养。尽管孟子讲性善,荀子讲性恶,一个重先天,一个重后天,但都认为要通过学习、教育和修养来培养人的德性,这个观点还是一致的。他们都认为

[①] 刘向:《辨物》,向宗鲁校正:《说苑校证》,中华书局1987年版,第442页。

人格应该在人伦关系中来培养,都强调要读儒家的经典,用仁义礼乐作为教化的内容,都强调学校教育的重要性。他们自己都是教师,都认为应该建立一种爱和信任的师生关系。教师要以身作则,以孔子为榜样,"学不厌而教不倦"(《孟子·公孙丑上》),以此作为达到仁智统一的途径。他们也都强调个人修养,孟子讲养"浩然之气",这种浩然之气为"集义所生",它以"直养而无害",要用"必有事焉,而勿正"(同上)的工夫来涵养,就是要持久地用直道和正义来培养人的精神,既不忘又不助长,这样来锻炼坚强的意志力,来培养浩然之气,以至表现为至大至刚的勇气;荀子讲"凡治气养心之术,莫径由礼,莫要得师,莫神一好"(《荀子·修身》),又说:"君子养心莫善于诚"(《荀子·不苟》),也是强调要专心致志地用礼义来修养,强调守仁、行义都要诚心,最后达到"经纬天地,裁官万物"的境界。尽管孟子讲"求放心"是复归本源,荀子讲"积善成德"(《荀子·劝学》),"长迁而不反其初"(《荀子·不苟》),这是不同的;但是"人皆可以为尧舜"(《孟子·告子下》)、"涂之人可以为禹"(《荀子·性恶》),这还是一样的。从"成人"的途径来说,通过学习、教育和修养,以达到仁、智统一的人格,这也是他们共同的主张。

墨家也肯定人可以通过教育、学习和修养来培养理想人格。墨家的理想人格和儒家有所不同,从培养途径来说,墨家更强调行,但是圣人可学而至,儒、墨的观点是一样的。

但是道家的观点就不同了,道家认为理想人格超脱人伦关系,不像儒、墨所说那样,理想人格须在人伦关系中培养。道家的理想人格是"天地与我并生"、与自然为一的人格,这种人格不是如儒、墨两家所说的通过学习可以达到的。老子就提出"为学日益,为道日损,损之又损之,以至于无为。无为无不为"(《老子·四十八章》)。他认为只有"绝圣弃智"、"绝仁弃义"、"绝巧弃利",抛弃一切有价值的文化,达到无知、无欲的境地,这才是真正的有德。这样的人格好像是"婴儿之未孩"(《老子·二十章》)。庄子讲得就更加具体了,以为只有通过"心斋"、"坐忘"的工夫,忘仁义礼乐,忘善恶是非,忘彼此的对立,忘主客、能所的差别,达到混沌、达到"离形去知,同于大通"(《庄子·大宗师》)的境界,才真正是自由、逍遥,能"乘天地之正,而御六气之辩,以游无穷"(《庄子·逍遥游》)了。

儒家和道家提出了两种不同的理想人格,两种不同的达到理想人格的途径。照道家的话来说,就是"为学日益,为道日损",认为儒家的办法是不行的。儒、墨认为通过学习可以成为圣人,道家则认为只有自然无为才能成为圣人。这两种说法对后世的影响都很大。

二、汉至唐:圣是否可学以及明志之辩

汉代儒术独尊,把孔子神化了,神不是普通人,不能通过学习来达到。后来王充区别了"圣"和"神",说"圣"可以学,"神"不可以学,"神"是天生的,而人们"学以成德"所要达到的目标是"圣"。王充虽然批评了把孔子神化,认为圣人可以学而致,但是他没有解决"学以成德"与"性成命定"之间的矛盾,也就是"圣"与"神"之间的矛盾。到了魏晋,儒道为一,玄学家把自然和名教统一起来,同时也想把"神"和"圣"统一起来,王弼就说"神圣合道"[①],是一回事情。郭象说:"圣人常游外以宏内,无心以顺有,故虽终日挥形

---

① 王弼:《老子道德经注·六十章》,《王弼集校释》,第158页。

而神气无变,俯仰万机而淡然自若。"①"神"和"圣"也就是内圣外王,在他看来淡然自若的神人和俯仰万机的圣王是统一的。说"神"和"圣"是一回事,那么圣人是否可以通过学习而达到呢?按照郭象的理论,那是达不到的。在他看来,一切都出于自然,小鸟不能羡慕大鹏,颜回也不能成为孔子,他说:"不问远之与近,虽去己一分,颜孔之际,终莫之得也。"②颜渊和孔子只差一点点,但是颜渊无法达到孔子的境界,自然天赋就是如此,因此圣人不可学而得。

这个时期,佛学逐步玄学化了。佛教认为,人可以通过修行,一个阶梯一个阶梯地上升,最后达到完全解脱的涅槃境界,所以修行可以成佛。佛学与玄学结合,就产生了竺道生的"顿悟"说。谢灵运的《辨宗论》讲,竺道生的"顿悟"说是孔释两家的折衷。他认为佛教讲圣"积学能至",通过学习、经历若干阶段,是可以达到的;而孔子的学说认为"理归一极"、"虽颜殆庶",圣道不能通过学习而达到。他这里讲的"孔子的学说",实际上是玄学家的学说,即颜渊也没有办法经过学习而达到孔子,因为真理是整个的,要把握整个的真理一定要靠悟,不能通过一阶段一阶段的渐进。竺道生把佛、玄两家之说折衷了,认为圣人是可以学的,但是一定要通过"顿悟"才能把握真理的全体,把握了真理的全体就成为圣人。这个"顿悟"说后来为禅宗所发挥,为理学所继承,产生了很深远的影响。以后的中国哲学家认为,圣人可学而致,但要通过悟,禅宗、宋明理学大体都是如此。这是关于圣人是否可学,以及

---

① 郭象:《庄子·大宗师》注,《庄子集释》,第273页。
② 同上书,第226页。

圣和神、顿和渐这些关系的理论。

"圣"可学而至,那么如何学为圣人?这是另一个重要问题。首先,要贯彻自觉原则和自愿原则的统一。这方面,先秦的儒家有成功的经验,孔、孟、荀作为教师,都懂得这一点。但是到了汉代儒术独尊以后,纲常名教借天命的名义要求人们自觉地遵守,而自愿原则就被抛弃了。名教如果不是出于自愿,它就可能变成虚伪的,造成了王符所说的"言方行圆,口正心邪,行与言谬,心与口违"①的现象。所以嵇康就提出"越名教而任自然"②的口号,主张"越名任心",他把自愿原则和自然原则结合起来,但未免忽视了自觉原则。这时,佛教传到中国来了。佛教不讲天命,认为世界是由"无明"而"幻化"。由于"无明",就有种种因缘的结合而变现为万事万物,照佛教的说法,只有"转识成智",达到涅槃、寂灭的境界,才是解脱。如何才能"转识成智"?佛家讲"止观双修",由定发慧,以慧照定;佛家说"寂灭"、"无生",本来是要达到一种无情、无欲、无我的境界。"无我"是佛教的三法印之一,是一个根本的教义。但是佛学中国化之后,更多地强调"明心见性",以为"无我本无生死中我,非不有佛性我也"③,肯定"我"有佛性、人人有佛性,这种说法越来越接近孟子,结果就产生禅宗。禅宗讲"即心即佛"、讲顿悟,认为"灵明鉴觉"是每个人固有的,这就是佛性。通过激发你的自信心,认识到自性具足一切,相信自己和佛祖没有

---

① 王符:《交际》,彭铎校正:《潜夫论笺校正》卷八,中华书局 1985 年版,第 355 页。
② 嵇康:《释私论》,《嵇康集校注》,第 402 页。
③ 竺道生:《注维摩诘经·弟子品》,石峻等编:《中国佛教思想资料选编》第 1 卷,中华书局 1983 年版,第 207 页。

什么根本差别,因此自己就可以"随处作主",依靠自力来求得解脱,成为自由人。这样,在禅宗的学说中,自觉原则和自愿原则就统一起来了。禅宗的这种理论及其教学实践,可以说唤醒了先秦儒家的传统。柳宗元进一步使先秦儒家的"成人"学说得到了恢复和发展,他探讨了关于"明"和"志"的理论,"明"就是理智,"志"就是意志,以为自然赋予人以刚健之气与纯粹之气,使人有意志和理智两种能力。若能做到"明以鉴之,志以取之"①,意志和理智两种能力相互促进,自愿原则和自觉原则互相结合,就促使人的道德之本(即刚健、纯粹之气)发展为五常之质,造就理想人格(圣贤)。从汉到唐,对明、志关系的讨论与力命之争结合着。正统派儒学讲天命,就完全忽视人的意志的作用;佛学本来讲无欲、无我,以为只有把意志作用否定掉才能涅槃,但是中国佛学却讲"明心见性",强调自信力,结果达到自觉原则和自愿原则的统一这样一个结论,回到了先秦儒家的观点;柳宗元讲"明以鉴之,志以取之",明确地强调两种原则的统一。

三、宋明:儒者论"为学之方"——学与养、知与行

但是宋代以后,理学家又忽视了自愿原则。他们主张"复性"说,认为人天生有天赋的明德,由于为气禀所拘、物欲所累,所以灵明的心就被蒙上了灰尘,要下"存天理、灭人欲"的功夫来复其初,这种功夫被宋儒称为"为学之方"。宋儒认为圣人可以学而致,程伊川写《颜子所好何学论》,说颜渊好学,就是要通过学习成

---

① 柳宗元:《天爵论》,尹占华、韩文奇校注:《柳宗元集校注》,中华书局2013年版,第236页。

为圣人。那么,这个为学之方即达到圣人的途径是什么呢? 李翱《复性书》讲"诚"、"明",用的是《中庸》的语言,但与佛家的"止观"、"定慧"实际上并没什么差别。宋儒是接着李翱讲的,因此也是两条,如程颢说"识得此理,以诚敬存之"①,程伊川说"涵养须用敬,进学则在致知"②,都是讲两条:一条是用"诚敬"涵养,一条是提高认识,即明理。明理和用敬,即明和诚、学和养,程朱陆王都承认要用明和诚、学和养,但对二者的关系,却发生了朱、陆的争论。朱熹主张"泛观博览,而后归之约"③,他强调由明而诚,偏于"道问学";而陆九渊主张"先发明人之本心,而后使之博览"④,强调由诚而明,偏于"尊德性"。这就是在"为学之方"上的"道问学"和"尊德性"两派之争。陆九渊认为要"先立乎其大者",首先要存心,"发明本心",解除利欲、意见的蒙蔽,使心地洁净,于是"奋发植立"、自作主宰,这种说法近于禅宗。朱熹强调要即物穷理,"人心之灵莫不有知,而天下之物莫不有理",今日格一物,明日格一物,"一旦豁然贯通焉,则众物之表里精粗无不到,而吾心之全体大用无不明矣"⑤。朱熹的理论偏重分析,"格物穷理"功夫下得多一些,因此难免支离;陆九渊比较强调合一,"先立乎其大者",因此难免空疏。但是不论是朱还是陆,他们的功夫主要是用在"知"上。从"知"的工夫来说,一要理解,即提高认识;二要涵养,使心有明觉。"明"和"诚"这两条,可以有所偏,但是都属于"知"。

---

① 程颢、程颐:《河南程氏遗书》卷二上,《二程集》上册,第 16 页。
② 程颢、程颐:《河南程氏遗书》卷十八,《二程集》上册,第 188 页。
③ 《年谱》,钟哲点校:《陆九渊集》卷三十六,中华书局 1980 年版,第 491 页。
④ 同上注。
⑤ 朱熹:《大学章句》,《朱子全书》第六册,第 20 页。

而反对理学的人则都强调"行"。在宋代，知行之辩突出了，反对理学的一派像王安石、陈亮、叶适，都指出理学家讲修养也好，讲致知也好，无非是打打坐、读点书，这都是"从事无补之学"①，自以为正心诚意了，其实是"风痹不知痛痒之人"②。这些讲事功之学的人都认为，只有在治世、画策、救国这些实际的工作中才能够发现才能、造就人才。这一派讲成人之道，以"成性"说为根据，而不是以"复性"说为根据。王安石就说："五事，人所以继天道而成性者也。"③"五事"就是"貌、言、视、听、思"这些人的感性和思维活动，通过这些活动，人才能够继天道而成性，培养成为圣贤。陈亮和朱熹争论"成人"问题，以为朱熹教人以"醇儒"自律，并非成人之道。他说："学者，所以学为人也，而岂必其儒哉！"④道学家自称乃不传之绝学，"使世人争骛高远以求之，东扶西倒而卒不着实而适用"⑤。陈亮认为，成人之道应该使人成为英雄人物，使人能够担当国家的大事，像理学家所说用安坐来感动人，则是"腐儒之谈"。也就是说衡量一个人是不是有才智，不是看他嘴上说的，而要看他的行动。

总之，这个时期大家都肯定理想人格是可以学而致的，但是在理学家中有"尊德性"和"道问学"的争论，而反理学的人和理学家之间又有"知"和"行"的争论。到了明代，王阳明提出"知行合一"，他发展了陆象山的心学，但是他不像陆象山那样笼统地讲

---

① 王安石：《上皇帝万言书》，《王安石全集》，第 5 页。
② 陈亮：《上孝宗皇帝第一书》，《陈亮集》上册，第 9 页。
③ 王安石：《洪范传》，《王安石全集》，第 207 页。
④ 陈亮：《乙巳春与朱元晦书》之一，《陈亮集》下册，第 346 页。
⑤ 同上书，第 347 页。

"先立乎其大者",而是认为心的本体是一个发育、展开的过程,就像婴儿在母体里边已经具体而微了,出生以后还要经历能啼、能笑、能立、能行等好多阶段,在母胎里的那个"本原"才能充分展开。所以,他讲为学须有本原,只要着实从本原上即"致良知"上用功夫,便能从孝弟发展到仁民、爱物,以至达到"天地位"、"万物育"的圣人境地。王学以为本体与工夫是统一的,本体随工夫而展开,所以应把精神的发育看成是一个过程,这是王阳明的贡献。但是他过分地强调了要在本原上面下功夫,对于知识、才能在人的培养中的作用是有所忽视的,所以王学最后还是流于空疏了。

四、明清之际:黄宗羲与王夫之的见解

明清之际的几位大哲学家,他们批判了理学。黄宗羲同意王阳明工夫和本体是统一的观点,并加以发展,提出"心无本体,工夫所至,即其本体"。他这个论题是来自泛神论的观点。照他看来,人的即心、即气的本体随着工夫展开为一个过程。人的精神发育就像谷种长成稻子,谷种里本来有生意,经过种植、灌溉,逐步长成禾苗、稻子,这里有一个过程,所以说"工夫所至,即其本体"。因此,为要达到理想人格,黄宗羲强调"立志","立志"才能成为豪杰,豪杰之士通过持志、养气的工夫,他的精神就表现为功业、文章,表现为一种激烈挣扎、冲突的反抗斗争,这种斗争使"天地为之动色"[①],这样,豪杰精神就得到了表现,豪杰之士就得到了培养。强调意志的作用,通过斗争来培养豪杰之士,这种观念已

---

① 黄宗羲:《靳熊封诗序》,《黄宗羲全集》第十九册,第54页。

经有了近代色彩。

王夫之讲成人之道,强调成身成性、"循情定性",就是说"成性"不能离开"成身"和其他感性活动,所以他不赞成"无欲"、"忘情"。在他的学说中就包含有知、情、意全面发展的思想,这是复归先秦儒家的观念。王夫之认为,性与天道的相互作用要通形色与音声、言与事,而"我"即精神主体起着关键的作用。他说:"我者,德之主,性情之所持也。"①"我"通过形色、音声使"性"得到显现,同时"我"接受了"道",使"性"日生日成,使得人格得到锻炼提高。这个锻炼提高的过程,王夫之认为不是"复性",而是"习成而性与成"②,是一个日生日成的过程。在这个过程中间,人一方面接受自然的赋予,另一方面又能够发挥主观力量,"自取自用"③,所以说人能够"造命"。王夫之的学说也是强调了人的意志作用,他把成人之道看成一个过程,而且以为可以发挥人的主观力量"自取自用",强调了"我"的主体作用。这种观念也已经有了近代色彩。

总之,古代哲学从孔子提出"成人"问题以来,先是经过儒道为学还是为道、圣人是否可学这些问题展开争论,这个争论后来到了禅宗、宋明理学家那里,他们都认为"圣"可以学而致。虽然陈亮以为理想人格应是英雄,黄宗羲以为应该是豪杰,这与儒学传统观念有区别,但是"圣"可学而致这点还是一致的。对另外一个问题:如何"学而致",也就是怎么样来"成人",主要展开了"明"和"志"(即理智和意志)、"学"和"养"(即致知和修养或道问学和尊德性)以及

---

① 王夫之:《诗广传·大雅·论皇矣三》,《船山全书》第三册,第448页。
② 王夫之:《尚书引义·太甲二》,《船山全书》第二册,第299页。
③ 同上书,第300页。

"知"和"行"的讨论。正统派儒学是从心灵的明觉讲"复性","知"（包括学和养）他们是重视的，但是对于"行"和意志的作用却有所忽视。反对正统派儒学的人就强调"行"，要发挥意志的作用。到了黄宗羲、王夫之，他们提出了"我者德之主"和豪杰精神，关于成人之道已经有了近代的色彩。

第二节 中国近代关于培养新人的学说

近代和古代不一样，好多思想家提出了培养新人的问题。中国古代总认为古人比今人好，不说要培养一种新人。新人的观念是近代的。

近代开始，龚自珍祝愿天公要"不拘一格降人才"，以为人才的培养要"各因其性情之近"[①]。真正要根据各人的才能和性情来造就人才，最重要的就是要解除各种"琐屑牵制之术"[②]，即种种封建的束缚。封建制度加给人种种束缚、羁縻首先要解除，才能让人各任其性情之自然，在自由的天地里发育，培养个性和独立人格。从龚自珍开始，因为要求个性解放，近代哲学中的群己之辩就突出了。接着，太平天国提出"新天、新地、新人、新世界"的口号，这种新人"力求自新，转以新民"[③]，以求在地上实现"天国"的理想。太平天国代表着农民的理想，他们在群己关系上更强调群

---

① 龚自珍：《与人笺五》，《龚自珍全集》，第338页。
② 龚自珍：《明良论四》，《龚自珍全集》，第34页。
③ 洪仁玕：《英杰归真》，《中国近代史料丛刊：太平天国》，上海人民出版社1957年版，第590页。

众的力量,认为要靠集体的革命斗争来实现理想,这和龚自珍等知识精英要求个性解放是不同的。

　　戊戌变法以后,梁启超提倡"新民说",要培养有新的德性的人民。梁启超说:"辱莫大于心奴,而身奴斯为末矣。"①人最怕精神受奴役,所以一定要"除心奴"、"开民智"、"新民德",使得"人人自尊",这样才会有"国之自尊"。只有有了个人的独立人格,然后国家才会自尊,这是当时许多反封建的进步思想家的共同见解。那么怎样来培养具有独立人格的人?梁启超、严复这些维新派比较强调的是"开民智",就知行关系来说,他们强调的是"知"。革命派强调"行",通过"行"来培养、锻炼人。章太炎则提出:革命开民智,竞争生智慧。他十分强调意志的作用,强调革命者要有"执着之性",特立独行,不要像儒家那样讲中庸之道,"以富贵利禄为心"②。孙中山也是强调"行",不过他提倡的是那种要替众人服务的人生观,"人人当以服务为目的,而不以夺取为目的"③。他比较着重集体的精神,要在革命集体中"互相劝勉,彼此身体力行"④,唤起民众,共同奋斗。他们都提出要培养一种新的独立人格,但维新派和革命派之间,在培养途径是强调"知"还是强调"行"上,是有差别的。

　　这个时期,和新学反对旧学相联系着,展开了学校反对科举的斗争,由学校教育来代替旧的科举制度,这是清朝末年进步思想家共同的主张。应该说这个教育改革是有成绩的,科举制度被

---

① 梁启超:《新民说·论自由》,《饮冰室合集》专集之四,第 47 页。
② 章太炎:《诸子学略说》,汤志钧编:《章太炎政论选集》,中华书局 1977 年版,第 289 页。
③ 孙中山:《三民主义·民权主义》,《孙中山全集》第九卷,第 299 页。
④ 孙中山:《在广州全国青年联合会的演说》,《孙中山全集》第八卷,第 315 页。

废除了,新式的学校建立起来了。这种新式学校的教育内容是新学,新学重科学,讲声、光、电、化,再不是专门搞经学那一套了;这种学校里边师生关系、教学形式都有了改变,不拜孔夫子了,师生是平等关系;民主、科学是在这些新的学校中间首先得到传播的,也产生了一些新的教育家,如蔡元培。

关于怎样培养新人,五四时期展开了热烈的争论,应该让青年有怎么样一种人生观呢?胡适就提出要有健全的个人主义的人生观,强调个人有自由选择的权利、有独立人格,才能对自己的行为负责任。梁漱溟讲伦理本位,重视伦理关系,以为伦理关系是一种情谊关系,从内心体认此情谊关系,并在行为中加以贯彻,是儒家的合理的人生态度;因此,中国人和西洋人不同,既不搞个人本位,也不搞社会本位,而是伦理本位。五四时期关于人生观问题的争论,主要还是围绕着群己之辩展开。李大钊用马克思主义的观点来解决群己关系,讲合理的个人主义和合理的社会主义的统一,他以为真正的自由是秩序中的自由,而真正的秩序是自由人之间的秩序;这种合理的个人主义和合理的社会主义统一的人格,应该在劳动中、在革命斗争中培养,他认为这种人格是劳动者自求解放的结果,不是统治者或权威人物网开三面的恩施。李大钊以及鲁迅、瞿秋白等,不仅以他们的言论,更重要的是用他们的行动、用他们伟大的人格,对如何培养新人问题作出了正确回答。共产党人继承了这个传统,在革命斗争中逐渐形成了一套比较系统的培养共产党员这样一种人格的理论,最后归结为三大作风:在理论联系实际中,在密切联系群众中来进行锻炼、修养,包括自我批评,这样就逐渐地使共产党以及党所领导的群众组织成为教育人、培养人的组织。在这种组织中，拿共产党员的标准来要求它的成员，使得党具有极大的道德凝聚力，许多革命者为救国救民英勇牺牲，他们是党所培养的共产主义战士，应该说这方面的成就是很大的。

但是也要看到，在 30 年代以后，理论上产生了一种偏差。由于革命斗争的需要，也由于国际共产主义运动的影响，中国共产党人把集体主义和个人主义截然对立起来，批判自由主义，批判民主个人主义。在群己关系上，过分强调了集体精神而忽视了个性解放；在个人修养上，过多地强调了自觉原则、作自我批评，忽视了自愿原则和自我实现、自我发展。这些实际上与儒家的思想影响是分不开的，正统派儒家就忽视了自愿原则，他们教人顺从天命，服从权威，没有个性解放的思想。在革命斗争年代，以党组织为中心来培养新人，这完全是必要的；但是把领袖看作导师、干部当作教育者，会不可避免地导致把群众看作阿斗，必然违背群众自己解放自己的原则，不利于个性的培养。党以及党所领导的群众组织成为最主要的培养人、教育人的组织，党教导大家在革命的烈火中、在与工农的结合中来锻炼、培养自己，这方面的巨大成就也带来了副作用，那就是对于通过学校教育来培养人有所贬低。在一定历史条件下，学生放下课本参加救国运动是必要的，教育救国论有片面性，应该受到批评；但是，批判教育救国论却导致对学校教育的轻视。在中国古代，教师对培养人格负有极大的责任。儒家是做教师的，儒家的哲学理论往往是在教育实践中总结出来的，孔、孟、荀和理学家都是如此。但是在中国近代，培养新人的学说是由革命家来总结、提出的，革命家提出像共产党的三大作风这些理论，是很大的成就；但是至少是毛泽东有一种片面性,即轻视学校教育,因为他强调教育为政治服务、阶级斗争是主课,使教育服从政治斗争,于是学校教育被视为可有可无的,知识分子不受到信任。毛泽东讲"卑贱者最聪明,高贵者最愚蠢"[①],他要剥夺翘尾巴的高级知识分子的资本;他发动了一系列意识形态领域里的斗争,就是整知识分子的,最后导致"文革"。目前,又有另一种方式在冲击学校教育——"全民皆商",学校也受这种自发势力的支配。本来党组织是具有极大凝聚力的教育组织,现在正失去这种作用。有一个很根本的观念被忘记了:共产主义事业正像马克思说的要"由于人"和"为了人",这个事业要通过新人来建设,而且这种建设是为了使人成为新人。培养人,让人能够真正从事共产主义事业,这是一个头等的大事,我们搞共产主义是为了什么? 还不是为了让人成为新人。从这个观点来说,如果忽视教育,忽视提高人的素质,就是对民族犯罪。现在回过头来看,这里边有很深刻的教训。

第三节 培养平民化的自由人格的途径

平民化的自由人格是近代人对培养新人的要求,与古代人要使人成为圣贤、成为英雄不同,近代人的理想人格不是高不可攀的,而是普通人通过努力都可以达到的。我们所要培养的新人,是一种平民化的自由人格,并不要求培养全智全能的圣人,也不承认有终极意义的觉悟和绝对意义的自由。不能把人神化,人都是普普通通的人,人都有缺点、都会犯错误,但是要求走向自由、

---

① 毛泽东:《卑贱者最聪明,高贵者最愚蠢》,《建国以来毛泽东文稿》第七册,中央文献出版社1992年版,第236页。

要求自由劳动是人的本质。人总是要求走向真、善、美统一的理想境界,这种境界不是遥远的形而上学的领域。理想、自由是过程,自由人格正是在过程中展开的。每个人都有个性,要"各因其性情之近"地来培养,教育就是要使得人的能力得到充分自由的发展,因此培养的方式、途径不可能划一。每个人才能不同,有的人喜动脑筋,有的人手很巧,有的人有音乐天才,有的人有数学头脑,应该因材施教。尽管同一时代的人有共同的理想,但具体化到了个人,各个人的理想是千差万别的。但差别之中有一般,我们总结历史的经验教训,如对中国近代关于培养新人的学说进行总结,应能得出若干一般性结论。

我们从前面已经提出来的合理的价值体系的原则来看问题,人类要求在自由劳动的基础上达到自然原则和人道原则的统一,知、意、情的全面发展,个性自由和大同团结相结合——根据这些基本原则,我们来总结经验教训,可以引导出一些关于培养平民化自由人格的基本看法,提出培养平民化自由人格的基本途径。

一、实践和教育相结合

马克思在《费尔巴哈论纲》里提出了社会实践的观点。他批评旧唯物论讲人是环境和教育的产物,说:"这种学说忘记了:环境正是由人来改变的,教育者本人一定是受教育的……环境的改变和人的活动的一致,只能被看作是并合理地理解为革命的实践。"① 按照马克思的观点,不能靠少数天才人物、圣人贤人来改变

---

① 马克思:《关于费尔巴哈的提纲》,《马克思恩格斯全集》第3卷,第4页。

环境、培养和教育人,一定要通过群众的革命实践来改造社会,使人在革命实践中受教育。

实践和教育相结合是培养自由人格的根本途径。实践是人和自然、主体和环境的交互作用,通过这种交互作用,环境(自然和社会)给予人天道、人道,主体就接受了"道"来发展自己的性格。主体这样做时并不是被动的,主体在改造环境中把人性对象化了,人就由自在而自为,这就是在实践中受教育。真正的教育每一步都是创造,人在实践中接受教育,但他是主动的。教育的目的是"为了人",就是在于提高人的价值,使人获得自由。教育的活动要"由于人",即出于人的主动,出于受教育者的积极的创造性活动。所以,人在实践中接受教育,要强调人的尊严、人的主体性,这就是人道原则。

人道原则和自然原则统一,这样就培养了人的才能、智慧、德性,使人的价值得到实现。一切价值的创造都要出于自然而归于自然。"出于自然"是说一定要根据现实的可能性和人的需要,客观现实提供了现实的可能性,而人根据人的本性有某种需要,二者结合起来,这是自然的要求;"归于自然"是说最后要达到习惯成自然,经过人的创造活动,人的才能、智慧和德性仿佛就是人的天性所固有的。孟子讲:"君子深造之以道,欲其自得之也。自得之,则居之安;居之安,则资之深;资之深,则取之左右逢其原。"(《孟子·离娄下》)孟子的"性善"说我们并不赞成,但是通过实践和教育的结合来培养人、提高人的价值,确实是一个"深造之以道,欲其自得之"的过程。这种源于自然又复归自然的过程,正体现了人道原则和自然原则的统一。但这里讲的源于自然而复归自然,不是先验论的复归自然,也不是庄子那样的归于自然,而是在自然有根据(现实的可能性和人的性情之所近),通过人的努力创造了价值,又复归自然,达到自在而自为,这才是真正的自由。我们把这个过程看作反复的无限前进的运动,人的自在而自为不是说一旦归于自然就完成了,它是不断地反复的,人的才能、智慧和德性是不断提高的,是一个无限前进的运动。

二、世界观的培养和智育、德育、美育的统一

真正贯彻人道原则和自然原则的统一,就是要求人性有比较全面的、多样化的发展,因此在教育上就要把智育、德育、美育还有体育有机地结合起来,不要有所偏废。现代化建设需要各种专门人才,当然会各有所偏。因各人性情之所近来培养人才,总是会有这样那样的缺点,会有不足之处,但是从培养自由人格的角度看,可以而且应该要求人们在理论思维、道德品质、审美能力各个方面都得到适当发展,成为真、善、美统一的人才。我们前面已经讲了真、善、美三者互相促进、互相渗透,美和善以真为前提。不过,这里讲的"真"是作为价值范畴的"真",那是有关宇宙、人生的真理性的认识,以及和人性的自由发展密切相联系着的那种智慧。智慧的核心就是世界观和人生观,它能为人们提供社会理想和个人理想。培养世界观和人生观,确立社会理想和个人理想,是教育的核心问题。

当然,智慧不能离开科学知识。把科学知识看作和哲学世界观无关,认为知识的增进和培养人格无关,这是不对的。科学精神、科学思维能力的培养都离不开科学教育,这是科学世界观的

形成所不可缺少的。现代自然科学和社会科学的基本知识以及和基本知识相联系着的科学精神,对于每一个现代人都是必要的,对于从事现代化生产、过现代生活是必要的,对科学的人生观和世界观也是必要的。所以,世界观的教育不能离开一般的智育,应该结合科学教育来进行。哲学的智慧和科学密切联系着,同时也和各种意识形态密切联系着。此外,世界观的教育也不能离开道德教育、审美教育。

任何实践都具有一定的社会形式,必须遵循某些当然的准则,这些准则、规范一定要通过教育、通过实践才能习以成性,形成人的品德。品德是道德理想在个人身上的实现,一个人的品德如果是真正一贯的、明确的、坚定的,那么它一定是某种世界观和人生观的体现。过去的禅宗也好,理学家也好,他们都认为培养人的品德需要确立世界观。在今天来说,如果一个人在社会行为中能够始终一贯,既自尊又尊重别人,既个性解放又具有社会责任感,具有李大钊所说的"个性自由和大同团结统一"的品德,那么,他便是把唯物辩证法的世界观、科学社会主义的人生观贯彻到自己的行动,成为自己的德性了。所以世界观的教育和品德的教育密切联系着,不可分割。当然,学校里讲德育又不单是世界观和人生观的问题,德育还要具体化到社会行为的各领域,像养成家庭道德、职业道德和培养文明行为等,都还有许多特殊的问题。

世界观的培养也要运用艺术,通过各种审美活动来培养人。我们讲过,性和天道的交互作用一定要通过感性形象的个性化,只有以感性形象的个性化作为媒介,才能培养真正自由的个性。真正具有创造性的智慧一定是个性化的。智慧所揭示的性和天道当然是共同的、普遍的,但是共性寓于个性之中,富于个性特色的自由创造这才是智慧,才是真正对"道"有所体会、有所发现。讲哲学的智慧,当然是可以论证的真理性认识,但它作为个性自由的表现,需要理性的直觉。一切理性直觉都具有审美意义,都具有那种得心应手、踌躇满志的精神状态,都具有那种个性化的、出于我自己的领悟。《吴越春秋》中记述越女论剑,越王问她的剑术怎么来的?她说:"窃好击之道,诵之不休。妾非受于人也,而忽自有之。"①她从事不休,当然是下过苦功,但却不是有所授受,而是自己"忽自有之",突然就领悟到了;这种才能就成为自己固有的,这才是真正的才能。才能是这样,德性要真正成为个性的自由表现也是这样,智慧要达到理性直觉也是这样;所以用个性化的感性形象、用各种审美活动来培养人是必要的,其对于人的智慧、德性各方面真正达到理性直觉的"悟",是很有关系的。

从教育来说,要求把智育、德育、美育有机地结合起来,不要偏废,这样来培养、塑造全面发展的自由的人。这里最关键的,是要使人们真正具体地掌握科学的世界观和人生观,这是教育的核心问题。但要注意,这个提法中的世界观教育不等于德育。过去有一种提法:德育、智育、体育,好像世界观教育就是德育,甚至只是指政治思想教育,这是根本错误的。世界观教育不能够离开智育、德育、美育和体育,要把它们结合起来,统一地来贯彻于世界观教育。过去有一种偏向,讲阶级斗争为纲,把教育服从于政治,把政治思想教育看作是唯一重要的,这样造就的人是片面的。

---

① 赵晔撰,徐天祜音注:《吴越春秋》,江苏古籍出版社 1999 年版,第 148 页。

三、集体帮助和个人主观努力相结合

教育,不论是学校教育、社会教育还是家庭教育,总是在一定的社会关系中进行的。什么样的社会关系最有利于培养人?这就要求人们中间有一种爱和信任的关系。对儿童只有充分信任才能严格要求。孔子的成功就在于他把心交给学生,说:"二三子以我为隐乎?吾无隐乎尔。"(《论语·述而》)他还说:"爱之,能勿劳乎?忠焉,能勿诲乎?"(《论语·宪问》)有了这样满怀爱心和忠诚的教师,真正建立了一种尊师爱生、互相信任的关系,就能培养那种"学而不厌,诲人不倦"的人格。个性只有在受到尊重、信任的条件下才能得到健康的发展。如果受到歧视、压制,使人感到不能掌握自己的命运,那么人的积极性就不能够充分发挥,个性也就不能够正常发育。有一个观点很重要,那就是:教育一定要使受教育者不是被动接受,而是一种主动的富于创造性的劳动,个性得到信任、尊重,这样才能正常地发育、成长。

应该说,有了社会主义的民主制度,是提供了培养自由人格的条件,有它的优越性。但这种优越性要发挥出来,需要人们努力。如何使各级的社会组织,如家庭、学校、劳动组织、党团组织、行政机关等,都确立一种人道主义和社会主义统一的制度,这是一个很重要的问题。如果真正能够确立这种制度,就会对培养新人起很大的作用。让各级组织真正成为个性自由而又大同团结的教育组织,以利于新人的培养,是一个非常伟大而艰巨的系统工程,我们这个社会离那个目标还很远。

人格的培养,既需要客观的社会条件和集体的帮助,也需个人的主观努力。从个人这方面来说,不能等待客观条件,而应该

积极主动地发挥自己的能动作用,在实践中间锻炼自己、培养自己。每个人不管客观条件如何,都应该立志做一个自由人,应该有这种志向、抱负,而且把这种抱负和对祖国、对人民的高度的责任感统一起来。孟子早就讲:"待文王而后兴者,凡民也。若夫豪杰之士,虽无文王犹兴。"(《孟子·尽心上》)真正的豪杰之士,他没有文王、没有好的社会条件也会自己努力,使自己成为有作为的人。所以,孟子反对自暴自弃,强调人生的道路是可以自己选择的,通过不断地提高认识,不断地修养、锻炼,是可以把自己培养成一个自由的人的。我们过去过分地强调集体的帮助,对个性的自由解放、自己作创造性的努力这方面有所忽视;在教育中老是实行灌输的一套,对于启发、因材施教注意得不够;过分强调做"螺丝钉",对个性特点、个人的能动性强调得不够。

总起来说,在自然和人、对象和主体的交互作用中,实践和教育结合,世界观的培养和德育、智育、美育结合,集体帮助和个人主观努力结合,以求个性全面的发展,是培养平民化的自由人格的基本途径。这是从总结历史的经验教训以及根据价值体系基本原则的理论提出来的看法。

第四节 化理论为德性

上述培养自由人格的基本途径,归结到最核心的一点,就是要化理论为德性。我这里所说的理论是指哲学理论、指智慧,也就是关于宇宙和人生的某种见解、某种真理性的认识,它和人的自由发展是密切相关的。把这种具有真理性的世界观和人生观化为德性,那就是如中国传统哲学讲的,这种理论为主体所把握和表达,不仅是"知道之言"而且是"有德之言"。用哲学世界观来培养人格,就是要由"知道"进而"有德"。

一、自由个性的本体论意义

哲学家提出理想人格,并给这种理想人格以本体论意义,使本体论和智慧学说统一起来。中国的许多传统哲学家就是这么做的,譬如孟子的学说认为,圣人是和我同类的,圣人是人伦之至、是人类的典范,即理想人格;而人的本质就在于有理性,理性爱好的"理"、"义"是人性固有的。他说:"尽其心者,知其性也;知其性,则知天矣。存其心,养其性,所以事天也。"(《孟子·尽心上》)认为扩充理性、存心养性,达到圣人的地步,人就和本体(天)合而为一,这样的人格就有本体论意义。孟子以及后来的程朱陆王都持先验论,讲人是宇宙的缩影,把人性固有的扩充至极,就与天为一了,德性和天命是统一的。老庄则是另外一种说法,庄子讲无己无我,通过"心斋"、"坐忘",破除是非、彼此、主客的界限,达到"天地与我并生,而万物与我为一"的境界,便是与"道"为一。这和孟子是不同的理论,但都是从本体论来讲理想人格。中国的佛学经历了玄学化到儒学化的过程,般若学接近庄学,到禅宗便接近孟学了。

唯物主义者讲精神,本来不具有本体的性质。荀子说"明于天人之分",强调了人与自然有不同的职分。但是他在某种意义上,也给理想人格以本体论的尊严,"天有常道矣,地有常数矣,君子有常体矣"(《荀子·天论》)。"天见其明,地见其光,君子贵其全也。"(《荀子·劝学》)"天有其时,地有其财,人有其治,夫是之谓能参。"(《荀子·天论》)在天、地、人三者中,人可以达到那么尊严,就在于人可以"制天命而用之",这样的圣人也就是人伦之至;这主要是从类的观点讲的,"能参"也是从类比的意义上讲的。有些唯物论者运用因果联系的观点,把精神看作社会历史的产物。人如果能清楚地意识到自己所处的历史地位,具有强烈的历史责任感,像叶适所说的"知其势而以一身为之"①,认识历史的必然趋势,于是"能以一身为天下之势"②,这样就成为英雄人物。过去的唯物主义讲理想的人物,或者是类的典范,或者是社会联系的产物、社会历史趋势的集中表现,这当然都有道理;但是他们讲的圣贤、英雄,往往是指少数人。

我们现在讲自由人格是平民化的,是多数人可以达到的。这样的人格也体现类的本质和历史的联系,但是首先要求成为自由的个性。自由的个性就不仅是类的分子,不仅是社会联系中的细胞,而且他有独特的一贯性、坚定性,这种独特的性质使他和同类的其他分子相区别,在纷繁的社会联系中保持着其独立性。"我"在我所创造的价值领域里或我所享受的精神境界中是一个主宰者,"我"主宰着这个领域,这些创造物、价值是我的精神的创造,是我的精神的表现。这样,"我"作为自由的个性就具有本体论的意义,这并不是说"我"成了同物质一样的本体。唯物论者认为精神是物质派生的,物质总是按照必然的规律运动,只有一种特定的物质形态才产生精神,精神发展到一定阶段才有自由;形质神

---

① 叶适:《治势上》,刘公纯等点校:《叶适集》,中华书局2010年版,第639页。
② 同上书,第637页。

用、存在决定意识的观点始终是正确的,这是本体论的根本原理。但是在价值界,精神有独特的一贯性、坚定性,它要求成为自由的个性,并主宰这个领域。真正的自由是个性的。自由的个性通过评价、创作表现其价值,在这里,正是精神为体、价值为用,所以我们说自由的个性具有本体论意义。艺术作品是艺术个性的表现,德行的主体也是一个个自由的个性,理论创造如果真正是自由的,那总是个性自由的表现。

二、理想、信念和德性

按唯物论的观点,精神是用,是依存于物质的;它是一种运动形态,是富于变化的。社会生活变化了,人的意识也随之变化;年龄大了,经历多了,年轻时的许多观念也变了;在不同的生理、心理条件下,人们的思想感情往往不同。这样看来,个性、"我"似乎是变化无常的,就好像希腊神话里的普洛特斯的面貌那样。但是,自由的个性有其独特的一贯性、坚定性,甚至可以说具有本体论的意义。那么这种一贯性、坚定性是怎么培养成的呢?精神并不是生来就成形的,它也并不是一旦形成某种性格就不可改变的,精神具有很大的可塑性。但是真实的性格要求坚定性、一贯性,并具有独特性。独特性不等于封闭,坚定性不等于顽固不化,一贯性正是在教育、培养中形成的;经过教育、锻炼来形成真正自由的个性,这就是"理论化为德性"的过程。"理论化为德性"要通过怎样一个过程?理论首先要成为理想,并进一步形成信念,才可能真正成为人的德性;理想人格的培养,归根到底是要用科学的世界观理论来指导人生,通过理想、信念的环节而变成德性。

首先,理论要指导人生,就要取得理想的形态,它不能是一种单纯的概念结构;为了使理论取得理想形态,就要使理智、意志和情感三者统一起来。历来的许多大思想家都强调"立志",使"立志"和"明理"统一,就如柳宗元讲的"明以鉴之,志以取之";理智和意志这二者不可偏废,应该使二者互相作用、互相促进。一个青年在接受了教育和有了一定生活经验以后,他就根据对现实世界和自我的认识来谋划生活的道路、确定生活的目的、提出自己的理想(包括社会理想和个人理想),他根据这种认识来立志,规划着如何来促使理想的实现。一个青年人立志的时候,初步的比较正确的世界观和人生观是很重要的,他总是根据一定的世界观来估计现实的可能性和自我的要求,并依据这种估计来提出生活的目的。但是,这里也表现了他的自由意志。他虽然受了父母、师友的教诲,但一定是出于自由选择才叫做立志,而不是别人叫做什么就做什么;所以一定的理性认识和自愿的选择相结合,才能使人确定生活道路。这样提出的理想不是一个空洞的概念,而必须有生动的感性形象把它充实起来,把理想的进程圆满而周到地想象出来,才具有激发感情的力量。理性、意志、情感在这里是不可分割的,三者统一起来,理想才会在人的灵魂里生根。

其次,要进一步使理想成为信念,就必须将其付诸实践。实践就会碰到这样那样的困难,如物质的与精神的、外在的与内在的、明显的与隐蔽的等等,要使生活的目的实现,一定要和困难作斗争。斗争一定要有意志力,而正是在斗争中,人才能锻炼意志的力量,使意志坚强起来。同时,要使理想成为信念,也要提高认识,加强修养,使自己的精神处于一种明觉的"常惺惺"状态,这就是过去人所讲的"涵养",要对情欲有所节制,有错误及时作自我批评,使心灵解脱束缚,始终能自由思考。这样,使明觉的心态与专一的意志力在实践中结合起来,就能逐渐使理想成为信念。当人有了信念的时候,他就有一种自得之感,孔子说:"知之者不如好之者,好之者不如乐之者。"(《论语·雍也》)"好之"是志之所向,确立一种目标;"乐之"就更进一步了,即按照理想、信念去活动已成为一种令人快乐的事情,这种"乐"便是自得之感。就如孟子所说的,"乐则生矣,生则恶可以已也,恶可已,则不知足之蹈之,手之舞之"(《孟子·离娄上》),这种"乐"常常取得艺术的形态。表现信念、抒写怀抱,人们便写诗、唱歌、跳舞;转过来说,艺术以其个性化的感性形象陶冶人的性情,使人的信念巩固起来。

又次,乐于从事,习之既久,习惯就可以成为自然,真正形成自己的德性,这就是"习成而性与成"。性和天道的交互作用要通过个性化的感性形象。就理性说,对天道的认识要和人的出于本性的需要结合起来以形成理想,并且用涵养使精神一贯地、明觉地把握理想和信念。就意志来说,对理想作出自愿的选择,而且在行动中尤其是克服困难中使意志力受到锻炼,一贯地坚持理想、信念。就感情和想象力来说,理想是形象化的、灌注了感情的。信念使人乐于从事,形成习惯,习惯久了就成自然。人凭意志力坚持信念,用一种"常惺惺"的涵养来保持精神的明觉状态,这时候,精神总还有一些紧张,虽自得乐趣,还不是十分自然的;只有习之既久、习惯成了自然,感到天道和性是统一的,天道仿佛就是我的理性所固有的,这才真正成为德性。就像王夫之所说的"我者,德之主,性情之所持也",德性的主体就是"我",是性情所依持的体,"我"就有了本体论意义。所以,黄宗羲的话是对的:"心无本体,工夫所至,即其本体。""心"本来是"用"而不是"体",但是精神随着功夫而展开,在性和天道的交互作用中成为德性的主体、成为性情所依持者,那么它在千变万化中就有一个独特的坚定性、一贯性,这种个性化的自由的精神就有了本体论的意义。这就是"化理论为德性",世界观、人生观的理论通过理想、信念而成为德性的过程,大体就是如此。

三、个性的全面发展

具有本体论意义的自由的个性,是知、意、情统一,真、善、美统一的全面发展的人格。过去的哲学家讲不同于民众的圣贤豪杰,也讲有少数人能够解脱世俗的系缚而逍遥,而我们现在讲的是一种平民化的自由人格,是人人都可以达到的。当然,各人因其性情之所近,谋划、培养、发展都有他的独特性,而决不能整齐划一。不过异中有同,不论是工人、农民还是知识者,不论是理论家、艺术家还是社会活动家,他在发展自己独特才能的同时,都要求知、意、情全面发展。个性如果不全面发展,那就不是自由发展。作为劳动的技艺,要真正成为乐生的要素,那一定是真、善、美,知、意、情统一的。理论化为理想、化为信念、成为人的德性,那也一定成为知、意、情统一,真、善、美统一的品格。真、善、美统一是一个古老的观念,中国先秦、西方古希腊都已经提出来了,这是理想的境界。照我们的看法,这是在自在而自为的螺旋式发展过程中展开的。有一些时代,思想家们比较明确地提出要求把握具体真理,要求个性全面发展,譬如先秦、盛唐和明清之际的大思想家们,他们都有要求个性全面发展的思想;在西方如古希腊,文艺复兴和启蒙运动时代也是这样。但是有一些时代、有一些条件不利于人性的全面发展,譬如说专制统治、拜金主义,这只能造成人的片面性。今天我们的理想是要求个性全面发展,但今天的社会确实还存在使人性片面甚至于异化的一些条件。个性要全面发展,同时要求社会制度能够实现人道主义和社会主义统一,就是说,要有这样的制度使人摆脱对人的依赖和对物的依赖。争取这样的社会条件和争取个性的全面发展是统一的。

第十章
人类走向自由之路

认识世界和认识自我是统一的,改变世界和实现自我、发展自我也是统一的。人在化理想为现实的活动中培养自己成为自由的人格,同时也改变了世界的面貌,使之成为人化的自然,成为适应于自由个性发展的环境。人类的全部历史就是走向自由的历程。

第一节 自由王国及其实现过程

先讲讲目标和活动的关系问题。要求自由是人的本质,是人活动的总目标,这就牵涉到目标和活动的关系问题。人类的活动构成人类的历史,它的总目标就是要达到自由人生活的自由世界,这是一个自由王国。目标对于活动,通常被认为是超越的,是活动所要达到的极限。譬如登山运动,其目标是达到山顶,目标一旦达到,活动就完成。这个目标是极限,是对活动的超越,目标达到就是活动的中止,如物质生产的目标是物质财富,艺术创作的目标是艺术品,政治革命的目标是取得政权等等,都是这样。目标对于人的有目的的活动来说,都是目的因。人的活动以目的因为动力,达到目的取得结果,活动就告完成,从这个意义上讲,目标对活动是超越的。但是目的和手段可以互相转化,手段价值和内在价值互相联系又互相转化,目的因可以由超越的而成为内在的。杀牛的目的是为了得到牛肉,供人食用,但是庄子讲"庖丁解牛",解牛本身就是一种乐趣,它的目标不仅在于活动的结果,而且在于活动的过程之中。一般的屠夫宰牛是为取得牛肉,即取得某种物质利益,这个目标是超越的;但《庄子·养生主》讲的寓言"庖丁解牛",解牛活动本身提供了一种精神价值,所以它的目标是内在的。人类要实现由必然王国向自由王国的飞跃,就须以自由王国作为总目标。这个目标是超越的,马克思所说人类的全部历史所要达到的极限就是自由王国,即由必然王国向自由王国的飞跃;但是它又是内在的,自由王国就是在人类的社会史中展开的,人类由必然王国向自由王国发展的过程,表现为螺旋式的前进运动。自由王国可以说是终极原因,这是就其是超越性的极限来说,它是人类所追求的未来的目标;但是终极原因(the ultimate cause)又是相对的,它展开为过程,因而是内在的,就其内在于过程来说,自由王国又是人的活动的内在原因(the immanent cause)。从这个观点看,终极原因就化为人的活动的自因和相互作用。恩格斯表述过这个观点:在相互作用之外,再没有什么终极原因了。终极原因实际上就是人的活动的自因,即以自身为原因以及过程中间的相互作用①。从本然界、事实界总体

---

① 参见恩格斯:《自然辩证法》,《马克思恩格斯全集》第 20 卷,人民出版社 1971 年版,第 574 页。原文为:"相互作用是事物的真正的终极原因。我们不能追溯到比对这个相互作用的认识更远的地方,因为正是在它背后没有什么要认识的了。"——增订版编者

来说,真正的终极原因就是物质自己运动,物质自己运动是体用不二。对分化的物质形态和个体化的现实来说,体用不二就是自因和相互作用,一切事物是因缘凑合而产生的结果。

就价值界来说,虽然物质自己运动的必然王国仍然是基础和前提,但是自由个性具有了本体论的意义,自由王国就是在各个个性为自因和相互作用中展开的,所以自由的目标和走向自由之路是统一的。当然,历史并不是直线上升的,自由目标的达到可分为不同的阶段和方面,走向自由之路是曲折的,从总体上看,它表现为螺旋式的前进运动。

以下,我们根据合理的价值体系的原则来对自由王国以及走向自由王国之路作一些考察,勾画一下它的大致轮廓。

第一,从群己之辩即集体和个性统一的原则来说,社会将成为自由人格的联合体。自由王国就是李大钊讲的"个性解放和大同团结统一"的社会,它是自由人格的联合体,是共产主义的理想目标,是人类在克服了劳动的异化,扬弃了对人的依赖关系和对物的依赖关系以后而达到的结果。从超越的、终极的意义上说,这样的社会是历史上无数的志士仁人为之奋斗而献身的终极理想,这是我们未来的目标。但是从内在于活动过程的意义来说,人类的每一个重大的进步都可以说有助于个性解放,并促使社会组织成为友好团结的组织,人际关系成为平等、互助的关系。我们讲的"自由个性的联合体"这一共产主义的理想,并不是永远达不到的极限;它是我们的理想、未来的目标,但是它同时也是普通人在革命实践和日常生活中可以体验到的现实的可能性和出于人性的要求的结合。真正的爱的关系,不论是性爱、友爱,家庭关系或师生关系,人和人之间总是互相尊重的,在这种爱的关系中,人感到自己的个性有自由。真正有战斗力的革命组织,真正合理的教学组织、劳动组织,都要求有爱和信任的关系。在这样的组织中间,人们的思想是自由的,人们感到人格是自尊又互相尊重的,这样的组织显得生气勃勃。如果缺乏这种爱和信任的关系,组织就成了个性的束缚,就会失去活力。这些都是人们在日常生活中间可以体验到的。因而,个性自由和大同团结统一的理想其实并不遥远,它正是进步人类的经验概括和要求。

人类的历史首先是劳动的历史,真正要实现个性自由和大同团结的统一,关键在于劳动的组织。只有一定的劳动组织使劳动力和劳动资料相结合,才能进行现实的生产。这种劳动组织起初在自然经济条件下,有人的依赖关系的特征,那就是从氏族的脐带关系演变而来的家长制、宗法制、封建等级制等等;而后在商品经济条件下进行工业生产,发展了以物的依赖性为基础的人的独立性;最后,既扬弃了对人的依赖关系,又扬弃了对物的依赖关系,劳动组织才真正成为自由人格的联合体,在这种劳动组织基础上建立起来的社会,才真正是自由王国。这是马克思的观点。人类只有合群,进行劳动,才能取得生活资料,并使人的生产能力不断地发展。群体是人发展个性的必要条件,人不能离开人群的组织。群体有它的历史发展,在它和自然经济相联系的阶段,它具有氏族纽带、宗法联系,这时候的"群"可以说是"类"的组合。荀子就注意到人作为类的特点,他说:"礼义以为文,伦类以为理"(《荀子·臣道》),又说:"礼有三本:天地者,生之本也;先祖者,类之本也;君师者,治之本也。"(《荀子·礼论》)人作为"类"要合群,要由礼义来维系,这就是他的"明分使群"的观点。荀子把"礼"看作是"伦类"的纲纪,即同类的人群的纽带关系,它由家庭的父子关系推广到国家的君臣关系,以形成一套等级制度。这种体现人的依赖关系的等级制度在最初是必要的,有它历史的理由;但是到后来,它就严重地束缚了个性的发展。近代推翻封建制度之后,"群"在近代工业生产中成为集体。工业生产的劳动形式是集体组织,近代化的工业有严密的分工协作,它要求按科学的程序来进行。在集体生产中,每个劳动者是集体的细胞、螺丝钉。集体的运行对物质的运动有依赖性,物质的运动包括从原料经过机器加工成为产品的过程。在资本主义条件下,由于资本家占有生产资料,他就控制生产过程;资本家在社会上也具有支配的地位,成为国家的统治者。这种集体生产对物的依赖关系最初也是必要的,也有它历史的理由,但是它也使劳动者成为片面的,使个性不能自由地发展,所以人类要求进一步摆脱对物的依赖性。只有到了共产主义,人类才真正有了个性的自由发展,社会也成了自由个性的联合体。这种联合体,就是马克思讲的"自由王国",当然也是类的组合,也是集体;但在联合体中间,自由个性的能力得到全面发展,"群"是个性的自由联合,我们说它是"伦类"、是集体,但它们并不是和个性对立的,不是妨碍个性自由发展的力量。在这样的社会中没有圣王,没有作为"伦类"的代表凌驾于社会之上的"大人",也没有资本家支配劳动者集体的现象,社会就成了自由人格的平等的、友爱的结合。当然,人必须从事生产,生产越来越发展,人的需要也越来越增长,这始终是必然王国。在这一领域,联合起来的生产者,运用科学的手段,以最适合人性的方式来进行人和自然之间的物质变换,这样,人能依据必然规律来进行生产,就是一种自由。而在这个基础上,人以本身为目的来发展自己的创造才能,发展自己多方面的素质,发展具有真、善、美价值的文化,这样,社会就成为"每个人自由发展是所有人自由发展的条件"的联合体。

第二,从合理的价值体系使人获得全面发展的原则来看,自由王国和人类走向自由之路,就是要使人的本质力量和人创造的文化获得全面的发展。自由王国就是文化和人的本质力量全面发展,达到真、善、美统一的理想境界。"全面发展",就是李大钊所说的"物心两面的改造,灵肉一致的改造"①,物质和精神都得到改造和发展。李大钊说这两种文化运动,一个是改造人类的精神,另一种是改造人类的经济组织,如"车之两轮,鸟之双翼",不可偏废。这两面的改造,也就是要消灭"劳心"和"劳力"的对立,实现社会主义和人道主义统一的理想。

自由作为理想的实现,它凝聚于文化和人性,文化是人的本质力量的表现,而人的本质力量就是在文化的创造和熏陶中发展起来的。文化的全面发展和人的本质力量的全面发展是互相联系着的。从文化来说,物质的改造和精神的改造不可分;从人的本质力量说,人的精神的自由发展也不能够脱离劳动实践的基础,"劳心"和"劳力"是互相促进的。长期以来,存在着"劳心"和"劳力"的社会分工,这是生产力低下时必然会有的现象,这种社会分工给文化带来片面性,也给在文化中受熏陶的人性带来片面

---

① 李大钊:《阶级竞争与互助》,《李大钊全集》第二卷,第356页。

性。民间文化和精英文化、工匠传统和学者传统相分离,这使得民间文化不能克服它的自发性,而精英文化也因为脱离群众基础而失去了土壤、变得枯竭,因而这种分离不利于文化发展,也不利于人的本质力量的发展。文化和人的本质力量要获得健康发展,总是要求把群众文化和精英文化统一起来,使理想和现实相结合,如鲁迅讲的,要有肥沃的土壤来培植花木①。当然,也有某些时代比较有利于物心一致的发展,这时候就有某些思想家提出人的全面发展的理论,如中国的先秦、西方的古希腊和文艺复兴时代就是如此。

文化和人的本质力量的全面发展要求理性和非理性、意识和无意识的全面发展,这也就是知、意、情,真、善、美的全面发展。人并非生来就有知识,人最初既不认识世界也不认识自己,直到今天,人对世界、对自身的认识还是很有限的。但是,人的活动是有意识的活动,人的良知总是力求以理性为主导,使人的活动成为理性的,这就使人和动物区别开来了。所以,人的文化和蜜蜂的造屋、蜘蛛的结网是不同的,它是有意识的、以理性为主导的。但是,实际上意识中有无意识、理性中有非理性,情、意和本能这些非理性的力量往往自发地起作用,并非理性所能完全控制的。人类文化的创造既要靠理性的力量,也要靠非理性的力量,靠情感、意志、本能、欲望等,包括一些无意识、潜意识的东西。宗教在文化发展中曾经起了很大的作用,而宗教信仰当中包含着强烈的

---

① 参见鲁迅:《未有天才之前》,《鲁迅全集》第一卷,第174页。原文为:"譬如想有乔木,想看好花,一定要有好土;没有土,便没有花木了;所以土实在较花木还重要。"——增订版编者

非理性的力量,甚至包含有一种反理性的或迷信的成分。人性并不是那么纯粹的,人性中掺杂有兽性、魔性,所以任何文化都不是那么单纯的,往往精华和糟粕、积极成分和消极成分难分难解。文化形成传统,它就成为既与的、非接受不可的,而今天的接受者对过去的传统往往也缺乏清楚的认识,有的时候囫囵吞枣、全盘接受下来;不同的人也可能各取所需,片面地去理解。这种对传统文化的态度,往往包含接受者的非理性的、无意识的力量的作用。所以,文化的创造、对于文化的继承,都有理性和非理性、意识和无意识的力量在起着作用。人对自己的创造物并不是都理解它的意义的,人对自己的创造物往往并不是凭理性就可以加以支配的,随着时代、条件的变迁,人对于自己创造的文化需要作新的解释。就拿历史上的奴隶劳动来说,奴隶劳动当然是强迫的,包含着非人道的东西,但是正是这种奴隶劳动,创造出了金字塔、长城这样的奇迹;奴隶群众的力量当初并未被意识到,千百年之后人们才逐渐地认识它。手工业者创造工艺品往往是出于自发的,工艺品的美学意义往往要到后世才得到诠释;后代人这种新的诠释,使潜伏着的意蕴得到了阐发,原先的创造者的力量是无意识的,后来就得到了新的评价。当然,我们不能由此达到非理性主义的结论。随着社会的进步,理性总是越来越起着主导的作用,那种非理性、无意识的力量还需要靠理性来得到正确的诠释;而且随着人的本质力量的发展,人的情欲、直觉和本能会越来越具有理性的色彩,所以不能得出非理性主义的结论。但是,也不能引到理性专制主义去,理性专制主义(如正统派儒学的理学唯心主义)可以造成"以理杀人"。应该使理性和非理性、知、情、意协调起来，使文化越来越成为真、善、美全面发展的文化，使人的本质力量越来越成为知、意、情全面发展的德性。

第三，从天人之辩、从合理的价值体系的自然和人道统一的原则来说，人类的自由王国是自然的人化和人道的自然化。自由王国就是要达到人道原则和自然原则的统一、人和自然的统一。在自然演化的过程中产生了精神，人类在自由劳动基础上创造文化、创造价值，精神就发展成为自由个性，达到我和自然统一的境界。这种统一可以从两方面看，一方面，自然界作为本然的现实它无所谓价值，无所谓仁与不仁、美与不美，价值是相对于人而言的，是相对人的"为我之物"的功能。现实有成为价值的可能性，但可能性还不等于价值。可能性是离开人的意识而存在的，从本然的意义上讲，"天人不相预"；但正因为"天人不相预"，人们就可以通过斗争改造自然、创造价值，使自然人化，形成由人主宰着的价值界，使人生活的环境成为真、善、美统一的领域。从另外一方面看，与自然的人化相联系，人道也在自然化。人道源于人性，人性作为自然（人的天性）本来也无所谓仁与不仁、美与不美，但是人性中包含着由遗传而来的本能和长期社会实践中形成的潜在能力，这种本能和潜能使得人们可以利用现实的可能性来创造价值，促使人性展现为人道。这里我们用了两个有区别的词，本然的现实提供一种现实的可能性（possibility），而人的本能和潜能则是 potentiality，这二者的结合，使人的潜在能力得到发挥，利用现实的可能性来创造价值，于是人性就展现为人道。人道总是出于自然而归于自然，只有这样，人道才真正成为人的德性的表现。作为人的德性的表现，人道是自然化的。自由王国既是自然的人化又是人道的自然化。譬如农民种田、林业工人造林,总要求行列整齐,尽量使之美化,成为一种赏心悦目的景色,这样的自然界就被打上了人的烙印,这是自然的人化;同时这些景色也是人道表现于自然的结果,而劳动者和观赏者也就得到了熏陶。人和自然的统一是一个相互作用、对立统一的过程。

劳动使人从动物界分化出来,使人类和自然对立起来;而通过斗争,克服异化,达到了人和自然在一定条件下的统一,这就是创造价值、获得自由,就是现实的可能性和人的潜能在一定的条件下结合,使理想得以实现。在这个过程中,潜能成为现实的力量,譬如说人的合群的本能在现实中表现为一种道德的凝聚力,人的性爱本能在一定条件下可以升华为艺术创作的才能,人在历史的发展和文化的实践中形成的逻辑范畴和价值原则,也可以由自在而成自为的,成为精神的现实力量、成为智慧的生动内容。人的自由的创造,都是人的潜能成为现实力量而达到自然人化和人道自然化的结果。"我"成为自由个性,总是以得自现实之道还治现实之身。这时候,逻辑范畴就成为思维的方法,价值原则就成为人的德性,智慧就成为现实力量,达到天人统一的自由境界。这是一个哲理境界。

在价值中,自由个性是"体",价值的自由创造是"用"。但是个体的生命是有限的,人都不免一死,庄子就感叹:"吾生也有涯,而知也无涯,以有涯随无涯,殆已。"(《庄子·养生主》)但正是这个庄子,以为人通过"心斋"、"坐忘"可以达到"天地与我并生,而万物与我为一"的精神境界,这种无限的境界不是靠知识而是借智慧达到的。庄子在这里陷入了神秘主义,他赞美"浑沌"状态,这我们并不赞成；但是在理性的直觉中"我"与自然为一，精神在有限中体会到无限，感到自由自在，这其实并不神秘，普通人在他的创造活动中都可以达到。这不是回到"浑沌"，也不是理学家所说的"复性"，而是经过斗争、创造，经过人的努力，在使理论化为德性的同时，自然人化了，人的德性也自然化了，自由个性在自由人的联合体中，在全面发展的文化生活中建立起人和自然统一的自由王国。所有这些创造活动，作为自由个性的创造，当然具有个性的特色。价值界相对于个性来说，当然是千差万别的；但是相对于自由个性的联合体来说，价值界是人性全面发展的产物，是自然的人化和人道自然化的结果。因此，个性化的创造也有它的客观性和共性，并不是个人主观的幻觉。就哲学家或大艺术家所达到的哲理境界来说，因为各具个性特色，总是各有偏至的。在哲学史上，就表现为儒家和道家的对立、孟和荀的对立、朱熹和陆王的对立，是各有所见的。但是正如章学诚所说的：朱陆异同，是千古不可无的[①]，或如黄宗羲讲的"殊途百虑之学"，"有一偏之见，有相反之论"[②]，都各有其价值。但是从逻辑和历史的统一来考察哲学发展过程，当然可以从中概括出共性，不过这个共性不能抽象地来理解，而应该看作是动态的，是内在于各个性的发展过程。

"天下同归而殊途，一致而百虑"（《周易·系辞下》）是哲学发展的规律、智慧发展的规律，也是自由王国的特征。

[①] 参见章学诚《朱陆》，《文史通义》，上海古籍出版社2015年版，第81页。
[②] 黄宗羲：《明儒学案·发凡》，《黄宗羲全集》第十三册，第6页。

第二节 中国的发展前景

上面我们从价值原则来谈人类走向自由王国的一般问题,我们最密切关心的,还是中国自己的历史前途的问题。对这个特殊问题,我们仍然从价值原则来加以考察,分成三点来说。

首先,中国应该使社会成为能够自我调节、自我改善的机体。我们的理想,是要使中国达到个性解放和大同团结统一、人道主义和社会主义统一的目标,也就是使中国成为自由人格的联合体那样的社会。那么通过什么样的道路才能达到这一目标?毛泽东说过,经过人民共和国来到达社会主义和共产主义,到达阶级的消灭和世界的大同。他以为这是唯一正确的到达"大同"之路,他以为有了人民民主专政的国家,将对敌人专政、对人民民主这两方面结合起来,正确处理两类不同性质的矛盾,以求实现有集中又有民主、有纪律又有自由、有统一意志又有个人心情舒畅的生动活泼的政治局面,这样就可以保证逐步地实现大同理想。毛泽东这一理论有其合理的地方,如提出需要建立一个国家,正确处理两类不同性质的矛盾。但是实际上,毛泽东后来提出"以阶级斗争为纲",陷入了独断论的斗争哲学和唯意志论,把他自己讲过的"没有个性解放就没有民主主义也没有社会主义"[①]的话丢到一边去了。忽视了个性解放来谈社会主义,在一个小农国家里面,那就必然成为以集权主义的方式来推行农业社会主义的空

---

① 参见毛泽东:《致秦邦宪》,《毛泽东书信选集》,人民出版社1983年版,第239页。

想,就必然既无个性解放又无社会主义。社会主义变成一种农业社会主义,完全变形了。

现在,我们要在改革、开放中建设有中国特色的社会主义,不再提"以阶级斗争为纲",这是正确的;但是对个性解放仍然强调得不够。实现社会主义的道路在摸索之中。现代化建设是一个巨大的系统工程,进行经济改革和提高生产力,促进政治民主化和实行法治,发展文化教育和提高人民素质,这些方面都是互相制约和互相作用的,是不可偏废的,要用系统论和辩证法的观点来考虑我们建设中的问题。但是这些年来,我们很缺乏辩证法,事实上是搞形而上学、搞实用主义,所以现在搞成问题一大堆。从需要批判的对象来看,中国首先还是应该克服半殖民地半封建社会遗留下来的那种权力和金钱结合的异化力量。权力迷信和拜金主义相结合,这是旧社会遗留下来的最大祸害,是自由原则的大敌。真正要克服这种异化力量,需要从政治、经济、教育、文化各方面配合起来进行,头痛医头、脚痛医脚是不行的;应该把各方面的改革有机地配合起来,使社会逐步地发展成为能够自我调节、自我改善的富有活力的机体。中国社会现在还没有达到这一步。

第二,从文化和人的本质力量要求全面发展的原则来说,中国应该真正地百家争鸣,并且对民族文化传统要进行再认识。中国很落后,愚昧贫穷,有那么多文盲,应该看到这种现实。胡适曾讲过的"五鬼闹中华"[①],确实现在还是"五鬼"在闹。中国有光辉

---

① 参见胡适:《我们走那条路》,季羡林主编:《胡适全集》第四卷,安徽教育出版社2003年版,第458页。

灿烂的传统文化,但是后来受到西方文化的挑战,被打败了才发现自己落后了,因此对中国文化的历史命运产生了疑问,是否要从此中断、变成博物馆文化？很多人在考虑这个问题,并为之苦恼。中国近代有很多志士仁人,为中国文化是不是就要被淘汰、中国文化的前途到底怎么样而思考着,这就产生了一个文化上的古今中西之争,论战不断。在批判了中体西用论和全盘西化论之后,共产党人提出了一个理论,就是毛泽东、周恩来讲的"人民大众反帝反封建的文化",要有民族的形式、科学的内容和大众的方向,这曾经被认为是科学的结论。在这一思想指导下,马克思主义中国化取得了很大的成就。但是"中国化"也带来了悲剧,经历了"文化大革命"之后,又发生了疑问。中国文化能不能保持民族特点并继续下去？人们就许多不同的意见展开了争论,在文化问题上展开了百家争鸣,这是正常的现象,是好现象。定于一尊的变相的经学时代是结束了,现在再不可能回到毛泽东定于一尊的时代,而应该是一个百家争鸣的时代。

中国要建设新的文化,那就必须对自己传统的文化有全面系统的研究评价,也必须对外国的文化有全面系统的了解研究。这就需要许多人来做工作,有许多方面问题要研究,必然会产生许多不同的学派、不同的意见。我们现在面临的是一个世界性的"百家争鸣"局面。对传统文化、对西方文化以及诸文化怎样彼此结合或冲突,将会有怎样的前途,大家见仁见智,会提出许多不同意见。这只有通过百家争鸣来自由地讨论解决。当然还会有曲折,常常有人不喜欢自由讨论,但是总的趋势不会改变。正是通过自由讨论、百家争鸣,才能对自己的传统文化进行再认识。要建设新文化,总是要对传统文化进行批判、改造、发展,这是一个过程,认识、批判和改造是逐步深入的。中华民族的传统文化已经有了几千年的历史,它是一种非常巨大的力量,不论是它的优点还是缺点,都早成为习惯势力在自发地起作用。不管你认识没认识到,它就如人的无意识的本能,总是要起作用。近代一百多年来,我们不断对传统进行反省,就是到今天也没有十分清醒的认识。我们将来的目标是要达到文化和人的本质力量的全面发展,为奔向这个目标,我们应看到,传统文化有需要中断的,也有需要继承的。事实上,在近代已经有一些观念根本改变了。从古今之争来说,近代人以为理想在未来而不是在远古,理想要通过群众斗争来实现,这就和古代的观念很不一样;近代以自由原则来取代权威主义,用科学思维来取代经学方法,这些都是观念的根本变革。这就是文化发展中的连续性中断,是一个革命性的变革。在长期封建专制统治下,儒术独尊,理学家提出"存天理,灭人欲"的口号,鼓吹理性专制主义,把宿命论搞得很精致化,这就阻碍了文化和个性的全面发展。近代思想家要求进行革命性变革,通过革命群众的实践行动推翻了专制统治,取得了政治革命的胜利。这个过程,就是群众中潜在的革命世界观由自发而达到自觉的过程。但这个自觉又不是很充分。千百年来的习惯势力很难完全破除,理性专制主义造成的片面性并没有完全清除,理性主义和非理性主义的对峙在近代也并没有得到正确的解决,所以批判和扬弃的工作还是要继续下去,这是一方面。另一方面,虽然有传统文化连续性要中断的一面,但是不是传统文化就要成为博物馆文化,应该根本加以破坏,只有一点基因可以保留?有这么一种说法,但我看还不会是这样。中华民族还有优秀传统值得继承发扬。人类文化要达到文化和人的本质力量的全面发展这一目标，不是凭空能建立起来的，还是要继承和发扬优秀的传统。要达到比较全面的发展，需要文化、学术上的自由争鸣，需要有宽容的精神，要善于看到各种文化的特点。自己的传统文化尽管有缺点，还是有值得吸取的地方。中国的传统文化是在专制主义下发展的，确实有很坏的一面，这要看到；但中国传统文化又有它比较富于宽容精神的一面，在历史上有先秦、盛唐这样的百花齐放、百家并作的时代。明清之际，先进的思想家都反对理学的专制主义，提出了人的全面发展的思想；五四时期出现了比较短暂的自由争鸣的局面，思想也比较活跃。总起来看，中国文化在总体上有一种兼容并包的精神，有一种雄伟的气势；这是一种鱼龙混杂、浊浪滚滚的气势，其中固然有杂的一面，但江海之大，正是在于它可以包容一切。分别地来看，不论是科学、道德还是艺术各个方面，中国的传统都有它的民族特色，有深厚的朴素辩证法的传统，发展了道德行为方面的自觉原则、美学上的"言志"说等等，都有其不同于西方的特点。这些特点往往既是优点又包含着缺点，所以吸取西方文化的特长来补我们的不足，也是很重要的。譬如西方的形式逻辑传统，伦理学上对自愿原则的强调和美学上的模仿说等等，都可以补我们之不足。这样，我们的新文化就可以在中西会通中达到更全面的发展，这种发展是需要通过百家争鸣、百花齐放来实现的。

第三，从天人之辩、从人类要趋向人和自然统一这样一个理想境界来看，应该发扬中国传统的智慧，发展哲学革命。中国近代经历了一个哲学革命。由于近代政治斗争的激烈,也受了西方近代思想的影响,中国近代哲学革命中有一种十分强调竞争、斗争,号召群众起来战天斗地的特点,这是与传统思想很不同的一个特色。过去总认为中国人比较强调中庸、调和、统一,而在中国近代确实强调竞争,章太炎说"竞争生智慧、革命开民智"。进化论使中国人接受了一个"竞争"的观念,后来马克思主义者也较多地讲阶级斗争。在这种倾向下,中国传统的思想譬如荀子"戡天"的思想、刘禹锡"天人交相胜"的思想、王夫之"造命"的理论等,受到了进步思想家的推崇。同时,也有一些人因为过分强调"心力"而引导到唯意志论去,引导到独断论的斗争哲学。强调竞争、斗争的观念具有近代色彩,但是也产生了一种偏向。人对自然进行斗争,力图支配自然、成为自然的主人,然而,真正的自由须经过斗争又和自然统一才能得到。人与外在的自然界要达到和谐一致,人们内在的自然即人性得到自由的发展,这样才感到最自由自在,这就是古代哲学家经常讲的"天人合一"的境界。人不能在自然面前处于奴隶的地位,而应该通过斗争认识必然以求支配自然;人也不能与自然为敌,不能摧残自己的内在自然(人性);人也不能破坏人和自然之间的动态的平衡。正确的结论应该是:在社会实践的基础上,通过性与天道的交互作用,达到天和人之间动态的统一。这是我们对中国古代和近代的哲学作了逻辑的和历史的考察之后应该得出的结论。有一个被认为是马克思主义的原理,即斗争的绝对性和统一的相对性相结合构成一切事物的矛盾运动,我认为表述得不够确切。

智慧给予人类以自由,而且是最高的自由,当智慧化为人的德性,自由个性就具有本体论的意义。自由个性通过性与天道的交互作用,通过人化的自然和人道的自然化,达到人与自然动态的和谐一致。我们讲动态的统一,就是既反对独断论的斗争哲学,也反对讲静止的统一或合一。正统派儒家的"天人合一"就是静止的合一,是一种形而上学的观点。这种形而上学的观点,表现在他们所讲的"复性"说,"复性"说的错误在于把一定历史阶段下的道德规范形而上学化,把必然和当然混同了。程朱所讲的"太极至善",就是把道德规范形而上学化了。他们讲"天命之谓性,率性之谓道,修道之谓教",以为通过德教可以复性而达到"天人合一",这个"合一"回到人人具有的"太极",是复其初。他们并不把它看成发展的过程,而是静止的,这是一种形而上学的观点,而且要引导到宿命论。

但中国哲学家讲天人关系,并非只有这一种学说,《易传》讲的"一阴一阳之谓道,继之者善也,成之者性也"(《周易·系辞上》),"天行健,君子以自强不息"(《周易·乾》),就是把天人的交互作用看成是动态的一致。后来,王夫之发挥了"继善成性"的学说,把人性看成不断自强不息、接受自然的赋予、"日生而日成"的过程。王夫之认为,性和天道通过色、声、味的中介相互作用、相互转化。他的这一理论,只要把它安放在社会实践的基础上,就可以理解为:人们在实践中认识世界和认识自己,一方面不断地把自在之物化为为我之物,使自然人化;另一方面又凭着人化的自然(为我之物)来发展人的本质力量,使人道自然化。在这种天和人的交互作用中,人获得了越来越多的自由,奔向马克思所说的"建立在个人全面发展和他们共同的社会生产能力成为他们的社会财富这一基础上的自由个性"①的阶段。

中国朴素辩证法的深远的哲学传统是富于智慧的,这种智慧把人和自然、存在和本质、认识世界和认识自我,了解为动态的对立统一的过程,这是最基本的一点。在思维方式上,运用类、故、理的范畴,注重相反相成、体用不二、理一分殊;而在自由理论上,我们对中国哲学史上各种价值学说的考察,已从中概括出合理的价值体系的原则,那就是自然和人道统一的原则、人的全面发展的原则、群体和个性统一的原则。中国传统哲学的这些富于智慧的思想,在近代有了西方的哲学作为参照,它的民族特点越来越鲜明起来。当然,今天我们对此的认识还是很不够的。中国近代哲学革命已经取得了重大的成就,如果我们能够更好地会通中西,发展哲学革命,包括对思维方式和价值理论的探讨作出总结,进而对认识世界和认识自己的学说作出新的概括,中国人的智慧将会达到一个新的发展阶段。

---

① 马克思:《政治经济学批判(1857—1858年草稿)》,《马克思恩格斯全集》第46卷(上),第104页。

本卷征引文献要目

(先秦诸子典籍的点校通行本较为普及,这里不再列出)

中共中央编译局:《马克思恩格斯全集》第 2 卷,北京:人民出版社,1957 年。

中共中央编译局:《马克思恩格斯全集》第 3 卷,北京:人民出版社,1960 年。

中共中央编译局:《马克思恩格斯全集》第 4 卷,北京:人民出版社,1958 年。

中共中央编译局:《马克思恩格斯全集》第 19 卷,北京:人民出版社,1963 年。

中共中央编译局:《马克思恩格斯全集》第 20 卷,北京:人民出版社,1971 年。

中共中央编译局:《马克思恩格斯全集》第 25 卷,北京:人民出版社,1974 年。

中共中央编译局:《马克思恩格斯全集》第 27 卷,北京:人民出版社,1972 年。

中共中央编译局:《马克思恩格斯全集》第 37 卷,北京:人民出版社,1971 年。

中共中央编译局:《马克思恩格斯全集》第 40 卷,北京:人民出版社,1982年。

中共中央编译局:《马克思恩格斯全集》第42卷,北京:人民出版社,1979年。

中共中央编译局:《马克思恩格斯全集》第46卷(上),北京:人民出版社,1979年。

中共中央编译局:《列宁全集》第40卷,北京:人民出版社,1984年。

中共中央《毛泽东选集》出版委员会编:《毛泽东选集》,北京:人民出版社,1991年。

中共中央文献研究室编:《建国以来毛泽东文稿》,北京:中央文献出版社,1992年。

中共中央文献研究室编:《毛泽东书信选集》,北京:人民出版社,1983年。

刘安等著,何宁校释:《淮南子集释》,北京:中华书局,1998年。

董仲舒著,钟肇鹏校释:《春秋繁露校释》,石家庄:河北人民出版社,2005年。

班固编撰,陈立编著,吴则虞点校:《白虎通疏证》,北京:中华书局,1994年。

班固:《汉书》,北京:中华书局,1964年。

刘向著,向宗鲁校正:《说苑校证》,北京:中华书局,1987年。

张衡:《灵宪》,严可均辑:《全上古三代秦汉三国六朝文》,上海:上海古籍出版社,2009年。

王符著,彭铎校正:《潜夫论笺校正》,北京:中华书局,1985年。

曹丕:《典论·论文》,严可均辑:《全上古三代秦汉三国六朝文》,

上海:上海古籍出版社,2009年。

嵇康著,戴明扬校注:《嵇康集校注》,北京:人民文学出版社,1962年。

王弼著,楼宇烈校释:《王弼集校释》,北京:中华书局,1980年。

左思:《咏史》,逯钦立编:《先秦汉魏晋南北朝诗》,北京:中华书局,1983年。

郭象:《庄子注》,郭庆藩撰,王孝鱼点校:《庄子集释》,北京:中华书局,2004年。

陆机著,金涛声点校:《陆机集》,北京:中华书局,1982年。

僧肇等注:《维摩诘经注》,石峻等编:《中国佛教思想资料选编》,北京:中华书局,1983年。

刘勰著,黄叔琳等注:《增订文心雕龙校注》,北京:中华书局,2000年。

刘勰著,黄叔琳注,纪昀评:《文心雕龙辑注》,北京:中华书局,1957年。

陈子昂著,徐鹏校点:《陈子昂集》,上海:上海古籍出版社,2013年。

李白著,李长路、赵威点校:《李太白全集》,北京:中华书局,1977年。

韩愈著,马其昶校注:《韩昌黎文集校注》,上海:上海古籍出版社,2014年。

白居易著,谢思炜校注:《白居易文集校注》,北京:中华书局,2011年。

柳宗元著,尹占华、韩文奇校注:《柳宗元集校注》,北京:中华书局,2013年。

张彦远:《历代名画记》,杭州:浙江人民美术出版社,2011年。

司空图:《二十四诗品》,杭州:浙江古籍出版社,2013年。

张载著,章锡琛点校:《张载集》,北京:中华书局,1978年。

王安石著,秦克等标点:《王安石全集》,上海:上海古籍出版社,1999年。

程颢、程颐著,王孝鱼点校:《二程集》,北京:中华书局,2004年。

朱熹著,朱杰人等主编:《朱子全书》,上海:上海古籍出版社、合肥:安徽教育出版社,2010年。

陆九渊著:《陆九渊集》,北京:中华书局,1980年。

陈亮著,邓广铭等点校:《陈亮集》,北京:中华书局,1987年。

叶适著,刘公纯等点校:《叶适集》,北京:中华书局,2010年。

严羽著,张健校笺:《沧浪诗话校笺》,上海:上海古籍出版社,2012年。

王守仁撰,吴光等编校:《王阳明全集》,上海:上海古籍出版社,2011年。

李贽:《焚书·续焚书》,北京:中华书局,2009年。

金圣叹著,曹方人、周锡山标点:《金圣叹全集》,南京:江苏古籍出版社,1985年。

黄宗羲著,吴光主编:《黄宗羲全集》,杭州:浙江古籍出版社,2012年。

李渔著,浙江古籍出版社编:《李渔全集》,杭州:浙江古籍出版社,1991年。

顾炎武著,黄珅等主编:《顾炎武全集》,上海:上海古籍出版社,

2011年。

王夫之著,《船山全书》编辑委员会编校:《船山全书》,长沙:岳麓书社,2011年。

戴震著,戴震研究会等编纂:《戴震全集》,北京:清华大学出版社,1991年。

章学诚:《文史通义》,上海:上海古籍出版社,2015年。

龚自珍著,王佩诤校:《龚自珍全集》,上海:上海古籍出版社,1999年。

魏源著,《魏源全集》编辑委员会编校:《魏源全集》,长沙:岳麓书社,2011年。

洪仁玕:《英杰归真》,中国史学会主编:《中国近代史料丛刊:太平天国》,上海:上海人民出版社,1957年。

严复著,王栻主编:《严复集》,北京:中华书局,1986年。

谭嗣同著,蔡尚思、方行编:《谭嗣同全集》,北京:中华书局,1981年。

孙中山著,中国社会科学院近代史研究所、中华民国史研究所合编:《孙中山全集》,北京:中华书局,2006年。

章太炎著,汤志钧编:《章太炎政论选集》,北京:中华书局,1977年。

章太炎著,沈延国等点校:《章太炎全集》第四卷,上海:上海人民出版社,1985年。

梁启超:《饮冰室诗话》,北京:人民文学出版社,1959年。

梁启超著,林志钧编:《饮冰室合集》,北京:中华书局,1989年。

王国维著,谢维扬等主编:《王国维全集》,杭州:浙江教育出版社、广州:广东教育出版社 2009 年。

王国维:《王国维遗书》,上海:上海古籍书店,1983 年。

陈独秀著,任建树主编:《陈独秀著作选编》,上海:上海人民出版社,2009 年。

鲁迅著,《鲁迅全集》修订编辑委员会:《鲁迅全集》,北京:人民文学出版社,2005 年。

李大钊著,中国李大钊研究会编注:《李大钊全集》,北京:人民出版社,2006 年。

胡适著,季羡林主编:《胡适全集》,合肥:安徽教育出版社,2003 年。

金岳霖著,金岳霖学术基金会编:《金岳霖全集》,北京:人民出版社,2013 年。

朱光潜著,《朱光潜全集》编辑委员会编:《朱光潜全集》,合肥:安徽教育出版社,1987 年。

宗白华:《美学散步》,上海:上海人民出版社,1981 年。

瞿秋白著:《瞿秋白文集·文学编》,北京:人民文学出版社,1989 年。

亚里士多德著,苗力田编:《亚里士多德全集》,北京:中国人民大学出版社,1990 年。

斯宾诺莎著,洪汉鼎、孙祖培译:《神、人及其幸福简论》,北京:商务印书馆,1987 年。

斯宾诺莎著,贺麟译:《伦理学》,北京:商务印书馆,1983 年。

康德著,宗白华译:《判断力批判》,北京:商务印书馆,1964 年。

黑格尔著,杨一之译:《逻辑学》,北京:商务印书馆,1976 年。

黑格尔著,朱光潜译:《美学》,北京:商务印书馆,1981年。

车尔尼雪夫斯基著,周扬译:《艺术与现实的审美关系》,北京:人民文学出版社,1979年。

葛赛尔著,傅雷译,傅敏编:《罗丹艺术论》,北京:中国社会科学出版社,1999年。

普列汉诺夫著,曹葆华译:《论艺术》,北京:生活·读书·新知三联书店,1973年。

Max Scheler: *Man's Place in Nature* 英译本,纽约,1981年版。

列维·斯特劳斯著,李幼蒸译:《野性的思维》,北京:商务印书馆,1987年。

索 引

（按汉语拼音顺序排列，外国人名按中译名）

A

艾·弗罗姆 117

B

八卦 104

巴扎洛夫 205

白居易 218

柏拉图 47,68,70,107

鲍敬言 140

本然界 68,69,132,261

本体论 71,130,147,158,253—255,258,262,277

本质 3,15,25,29—44,47,48,54,71,78,102,114,120,121,124,129,147—150,154,157—160,166,167,169,189,200,202—205,207,208,211,246,253,254,260,278

必然 11—19,21—24,35—37,40,63,69,77,87,88,139,145,165,166,192,196,199,223,261,262,264,276,277

边沁 182

C

蔡元培 243

曹操 227

曹丕 213

禅宗 11,12,27,93,95,115,116,121,149,150,217,228,234—237,240,249,253

车尔尼雪夫斯基 201

陈独秀 96,184,221

陈亮 89,90,133,237,238,240

陈子昂 217

成人（成人之道） 91,199,230—

232,236,238—241

程颢 237

崇高 63,91,192,196,201,202

抽象 23,33,45,46,64,67,103,105,106,108,110—112,119,120,127,147,149,157,166,171,203,204,206,229,270

存在主义 6,71,159

D

大同理想(大同社会) 97,141—144,271

戴震 87,88,122,166

当然(当然之则) 19,20,29,35,86,87,164,165,177,192,223,277

道 29,58,77,87,89,90,106—108,127,128,149,223,228,229,240,247,250,253

道德 8,10,20,27,30,35,47,57,58,60—63,65,68,72,86,89—92,100,103,113—116,119,123,124,129,143,149,161—189,191,192,196,197,204,205,213,214,216,230,236,244,248,249,269,275,277

道家 85,149,151,157,197,198,232,233,270

道教 11,120,121,157

道问学 237,238,240

道义论 162

德性 5,9,10,25—28,31,32,35,41,50,63,85,88,91,94,130—133,136,140,156,170,192,195,198,199,213,226,230,231,242,247—250,252,253,255,257,258,268—270,277

典型 4,47,203,205,212,218—220,222,224,229

董仲舒 86,89,175

独断论 80—82,87,95,101,129,168,175,271,276,277

杜甫 228,229

杜威 16

顿悟 12,93,121,234,235

E

恩格斯 22,23,39,43,45,113,
146,151,169,190,219,261

F

法家 85,163,181,182

泛神论 28,29,228,239

非决定论 14,16,101

非理性 14,103,118,120—
126,129,132,154,159,165,
188,266,267

非理性主义 122,123,160,
267,274

冯友兰 61,62,72,131,167,
173

佛教(佛学) 11,27,74,93,
115,120,121,149,234—236,
253

弗雷格 66

弗罗伊德(弗氏) 32,117,123,
124,180

复性(复性说) 25—29,88,
115,121,136,175,236—238,
240,241,270,277

G

感性(感性原则) 29,33,36,
63,84,89—91,105,111,112,
120,162,193,194,223—226,
238,240,249,250,256,257

哥白尼 117

个性 21—23,40—47,64,75—
77,79,82—85,92—98,101,
102,119,120,126,133,135,
144,149—152,155,157,159,
166—169,186,201,202,205,
207,208,211,220,223—228,
242,244,246,249—255,
257—260,262—264,268—
272,274,277,278

功利(功利论) 55,56,60—64,
84,89,102,105,114,115,
126,133,134,162,163,194,
195,225

龚自珍 14,29,95,96,120,
122,150,151,156,241,242

共性 41,42,44,47,77,202,
250,270

顾颉刚 107

顾恺之 216

顾炎武 94

关汉卿 91,229

管子 81,120,178

规范 19,20,34,35,61,65,86, 92,162—165,167—174,176, 178,180—183,185—189, 192,197,203,249,277

规律 1—4,6,7,10,12,15— 20,23,29,39,74,80,84,103, 110,112,124,133,134,137, 139,140,144,146,157,165, 167,169,174,196,224,254, 265,270

规则 20,165,172,183,203

郭象 11,12,76,233,234

H

海德格尔 159

韩愈 151,218,229

黑格尔 5,6,15,16,18,47,59, 128,159,208,218,226

洪谦 110

洪秀全 135,141,142,144

胡适 14,32,96,221,243,272

黄宗羲 28,29,65,91,93,94, 121,122,140,200,218,224, 229,239,240,241,258,270

黄遵宪 221

霍布士 33

J

基督教 26,112—116,175,176

嵇康 11,61,202,214,235

纪昀 215

贾思勰 49

价值 8,48,50—52,55,58— 64,67—75,77,78,80,81,84, 98—103,126,129—134,137, 138,144,146—150,152— 154,166,168,173,184,227, 246—248,254,255,262,265, 268—271,278

价值观 73,74,78,80—82,84, 86,88,95—98,100,101,116, 117,126

价值界 65,67,68,70,71,73, 76,102,132,255,262,268, 270

交往 13,34,35,42,64,226

皎然 213

金圣叹 220

金岳霖 14,15,68,72

进化论 30,96,141,142,156,
276

境界 7,25,61,71,72,86,102,
108,114,120,128,129,132,
149,158,160,173,191,192,
198,200,212,224,232—235,
246,253,254,258,265,268—
270,275,276

决定论 14—17,123

K

卡莱尔 117

康德 5,15,63,119,170,176,
193—196

康有为 30,97,141,142

可能性 2—4,8,16—21,32,37,
57,68—71,74,75,87,102,
111,132—134,138,165,171,
172,211,212,247,248,256,
262,268,269

可能界 68,69

孔子 9,25,45,61,70,80,85,
89,90,115,120,139,164,
166,170,177,187,197,213,
230—234,240,251,257

奎因 110

L

莱辛 203,219

劳动 2—4,7—9,19,20,22,25,
31,33—36,38—43,55,56,70,
73,77—84,101,105,114,116,
117,127,128,162,167,169,
171,178,179,189,194,208,
225,226,243,245,246,251,
258,262—265,267—269

老子(《老子》) 26,77,80,85,
86,128,139,147,232,233

李翱 27,237

李白 147,228,229

李大钊 33,45,55,56,96—98,
100,142,151,152,186,243,
249,262,265

李筌 11,120

李渔 219,220

李贽 87,93

理想 1—7,16,18—21,23,24,

36,57,68—70,72,74,97,102,114—118,124,130—133,136—146,148,150—154,161,168,170,171,176—178,186,189,192,193,196,197,199,202—209,211,212,214,216—219,224,227,230,246,248,249,255—259,265,266,269,271,274

理性(理性原则) 14—16,23,31,33,35—39,58,68,69,74,79,89—91,103,118—127,129,131,132,134,137,154,157—159,173,174,176,253,256,257,266,267

理性主义 16,27,120,121,122,157,164,274

理性专制主义 122—124,149,267,274

理学(家) 93,96,98,131,133,136,149,192,234,236,238—240,244,249,267,270,274,275

力命之争 9,11,12,25,236

利益 19,58,62,84,89,92,130—134,136,139,145,153,154,161—164,169—172,176,180,196,227,261

良心 64,65,182,183,186

梁启超 13,44,96,150,184,185,194,221,242

梁漱溟 73,74,156,243

列宁 48

列维·斯特劳斯 111,112

刘向 231

刘勰 206—209,214,215

刘禹锡 12,276

柳宗元 12,139,169,236,256

卢梭 33

鲁迅 46,60,96—100,122,123,152,157,184,186,190,195,218,222,228,243,266

陆机 206,207,213

陆九渊 237

罗丹 201

罗素 66

M

马克思(马克思主义) 3,6,8,

15,17,21—23,30—32,34,35,38—40,42,43,55,56,63,78—80,82,83,96—99,101,106,113,117,127,146,148,151,153,159,166,177,184,191,219,243,245,246,261,263,264,273,276—278

马斯洛 226

毛泽东 15,73,136,142—145,168,244,245,271,273

美感 7,193—197,199—202

孟子(《孟子》) 9,25—27,30,31,35,52,55,58,61,63,75,88,92,116,120,135,140,148—150,158,161,164,166,173,187,188,191,192,194,197,198,213,226,231,232,235,247,252,253,257

墨子(墨家) 9,10,26,31,55,56,58,61,81,85,89,95,134,138,162,164,166,170,172,209,210,232

目的 2,3,7,8,15,16,19,22,23,36,37,38,42,47,51,53,58—63,67,70,73,77—79,84,86,101,128,134,146,154,155,158,161—163,166,167,170,172,173,256,260,261,265

穆尔 62

N

尼采 84,123

O

欧阳修 229

偶然 10—12,14—19,43,77,139,209

P

皮亚杰 36

评价 48,50—60,62—72,75,76,84,102,125,130—132,134,137,146,153,154,182,183,196,255

普列汉诺夫 60,194,195

Q

气 213—216

气韵(气韵生动) 204,214—216

屈原 75,107,228

权威主义 80—82,88,95,96,100,101,103,112—114,116—118,274

群己之辩 92,95,101,146,241,243,262

瞿秋白 7,14,15,46,73,74,97,98,243

R

人道(人道原则) 30,40,47,58,73,84—89,92,95,97,98,101,102,118,137,138,142,143,163,164,166—173,181,182,186,192,198,205,223,246—248,251,259,265,267—271,277,278

人格(理想人格) 1—6,20,35,37,45,54,62,63,85,91,97,99,101,107—109,120,133,140,146,148,150—152,155,156,158,169,170,172,184—188,197,199,200,202,230—233,236,238—248,251—255,258,260,262—264,271

人生 2,11,16,30,55,58,61,63,64,69,72,85,90,99,102,103,123,126,128—131,136—138,145—148,156—158,177,195,216—218,221,228,242,243,248—250,252,255,256,258

人性 4,12,23,25—30,40,46,55,75,86—88,95,102,103,115,118,124—127,130—134,136—140,143—145,149,153—155,157,158,164—167,169,171,174,195,197,198,213,247,248,253,259,262,264,265,267,268,270,276,277

认知 50,51,53,54,65—68,75,125,130,131,137,153,154

日常语言学派 67

儒学(儒家) 9,10,27,29,71,74,80,86,88—91,95,112,114—116,122,123,141,148—150,156,157,159,162,164,166,175,176,180,181,192,

197—199,217,225,230—233,235,236,240—244,253,267,270,277

阮籍　61,202

S

萨特　6,159

莎士比亚　82,154

社会心理　44,45,67,74

神话　103—112,114,120,139,144,153,255,287

实践　2,6—8,24,29—32,34—37,41,47—49,51,53—56,59,60,62—64,67,69,70,72,74,76—79,84,90,101,104,111,119,123—125,127,132,135—138,143—145,147,153—155,158,166,177,188,191,192,216,244,246,247,249,252,256,262,265,274,276,277

实用主义　58,61,62,82,98,99,111,118,129,152,227,272

实证论(实证主义)　14,123,159,160

事实界　68—70,132,261

释义学　76

司空图　217,222,228

斯宾诺莎　16,163

苏格拉底　187

宿命论　11,13,14,29,87,123,176,274,277

孙中山　14,30,97,142,242

T

谭嗣同　13,96,122,150

陶渊明　228

天命　9,10,12,39,80,86,87,115,116,149,183,192,197,235,236,244,253

天人合一　86—88,120,192,276,277

天人之辩　10,84,95,96,101,268,275

天性　25—28,31,32,41,55,87,88,115,134,163,197,199,247,268

屠格涅夫　205

W

王安石　27,87,88,238

王弼　11,86,233

王昌龄　213

王充　10,11,27,233

王夫之　12,13,29,37,87,88,91,94,95,121,122,139,141,158,176,177,200,223,239—241,257,276,277

王国维　71,123,203,221,222,224

王实甫　91,229

王阳明　28,65,93,95,150,238,239

王渔洋　222

王玉辉　227

为我之物　6—8,13,24,38,51,53—55,64,67—69,71,75,102,132,133,158,160,225,268,277

唯意志论　11,13—15,93,120,122,123,176,271,276

维特根斯坦　66,67,159

维也纳学派　66

魏源　175

文化　7,8,23,40,44,70,73—78,80,81,84,86,94,112,114,124,156,180,230,233,265—268,272—275

文天祥　192

闻一多　222

X

现实　1—6,15—22,24,36,57,68—72,74,102,132,134,136—139,143,144,151,153,157,176—178,186,187,203—208,213,218,228,230,260,266,268,269

现实的可能性　3,4,16—21,37,57,68,70,102,111,171,172,211,212,247,248,256,262,268,269

现象　2,16,18,51,75,76,159

现象学　6

象数　108,109,112

谢赫　216

谢灵运　234

新康德主义　70

形象思维　105,110,119,147,
　　205—209,211,217
性恶说　26,87,231
性善说　25—30,94,116,149,
　　231,247
性与天道　37,137,155,158,
　　159,192,223,240,276,277
熊十力　71
需要　4,6,19,22,33,34,37,43,
　　48—55,57,62,63,67,69,70,
　　74,75,77,78,102,111,124,
　　131,132,137,138,146,161,
　　172,195,196,247,257,264
玄学　11,27,86,149,233,234,
　　253
荀子　10,12,26,31,33,34,58,
　　61,81,87,91,92,120,140,
　　141,143,162,163,174,180,
　　199,200,206,212,213,231,
　　232,253,254,263,264,276

Y

亚里士多德　61,62,195,218
严复　13,30,96,184,242
严羽　217,222,228

言志说　212—218,220,275
颜元　122
杨朱　92,120
叶适　89,133,238,254
叶燮　203
异化　16,38—41,43,45,80,
　　82,83,98,101,114,116,125,
　　128,140,167,169,189—191,
　　259,262,269,272
意见　45,153,168,177,206,
　　237,273
意境　4,72,77,203—205,212,
　　213,216,217,220—222,224,
　　228
意象　66,67,69,119
意义　30,40,53,65—67,72,75—
　　77,102,130,131,148
意蕴　65—69,72,267
意志　3,5,11,14,16,19,20,
　　23,26,35,45,51,72,90,96,
　　116,118,119,124,136,137,
　　146,165,173—177,180,187,
　　188,232,236,239—242,256,
　　257,266,271

优美　201

原始思维　103,105,112,127

原罪说　26,113,115,116,175

Z

张衡　129

张彦远　204,216

张载　176,177

章太炎　13,16,30,96,120,122,128,150,151,184,191,242,276

章学诚　270

真、善、美　61,63,72,102,114,116,130,187,197,199,200,230,231,245,248,258,265—268

知识　5,36,37,40,51,71,90,91,97,111,119,125—127,131,132,138,156,187,239,248,266,269

直觉　37,57,72,119—121,124,147—149,156,157,159,196,203,205,206,211,217,250,267,270

智慧　35,61,77,103,109,121,125—129,132,137,151,155,157—160,166,191,192,196,202,205,212,230,247—250,252,253,269,270,275,276,278

周恩来　273

朱光潜　71,195,196,203,218,222

朱熹　28,87,89,90,93,150,175,192,209,210,237,238,270

主体　2,4—6,8,9,20,37,43,51—54,64,65,67,69—72,85,94,118,119,124,132,133,135,146,147,153,158,161,163,166,170—172,176,188,225,226,240,247,252,253,255,257,258

转识成智　121,235

庄子　7,10,11,33,93,95,100,107—110,112,120,127,140,149,150,193,194,198,200,211,212,217,228,233,248,253,261,269

自觉(自觉原则) 2,6,16,45,
54,58,59,64,72,101,116,
123,125,128,135,136,139,
142,144,153,155,163,165,
167,173—177,182,187—189,
192,197,226,235,236,244,
274,275

自然(自然原则) 6,8,10—14,
17,19—22,26,27,30,32—
34,36,54,55,61,69,84—89,
95,101,150,164,192,198,
199,211,214,223,233—236,
240,241,246—248,257,260,
268—270,275—278

自为 5,6,8,9,21,23,24,40,
45,46,132,135—137,142,
145,153,155,158,160,167,
247,248,258,269

自由 1,5—16,19—26,29,31,
34—43,48,57,59,61,63,64,
70—72,75,77—80,82—85,
93,96,98,101 — 103,107,
116—120,128 — 130,145,
149—154,157,161,172—175,
191,193—200,223,225—227,
243,245 — 258,260 — 265,
268—278

自愿(自愿原则) 11,20,38,
163,173—177,182,185,187,
188,192,197,226,235,236,
244,256,257,275

自在(自在之物) 5—9,13,21,
23,24,38,40,45,46,54,68,
132,135—137,142,145,153,
155,158,160,167,188,247,
248,258,269,277

宗白华 71,193,222,228

宗教 35,38,39,72,77,103,
112—118,120,121,139,158,
173,182,225,266

尊德性 237,238,240

初版整理后记

1987年至1989年,冯契先生为博士讨论班开设了题为"人的自由和真善美"的讲座,本书根据记录稿整理而成(记录稿曾经冯契先生校定)。承担本书整理工作的是杨国荣(第一至第四章)、陈卫平(第五至第七章)、高瑞泉(第八至第十章)。

记录稿打印出来后,冯契先生曾在目录上作了一些改动,主要有如下几处:第一章第三节在"力命"之后加上了"性习";删去了第二章,将其中第二节移至第一章;第四章第四节之后,另列"幸福与事功"一章;第五章标题改为"神话与(宗教)信仰",第五章第一节在"神话"之后又加上了"术数",另增"宗教神学"作为第二节(原第二节改为第三节),原第三节改为"终极关怀问题",原第四节被删去;第六章目录旁注上了"世界观与人生观"数字;第六章第四节在"自我"之前加上"造就"二字;第九章第三节与第四节的目录间,注上了"才情、学养、命运"数字,似拟另增一节。从目录的以上改动可以看出,冯契先生在生前准备对本书作部分的修改和增删。但天不假年,冯先生仅来得及在目录上提出若干设想,而未能完成整个修改计划。

本次整理,只是在文字上作了一些处理,个别地方加了一些字、句,以使意思显得更为明确、完整;内容上未作任何改动,在作者计划修改的地方标注了作者的修改设想。本书索引由杨国荣、陈卫平、高端泉所作,提要及整理后记由杨国荣撰。

冯契先生遗著编辑整理工作小组
1995 年 10 月

增订版整理后记

《冯契文集》(10卷)出版于1996—1998年。近20年来,冯契的哲学思想越来越受到国内外学术界的关注。为了给学术界研究冯契哲学思想提供更好、更完备的文本,华东师范大学哲学系发起并承担了《冯契文集》增订版的编辑整理工作。这项工作得到了华东师范大学出版社的大力支持。

此次增订工作主要有以下几项:1. 搜集、整理了原先没有编入文集的有关作品,编为《冯契文集》第十一卷;2. 订正了原书字句上的一些错漏;3. 对于先秦以后的典籍引文,尽可能参照近些年出版的整理点校本,加注了页码、出版社、出版年份(详见"本卷征引文献要目");4. 重新编制了人名、名词索引。

负责、参与各卷增订的教师,分别是:第一卷,郁振华;第二卷,晋荣东;第三卷,杨国荣;第四、五、六、七卷,陈卫平;第八卷,刘梁剑;第九卷,贡华南;第十卷,方旭东;第十一卷,刘晓虹。协助上列教师的研究生有:安谧、韩菲、胡建平、胡若飞、黄家光、黄兆慧、蒋军志、刘翔、王海、王泽春、张靖杰、张瑞元、张腾宇、张盈盈、周量航。

刘晓虹负责第十一卷的文献搜集以及整理,相对其他各卷,工作更为繁重。这卷同时是他承担的上海市哲社项目"冯契文献整理"的部分成果。同时,本增订版是国家社科基金重大项目"冯契哲学文献整理及思想研究"的阶段性成果。本文集的项目编辑朱华华尽心尽责,对于确保增订版的质量起到了重要作用。

出版《冯契文集》增订版,是纪念冯契百年诞辰系列学术活动的重要内容。整个纪念冯契百年诞辰的学术活动,得到上海社会科学界联合会和上海社会科学院的资助,我们在此致以衷心的感谢!

冯契先生遗著编辑整理工作小组

2015 年 12 月

图书在版编目(CIP)数据

人的自由和真善美/冯契著.—增订本.—上海:华东师范大学出版社,2015.5
(冯契文集;3)
ISBN 978-7-5675-3633-3

Ⅰ.①人… Ⅱ.①冯… Ⅲ.①价值论(哲学)—文集 Ⅳ.①B018-53

中国版本图书馆 CIP 数据核字(2015)第 113170 号

本书由上海文化发展基金会图书出版专项基金资助出版

冯契文集(增订版)·第三卷
人的自由和真善美

著　　者　冯　契
策划编辑　王　焰
项目编辑　朱华华
特约审读　沈　秋
责任校对　王丽平
装帧设计　卢晓红　高　山

出版发行　华东师范大学出版社
社　　址　上海市中山北路 3663 号　邮编 200062
网　　址　www.ecnupress.com.cn
电　　话　021-60821666　行政传真 021-62572105
客服电话　021-62865537　门市(邮购)电话 021-62869887
地　　址　上海市中山北路 3663 号华东师范大学校内先锋路口
网　　店　http://hdsdcbs.tmall.com

印　刷　者　上海中华商务联合印刷有限公司
开　　本　890×1240　32 开
印　　张　10.125
插　　页　6
字　　数　215 千字
版　　次　2016 年 1 月第 1 版
印　　次　2022 年 12 月第 4 次
书　　号　ISBN 978-7-5675-3633-3/B·947
定　　价　58.00 元

出 版 人　王　焰

(如发现本版图书有印订质量问题,请寄回本社客服中心调换或电话 021-62865537 联系)